U0826752

大学通识教育教材

中华传统文化经典选读

ZHONGHUA CHUANTONG WENHUA JINGDIAN XUANDU （第二版）

李海涛　主编

高等教育出版社·北京

内容提要

本书是大学通识教育教材。

本书是以教育部《完善中华优秀传统文化教育指导纲要》为指导思想，按照“彰显中华文明光彩，突出价值引领特色”的要求，精选文质兼美、有益“立德树人”的中华古文典籍编写的高等学校通识教育教材。

全书分散文、诗歌、名言和附录四个部分，突出了“修身为本”“仁者爱人”“和而不同”“天下为公”等九个价值观念的统摄作用。文后配有简要的“注释”“译文”“品读”“知识卡片”及“思考与练习”等，既方便各类高校师生的阅读教学，又便于社会读者鉴赏、了解中华优秀传统文化精粹。

图书在版编目(CIP)数据

中华传统文化经典选读 / 李海涛主编. — 2 版. — 北京：高等教育出版社，2020.1(2022.7 重印)

ISBN 978-7-04-052912-8

Ⅰ. ①中… Ⅱ. ①李… Ⅲ. ①中华文化－高等学校－教材 Ⅳ. ①K203

中国版本图书馆 CIP 数据核字(2019)第 241444 号

策划编辑 朱争争 **责任编辑** 朱争争 **封面设计** 张文豪 **责任印制** 高忠富

出版发行	高等教育出版社	**网　　址**	http://www.hep.edu.cn
社　　址	北京市西城区德外大街 4 号		http://www.hep.com.cn
邮政编码	100120	**网上订购**	http://www.hepmall.com.cn
印　　刷	上海天地海设计印刷有限公司		http://www.hepmall.com
开　　本	787mm×1092mm 1/16		http://www.hepmall.cn
印　　张	16.75	**版　　次**	2015 年 8 月第 1 版
字　　数	408 千字		2020 年 1 月第 2 版
购书热线	010-58581118	**印　　次**	2022 年 7 月第 7 次印刷
咨询电话	400-810-0598	**定　　价**	36.00 元

本书如有缺页、倒页、脱页等质量问题，请到所购图书销售部门联系调换

版权所有 侵权必究

物 料 号 52912-B0

第二版前言

《中华传统文化经典选读》一书自 2015 年 8 月出版以来，经过四川大学锦城学院、绵阳师范学院、西南科技大学城市学院、四川文化艺术学院等几所大学的教学实践，其价值取向的正确性、内容编排的创造性、教材品质的可靠性，已经得到了各方面肯定。为了吸收教研成果，弥补明显缺失，提升学术水平，增强实用价值，我们在邹广严校长的指导下，对之进行了全面修订。其要点如下：

一、培养大学生正确、健康的价值观和道德感是大学人文教育的重要使命。为了增进校际合作，推动课程建设，我们诚邀已经使用了本教材和关注本课程建设的兄弟院校的专家学者加入了修订团队，收到了集思广益、取长补短的效果。具体情况，参见“后记”。

二、按照“彰显中华文明光彩，突出价值引领特色”的要求，对本书的“选文”进行了重新鉴别和适当调整；删除了价值意义欠强、与中学语文重复、与其他内容相近的“选文”；补充了适量名人名作，使入选本书的经典更具代表性，更有魅力，更富教益。

三、对“提示”“品读”等模块的内容进行了相应修改，使之更为准确、简洁、生动，增强其诠释经典要义、揭示现实价值、引导实践方向的作用。

四、新增了“知识卡片”一项，用以补充必要的文史常识，以便读者更好地理解、把握相应经典的思想内容。

五、在“思考与练习”里，对四川大学锦城学院教师团队探索出来的能够确保本课程优良品质的“933 教学法”做了简明推介，以便各类院校的教师合理有效使用本教材，引导课程顺利进入“读传统文化经典，做新型中国公民”的教育情境。

总之，修订后的《中华传统文化经典选读》质量明显高于第一版，是原编者与几所大学同仁共同培育的成果，体现了我们对新时期“大学之道”的深切理解，蕴含着我们“为往圣继绝学，为民族留善根”的良好意愿。希望它带给大家的，不仅仅是一种荟萃经典、引导价值的中华优秀传统文化教育的简明读本，也是开卷有益的好书、成功做人的指南。

编　者

2019 年 11 月

第一版序

中华民族是一个古老而伟大的民族。中华民族所创造的绵延五千年、历久弥新的光辉灿烂的文化，一般统称为“中华传统文化”。

正是因为中华传统文化博大精深，包涵了儒释道各种学派、历代先贤和学问大家的智慧和思想，具有仁爱、正义的底蕴，开放、包容的特性，几乎不拒绝、排斥新生事物和外来文化，才有了我们民族融汇中外、和而不同的局面。正是因为中华传统文化源远流长，结晶和传承了各民族和人类文明的优秀成果，具有“家国一体”“天人合一”的底蕴，“自强不息”“厚德载物”的特性，才有了我们民族战胜灾祸、历经艰险、顽强地屹立于世界东方的恢宏历史。今天，中华传统文化依然是推进我国社会主义现代化建设的强大精神力量。

在改革开放深入发展、中华民族迈向伟大复兴的关键时期，习近平总书记就弘扬和传承民族优秀文化的问题，发表了一系列重要讲话。他指出：“文明特别是思想文化是一个国家、一个民族的灵魂，无论哪一个国家、哪一个民族，如果不珍惜自己的思想文化，丢掉了思想文化这个灵魂，这个国家、这个民族是立不起来的。”教育部在2014年3月发布的《完善中华优秀传统文化教育指导纲要》中也强调：“加强中华优秀传统文化教育，是深化中国特色社会主义教育和中国梦宣传教育的重要组成部分。”这就把中国传统文化的教育提上了中国大学教育的日程。

作为大学教育改革的实践者，我们由衷推崇中华优秀传统文化关于“明德修身”“立德树人”的教育理念，把让学生传承中华五千年优秀文化视为大学教育的应有责任。我们一直在探寻将传统与现代有机结合的方式，培养具有中国精神、中国气派和世界眼光、世界胸怀的“经世致用”的人才。党中央的号召和教育部的指示，使我们受到了鼓励、增强了信心。

青少年是祖国的未来、民族的希望，各级学校加强中华优秀传统文化教育，对培养中华优秀传统文化的继承者和弘扬者，对推动民族文化的创新和社会主义精神文明建设的深入发展，具有基础作用。为此，大学应当把中华优秀传统文化的教育，纳入教育改革计划，纳入课程建设目标，加强对其课本化、课堂化、课程化的支持力度。

李海涛教授主持编写的这本《中华传统文化经典选读》，以教育部《完善中华优秀传统文化教育指导纲要》为指导思想，收集汇编了比较经典的散文、诗词、对联、名言、谚语等，配有简要的“提示”“注释”“译文”“品读”及“思考与练习”，附录了相关的文化常识，便于大学生学习和社会各界人士阅读。

本书的问世，适应了大学教育改革和社会主义精神文明建设的需要，丰富了应用型大学通识教育教材的种类。其编写宗旨和内容体例的积极意义和重要价值，已经在教学实践中得到了验证。希望此书能够不断地修改和完善，也希望此书能够对兄弟院校的通识教育及广大传统文化爱好者的学习有所裨益。

我相信，坚持深入学习中华优秀传统文化，不仅能够使我们增强对祖国传统文化中哲学思想、人文精神、教化思想、道德观念的理解和认同，进而增强对民族和国家的认同，提升文化自信；而且也有助于我们加深对做人做事原则的理解，进而培养高尚情操，提升人文素质。让我们一起努力，把继承和弘扬中华优秀传统文化的伟大事业推向更高层次。

2015 年 6 月 9 日

第一版前言

为了正本清源、移风易俗，习近平主席发出了继承和弘扬中华优秀传统文化的号召，教育部颁发了《完善中华优秀传统文化教育指导纲要》，“鼓励有条件的高等学校统一开设中华优秀传统文化必修课”。据此，我们四川大学锦城学院在邹广严校长的指导和支持下，编成了这本《中华传统文化经典选读》。

本书选文以中华传统文化经典中文质兼美、有益于“立德树人”的散文、诗歌、名言为对象，突出了“修身为本”“仁者爱人”“和而不同”“天下为公”等价值观念的统摄作用，随文配有简要的“提示”“注释”“译文”“品读”及“思考与练习”，附录了相关的文化常识。既适合大学生学习使用，又方便社会各界阅读品鉴。

作为教材，可以借助它对大学生开展以弘扬爱国主义精神为核心的人文通识教育——开展以天下兴亡、匹夫有责为重点的家国情怀教育，培养学生做有自信、懂自尊、能自强的中国人；开展以仁爱共济、立己达人为重点的社会关爱教育，培养学生做高素养、讲文明、有爱心的中国人；开展以正心笃志、崇德弘毅为重点的人格修养教育，培养学生做知荣辱、守诚信、敢创新的中国人。

世态无定，天道有常。无论时代如何变迁，际遇怎样呈现，人世间最可宝贵的东西永远都是真善美。在中华民族五千多年的繁衍中，照亮了一代又一代炎黄子孙前行之路，点燃了一批又一批志士仁人生命火炬的，正是这些浸润着圣贤心血、凝聚着历史教训、闪耀着人性光辉的传世经典。这是我们民族赖以安身立命的价值体系和文化基因。正是因为有了这样的传家宝，中华民族才得以扎根神州，薪火相传，历劫不衰。在社会转型、物欲横流、人心浮躁的当下，让下一代对中华传统文化中那些经历岁月沧桑而更显珍贵、愈须敬畏的东西，有一个重温的机会和基本的把握，是学校教育特别是大学教育的应有之义。

作为读物，它浓缩了中华优秀传统文化的精粹。随手翻阅，赏心悦目；静心品读，意味无尽。不但可以在含英咀华之中体悟民族义理，培养人文精神，唤起“修齐治平”

的责任心，而且有很强的实用价值。如果能够认真领会书中的内容，遇到问题就参阅相关论述；如果能够熟读和背诵一些自己由衷喜爱的诗文和名言，遇到事情就联想比照，并且养成习惯，那么无须多久就会发现，自己不但可以从容面对尘世风云，离“圣贤”的境界也越来越近了。在这个意义上，此书堪称成功做人、幸福生活的指南，是开卷有益、历久弥香的好书。

一个人的精神发育史，基本取决于一个人的阅读史，而一个民族的精神境界，在很大程度上取决于全民族的阅读水平。一个社会到底是向上提升还是向下沉沦，就看阅读能植根多深。一个国家中，谁在看书，看哪些书，就决定了这个国家的未来。做中国人，读家国书，是续根脉、接地气的必需，也是读世界书、明道义、善天下的前提。

当然，在这个信息融入“互联网”、经济走向“全球化”的时代，人类文明的多元交汇和协调发展已是大势所趋，我们开展优秀传统文化教育，并非要排斥现代“新锐”的东西、回到过去，而是为了站在祖辈的肩上，创造更高水平的中华文明。我们强调民族优良传统，也不是为了抵制人类先进文化，故步自封，而是为了更好地开放，以更加鲜明、更为自信的中国气派面向世界、走向未来。因此，古为今用、超越前辈也是我们编写本书的一大追求。至于做到了多少，还有待实践的检验和大家的批评。

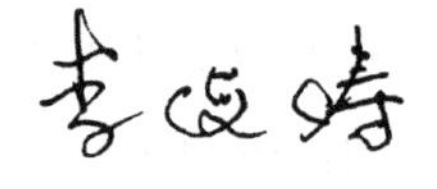

2015 年 7 月 18 日

目　录

上编

——散文

提示

西方的文体分类中，散文是与诗歌、小说、戏剧并称的一种文学体裁。我国古代散文，发源于甲骨文记事，泛指不讲究韵律的散体文章，包括典章、制度、奏疏、策论、史传、游记、随笔、小品、杂文、书简等。

留存于世的古代散文，记载了中华民族的生存发展历史和精神文明状况，是宝贵的文献资料和语言文学典范，具有很高的借鉴意义和审美价值。尽管其思想内容带有时代烙印，存在历史局限；但其所具有的根本性、普遍性的东西，凝结了古圣前贤渊博的学识智慧和丰厚的人生经验，历经风云沧桑筛选，是中华民族的精神财富，是人类文化的宝贵遗产。

教育是促进人的社会化的全部过程。教育的主要功用，是要帮助人们将自然赋予的人性变为社会需要的人品。为了给大学生培养健全人格、优良人品提供一个可靠的观念和榜样的参照，结合教育部《完善中华优秀传统文化教育指导纲要》的精神，我们将所选经典散文中有益于“立德树人”的著名论述和精妙表达按其价值取向择要归类，作为“专题”集中编排，使之成为本书思想内容的核心和主干。其学习意义，涵盖了“全人教育”的各个层面：

修身为本——对待自己的价值观；

仁者爱人——对待他人的价值观；

天人合一——对待环境的价值观；

和而不同——为人处世的价值观；

以民为本——治国理政的价值观；

礼义廉耻——道德操守的价值观；

天下为公——社会理想的价值观；

好学，力行，知耻——维系生存的价值观；

自强不息，厚德载物——维系发展的价值观。

这些价值观的思想内涵和实践意义由编者根据经典原著的义理，联系新时代精神文明建设的实际，在“品读”里作了简要评介。

依照上述原则入选本书其他章节的经典，同样蕴含着“立德树人”的丰富营养，具有很强的精神感召力和艺术吸引力，也是我们感受中华优秀传统文化整体风貌、体悟中华文明价值真谛的重要文献，宜于结合专题学习进行延伸阅读。

第一章　专　　题

一、修 身 为 本

大学之道[1]，在明明德[2]，在亲民[3]，在止于至善[4]。知止而后有定；定而后能静；静而后能安；安而后能虑；虑而后能得[5]。物有本末，事有终始。知所先后，则近道矣[6]。

古之欲明明德于天下者，先治其国；欲治其国者，先齐其家[7]；欲齐其家者，先修其身[8]；欲修其身者，先正其心；欲正其心者，先诚其意；欲诚其意者，先致其知[9]；致知在格物[10]。物格而后知至；知至而后意诚；意诚而后心正；心正而后身修；身修而后家齐；家齐而后国治；国治而后天下平。

自天子以至于庶人[11]，壹是皆以修身为本[12]。其本乱而末治者否矣[13]。其所厚者薄，而其所薄者厚，未之有也[14]。

（《大学·第一章》[15]）

【注释】

[1] 大学之道：大学的宗旨。“大学”一词在古代有两种含义：一是指聚集在一起传播和吸收高深领域知识的一群人的处所，即一种高级学校的名称。二是相对学习礼节常识和文化基础知识的“小学”而言的“大人之学”。即“穷理正心，修己治人”的学问。这里指后者。

[2] 明明德：前一个“明”作动词，有使动意味，即“使彰明”；后一个“明”作形容词，明德也就是光明正大的品德。

[3] 亲民：依字面可解为“亲近人民”，与民相亲。宋代理学家程颐认为：“亲”应为“新”，即革新、弃旧图新。“亲民”即是“新民”。

[4] 止于至善：达到最完善的境界且能坚守不移。

[5] 知止：知道目标所在。定：坚定。静：镇静。安：心安。虑：思虑。得：收获。

[6] 道：在中华传统文化中，概指事物的本质、规律和应然性的东西。包括自然之理、社会之理。

[7] 齐其家：管好自己的家庭。

[8] 修其身：修养自身的品性。

[9] 致其知：获得正确的知识。

[10] 格物：认识、研究万事万物。

[11] 庶人：泛指无官爵的平民，百姓。

[12] 壹是：一切。皆：都。本：根本。

[13] 末：相对于本而言，指末梢、枝叶、枝节。否：不对，不可能。

[14] 厚者薄：该重视的不重视。薄者厚：不该重视的却加以重视。未之有也：没有这样的道理（事情、做法等）。

[15]《大学》：儒学的入门读物，是专门探讨道德修养问题的书籍。原为《礼记》第四十二篇。宋代程颢（hào）、程颐兄弟把它从《礼记》中抽出，编次章句。朱熹将《大学》《中庸》《论语》《孟子》合编注释，称为“四书”。“四书”与“五经”并称为中国儒家的经典书籍。“五经”是《诗经》《尚书》《礼记》《周易》和《春秋》五本儒家经典的合称。

【译文】

大学的宗旨在于弘扬光明正大的品德，在于使人弃旧图新，在于使人达到最完善的境界。知道应达到的境界才能够志向坚定；志向坚定才能够镇静不躁；镇静不躁才能够心安理得；心安理得才能够思虑周详；思虑周详才能够有所收获。每样东西都有本有末，每件事情都有终有始。明白了这本末终始的道理，就接近事物发展的规律了。

古代那些要想在天下弘扬光明正大品德的人，先要治理好自己的国家；要想治理好自己的国家，先要管理好自己的家庭；要想管理好自己的家庭，先要修养自身的品性；要想修养自身的品性，先要端正自己的心思；要想端正自己的心思，先要使自己的意念真诚；要想使自己的意念真诚，先要使自己获得知识；获得知识的途径在于认识、研究万事万物。通过对万事万物的认识、研究后才能获得知识；获得知识后意念才能真诚；意念真诚后心思才能端正；心思端正后才能修养好品性；修养好品性后才能管理好家庭；管理好家庭后才能治理好国家；治理好国家后天下才能太平。

上自国家首领，下至平民百姓，人人都要以修养自身品德为根本。若这个根本被扰乱了，却要管理好家庭、国家，使天下太平，是不可能的。不分主次、本末倒置，却想做好事情，同样没有可能。

【品读】

人生于天地间，怎样对待自己？何以安身立命？这是每个人必须面对的问题。儒家经典《大学》开宗明义就提出了“大学之道”应以“修身为本”的主张，这也是中华优秀传统文化中对待自己的价值观。

选文的第一段，阐述大学的宗旨和理由。第二段，阐述实现大学宗旨的层级和意义。第三段，提出人人都要以“修身为本”的主张。

全文可以这样理解：大学的宗旨是追求三纲，实现三纲的层级是八目，通达八目的要领是修身——这是所有人安身立命的根本。

三纲是指明明德、亲民、止于至善。八目是指格物、致知、诚意、正心、修身、齐家、治国、平天下。三纲是宗旨，宏大高远；八目是层级，丰富实在。引导读书人由内而外、循序渐进地修养优良的人品。

“修身为本”反映了先贤对“学”的认识——学习知识的主要目的是凭借它修身。通过这一途径，开启心灵觉悟，激发道德潜能，提升人格品质和精神境界，从而打牢人生根基，成为能够承担服务家国、教化风习责任的“儒者”。

这一理念的问世，是中华文明的重大进步。其话语早已成为国人熟悉的文化格言，产生了持续的教化效应，引导着一代代读书人走上了明德修身、齐家报国的道路，产生了无数忧国爱民、匡时济世的志士仁人，助推着中华民族克服千难万险，维系了五千年灿烂文明。

尽管我们这一代一出世就遭遇社会转型和市场经济负效应带来的物欲横流、价值错乱的长期冲击，接触“修身为本”难免心情矛盾；但是，看看历史上现实中那些独夫暴君、贪官污吏、歹徒罪犯的下场，想想没有劳动的财富、没有道德的生意、没有人性的科学、没有规则的政治的后果；如果我们怀揣顺利成长、幸福生活的梦想，那么，就应该激浊扬清，认同这个理念。

社会由因共同利益联系而一起生活的人群组成。只有每个人都具有起码的公德意识，我们的社会才有道德、正义，我们的生活才有理性、秩序，我们的生命才有安全、健康，我们的家国才有和谐、兴盛。而此前出现的“贪污腐败嚣张，假冒伪劣猖狂，连食物、空气和水都没有了安全”的状况，也正是我们以“谋利为本”酿成的苦果。如果这种情况不改变，继续放任自我，你谋“权势”，他求“财富”，我逐“欲念”，那么，合起来的这个“中国梦”，绝非好梦。

滚滚长江东逝水，大家都是助推人。作为新生代，祖国的未来属于我们，塑造未来的责任也在我们。为了自己、亲人和国家、民族的长远利益，弘扬中华优秀传统文化，改变“亲近功利，疏远道义”的世风，必须从我做起，从现在做起。即使不能做勇进的激流，也应该是清澈的小溪，至少是稀释污染的纯净水滴。

秉承“修身为本”的理念，有助于我们培养明德修身、齐家报国的意识。在生活态度上，懂得尊重自己——不苟且。做好人，走正道，有情怀，负责任。即使处境艰困，也能够向上向善，固守根本。

【思考与练习】

1. 解释下列语句。

(1) 大学之道。

(2) 物有本末，事有终始。知所先后，则近道矣。

(3) 其本乱而末治者，否矣。其所厚者薄，而其所薄者厚，未之有也。

2. 个人与家庭、国家、天下是一种什么关系？请谈谈你对古代读书人“修齐治平”的家国情怀和现今“人民有信仰，国家有力量，民族有希望”的价值倡导的看法。

3. 对学校培养的人才，有“有德有才是正品，有德无才是次品，无德无才是废品，无德有才是危险品”的说法。你赞成吗？为什么？

4. 有学者认为：“文明人类之生活，不外两大方面：曰己，曰群。而教育的最大目的，不外使‘群’中之‘己’与众己所构成之‘群’各得其安所遂生之道，且进以相位相育，相方相苞，此则地无中外，时无古今，无往而不可通也。”（梅贻琦《大学一解》）对此，你有何看法？

5. 背诵课文第一、第三自然段。

6. 请从本书的选文里，找出 1 至 3 个与“修身为本”相关联的材料进行延伸阅读，并把点滴体会记下来。

7. 常规练习。

(1)“读经典，写笔记”书面作业。阅读本书内容，将心得体会写成读书笔记。课终交 3 篇（上中下编各 1 篇），每篇 150 字左右。

(2)“读经典，谈体会”课堂交流。每生至少 1 次，每次 1 分钟。

(3)“读经典，背名篇”竞赛检查。背诵任务和检查方式由教师确定。

二、仁者爱人

(一)

子曰[1]:“弟子入则孝[2],出则弟[3],谨而信,汎爱众[4],而亲仁[5]。行有余力,则以学文。”

(《论语·学而篇第一》[6])

【注释】

[1] 子曰:孔子说。孔子(前551—前479):名丘,字仲尼。鲁国陬(zōu)邑(今山东曲阜东南)人。春秋末期思想家、政治家、教育家,儒家学派的创始人。曾修《诗》《书》,定《礼》《乐》,序《周易》,作《春秋》。孔子的思想及学说对后世产生了极其深远的影响,被人们尊为“万世师表”。

[2] 弟子:指学生。入:是指在家。则:就。

[3] 出则弟:外出则要尊敬老师和长辈。弟:通“悌”(tì),尊敬兄长,亦泛指尊敬长辈。

[4] 汎(fàn):同“泛”,广泛。

[5] 亲仁:亲近有仁德的人。

[6]《论语》:儒家学派的经典著作之一,由孔子的弟子及其再传弟子编撰而成。记录了孔子及其弟子的言行,集中体现了孔子的伦理思想、道德观念、政治主张、社会理想及教育见解等。通行本《论语》共二十篇,每篇若干章,共四百八十六章。全文采用语录体,章节简短,每事一段。《论语》语言精练,含义深刻,充满人性关爱和人文情怀,其中有许多言论都被世人尊为至理,成为中华民族文化心理的共同来源和重要的智慧宝库。

【译文】

孔子说:“弟子们在家里就孝顺父母,在外面就尊敬师长,谨慎信实,博爱众生,亲近有仁德的人。做到了这些还有剩余精力,就学习文化知识。”

(二)

子曰:“富与贵,是人之所欲也,不以其道得之,不处也[1];贫与贱,是人之所恶也,不以其道得之,不去也[2]。君子去仁,恶乎成名[3]?君子无终食之间违仁[4],造次必于是,颠沛必于是[5]。”

(《论语·里仁篇第四》)

【注释】

[1] 道:正当的途径。处:接受。

[2] 恶(wù):厌恶,不喜欢。去:摆脱。

[3] 君子:原指地位高的人,后来指人格高尚的人,也是对别人的尊称。在儒家思想里,“君子”一词具有德性上的意义,与“小人”相反。恶(wū):古同“乌”,疑问词,哪,何,怎么。

[4] 终食之间：吃顿饭的时间。

[5] 造次：紧迫，匆忙。颠沛：跌倒，挫折；贫困，受磨难。是：此，这。

【译文】

孔子说："富裕和显贵是人人都想要得到的，但不用正当的方法得到它，就不接受；贫穷与低贱是人人都厌恶的，但不用正当的方法去摆脱它，就不摆脱。君子离开了仁德，又怎么配称君子呢？君子没有一顿饭的时间背离仁德，在匆忙紧迫的时刻必须这样；在颠沛流离的时候，也一定要这样。"

（三）

子曰："夫仁者[1]，己欲立而立人，己欲达而达人[2]。"

（《论语·雍也篇第六》）

【注释】

[1] 夫(fú)：用于句首，有提示作用。

[2] 立：站立。达：发展。

【译文】

孔子说："有仁德的人，自己要想站得住，也要帮助别人站得住；自己要想开拓发展，也要帮助别人开拓发展。"

（四）

子贡[1]问曰："有一言而可以终身行之者乎？"子曰："其恕[2]乎！己所不欲，勿施于人。"

（《论语·卫灵公篇第十五》）

【注释】

[1] 子贡(约前520—?)：姓端木，名赐，字子贡，春秋末卫国(今河南浚县)人。十七岁拜孔子为师，成为孔门高徒。

[2] 恕：恕道，体谅。《说文》："(恕，)仁也。"

【译文】

子贡问道："有没有一句话可以终身奉行呢？"孔子说："大概是'恕'吧！自己所不想要的，便不要强加给别人。"

（五）

孟子[1]曰："老吾老[2]，以及人之老；幼吾幼，以及人之幼。天下可运于掌。"

（《孟子·梁惠王上》[3]）

【注释】

[1] 孟子(约前372—前289)：名轲，字子舆，战国中期邹国(今山东邹城东南)人，思想家、政治家、教育家。孟子继承并发扬了孔子的思想，成为仅次于孔子的一代儒家宗师，对后世中国文化的影响全面而巨大，有"亚圣"之称，与孔子合称为"孔孟"。

[2] 老吾老：前一"老"作动词用，意谓尊敬自家的老人。

[3]《孟子》：记载孟子及其弟子言行的一部书。传世的《孟子》七篇，每篇分为上下

两部分。《孟子·梁惠王上》是其中“梁惠王”一篇的上半部分。孟子的文章说理畅达,气势充沛并长于论辩,逻辑严密,尖锐机智,代表了先秦散文写作的最高峰。

【译文】

孟子说:“尊敬自家的老人,从而推广到尊敬别人的老人;爱护自家的儿女,从而推广到爱护别人的儿女。(坚持这一原则)治理天下就可以像在手心里转动东西那么容易了。”

(六)

孟子曰:“君子以仁存心,以礼存心。仁者爱人,有礼者敬人。爱人者,人恒[1]爱之;敬人者,人恒敬之。”

(《孟子·离娄下》)

【注释】

[1] 恒:通常。

【译文】

孟子说:“君子内心所怀的念头是仁,是礼。仁爱的人爱别人,礼让的人尊敬别人。爱别人的人,别人通常也爱他;尊敬别人的人,别人通常也尊敬他。”

(七)

孟子曰:“仁,人心也;义,人路也。舍其路而弗由,放其心而不知求,哀哉!”

(《孟子·告子上》)

【译文】

孟子说:“仁爱是人的心,正义是人的路。放弃了正路而不走,丧失了仁爱之心而不晓得去找,那就很可悲呀!”

【品读】

人是社会动物。个体一来到世间,就离不开他人的关爱和帮助。同时,必须正确对待他人,回报和接续这种关爱和帮助。然而,在现实中,人生的最大难题,社会的最大不幸,往往就来自相互关系对待的偏差和利益矛盾处理的失误。稍有不妥就紧张起来,以致造成损害、痛苦,酿成灾祸、战争。

面对春秋战国时期当权者对内鱼肉百姓、骄奢淫逸,对外侵略弱小、残害无辜,造成天下大乱、生灵涂炭,社会陷入无休止的争斗和动荡的状况,儒家先哲在对争斗的根源进行深入研究的基础上,创立了“仁”的学说,提出了“仁者爱人”这个对待他人的价值观。

这一学说的论述,最先见于《论语·颜渊篇第十二》:“樊迟问仁。子曰:‘爱人’。”儒家非常重视社会关系中的人伦道义,把“仁”作为最高的道德境界。认为人必须首先处理好自己与家庭、族群人员之间的关系,并且承担相应的责任,然后才能够正确对待他人,处理好分歧矛盾,而实现这个目标的关键就是把自己修炼成为富有“仁德”的人。其意义经过历代先贤的光大和淬炼,逐渐定型为一种“君子品格”和“圣贤精神”的道德追求,其内容包括孝、悌、忠、信、礼、义、廉、耻、朴、诚、勇、毅、勤、俭、谦、恭、中、和、宽、恕等。

前四段选文均出自《论语》。第一段反映了孔子“爱众亲仁”的教育观。第二、三、四段反映了孔子“谋道守仁”的理欲观。孔子的“仁”并不排斥人的私欲,肯定任何人都希望富贵、厌恶贫贱，但必须“取之有道”，否则宁守清贫也不去享受富贵。在遭遇矛盾、发生利益冲突时，要将心比心，有“己欲立而立人，己欲达而达人”和“己所不欲，勿施于人”的情怀。

后三段出自《孟子》。孟子在孔子学说的基础上，为实践“仁”提供了“老吾老，以及人之老；幼吾幼，以及人之幼”的行为参照。并且从“爱人者，人恒爱之；敬人者，人恒敬之”中找到了“仁”的修身价值。强调人际交往要以心换心，只有“爱人”才是最好、最可靠的“爱己”。

“仁者爱人”的思想是一种切合人性、发扬人道的价值观。其“立己达人”“推己及人”的方法论，是正确解决人际冲突和社会矛盾的大智慧，为个人道德修养向“仁爱天下，见义勇为”层次的发展开辟了一条自然的心灵通道。

从社会学的角度看，道德是一种不靠外在强力维系的社会控制，也是最好、最安全的社会控制，一个道德沦丧的社会绝不可能给当权者和民众以安全感。而道德败坏了，人心朽烂了，社会结构也将面临崩溃。就个人而言，“皇天无亲，惟德是辅”，保一生幸福平安的法宝，就是怀仁爱之心，走正义之路。

秉承“仁者爱人”的理念，有助于我们培养爱众亲仁、立己达人的意识。在生活交往中，懂得尊重他人——不霸道。性亲和，行谦敬，有担当，有爱心。即使掌权得势，也不会作威作福，欺人坑人。

【知识卡片】

●“利”的来源：

1. 慈善——源于美德。单方发出，体谅对方，讲求道义，不图回报。
2. 交换——源于情理。双方发出，相互成全，讲求平等，可续可止。
3. 抢夺——源于私欲。单方发出，不顾对方，追求占有，不择手段。

●“爱”的层次：

1. 喜爱——源于私欲。单方发出，不顾对方，追求占有，不择手段。
2. 互爱——源于情理。双方发出，相互成全，讲求平等，可续可止。
3. 仁爱——源于美德。单方发出，体谅对方，讲求道义，不图回报。

【思考与练习】

1. 解释下列语句。

(1) 爱众亲仁。

(2) 己欲立而立人，己欲达而达人。

(3) 己所不欲，勿施于人。

2. 当下世情比较复杂，不少传统已被推倒，新的风习尚待创建。有人抱怨现实，有人回顾既往，有人向往西方，有人埋头赚钱。传统并非一切都对，现代不是万能药膏，“仁者爱人”的理念还有没有传承的必要？为什么？

3. 谈谈你对“小孩受伤无人救，老人摔倒无人扶”“有人样，没人性；有文凭，没文化”等社会现象的看法。

4. 作为大学生，我们应该如何培养“怀仁爱之心，走正义之路”的美德？

5. 背诵选文(一)(二)(六)(七)。

6. 请从本书的选文里，找出 1 至 3 个与“仁者爱人”相关联的材料进行延伸阅读，并把点滴体会记下来。

三、天人合一

(一)

人法地,地法天,天法道,道法自然[1]。

(《道德经·第二十五章》[2])

【注释】

[1] 道法自然:"道"纯任自然。

[2]《道德经》:又称《老子》,是以"道"来解释宇宙万物演变的学说,其朴素的辩证思维,对中国哲学的发展具有深远影响。其作者老子,约生活于前571年至前471年之间,又称老聃,原名李耳,字伯阳,楚国苦县(今河南鹿邑东)人,哲学家、思想家,道家学派创始人。

【译文】

人的生活取法于地,地的生长取法于天,天的运行取法于道,道的规律纯任自然。

(二)

天之道,利而不害[1]。圣人之道,为而不争。

(《道德经·第八十一章》)

【注释】

[1] 利而不害:使万物得到好处而不伤害它们。

【译文】

自然的规律,是让万物都得到好处而不伤害它们。圣人的准则,是有所作为而不与人相争。

(三)

上善若水[1]。水善利万物而不争,处众人之所恶[2],故几于道[3]。

(《道德经·第八章》)

【注释】

[1] 上:最。上善即最善。

[2] 所恶(wù):所不愿去的地方。

[3] 几于道:接近于道。几,接近。

【译文】

最完善的人就像水一样。水善于滋润万物而不与其相争,停留在众人都不喜欢的地方,所以最接近于"大道"。

(四)

天地与我并生,万物与我为一。

(《庄子·齐物》[1])

【注释】

[1]《庄子》：战国时期著名的道家学派的代表人物庄子及其后学所著的一部说理散文集。庄子(约前369—前286)：姓庄名周，宋国蒙(今河南商丘)人。《庄子》一书具有浓厚的思辨色彩和浪漫情趣，对后世文学有很大影响。

【译文】

天地与我们一同生长，万物与我们合为一体。

(五)

天行有常[1]，不为尧存，不为桀[2]亡。应之以治则吉，应之以乱则凶。

(《荀子·天论》[3])

【注释】

[1] 常：规则，规律。

[2] 尧(yáo)：据传是上古的贤明君主。桀(jié)：夏朝末代君主，据传是个暴君。

[3]《荀子》：战国末年思想家荀况的著作，集中表达了荀子的伦理、政治和经济思想。荀子(前313—前238)：名况，赵国人，儒家代表人物之一。

【译文】

天的运行自有规律。它不因为尧的圣明而存在，也不会因为桀的暴虐而消亡。合理顺应它，事情就能成功；错误对待它，事情就会办糟。

(六)

孟子曰："不违农时，谷不可胜食也；数罟不入洿池[1]，鱼鳖不可胜食也；斧斤以时入山林，材木不可胜用也。谷与鱼鳖不可胜食，材木不可胜用，是使民养生丧死无憾也。养生丧死无憾，王道之始也。"[2]

(《孟子·梁惠王上》)

【注释】

[1] 罟(gǔ)：渔网。洿(wū)池：池塘。

[2] 王道：指以仁义来统治天下的政策。与之相反的是"霸道"，即以威权和暴力来统治天下的政策。

【译文】

孟子说："不耽误百姓的农时，粮食就吃不完；细密的渔网不放入大塘捕捞，鱼鳖就吃不完；按一定的时令采伐山林，木材就用不完。粮食和鱼鳖吃不完，木材用不完，这就使百姓养家活口、办理丧事没有什么遗憾的了。百姓生养死丧没有什么遗憾，这就是王道的开始。"

(七)

天不定，日月无所载；地不定，草木无所植；所立于身者不宁，是非无所形。是故有真人然后有真知。

(《淮南子·俶真训》[1])

【注释】

[1]《淮南子》:西汉淮南王刘安及其门客模仿《吕氏春秋》而编撰的一部书。

【译文】

天的规律不定,日月便没有承载的依托;地的规律不定,草木就没有生根的基础;人用来安身立命的精神不安宁,是非曲直就无法辨明。因此,有了真诚的人,才会有正确的知。

【品读】

清楚了解、正确对待所处环境,是人类生活的必需。由于人与自然紧密关联,而自然的奥秘解不胜解,顺之则吉,逆之则凶,于是,中华先哲提出了“天人合一”的主张,也是对待环境的价值观。

“天”即自然和自然界。“天人合一”的思想最先见于道家的著述。本专题辑录的《道德经》和《庄子》的语录,是其基本见解,认为:人处天地间,对于天地运行的变化,与万物的繁衍生长一样,是一种“取法”与适应的关系,人的道德修养也一样。《荀子》《孟子》和《淮南子》的语录,强调了“顺天应时”的重要性,也包含着尊重自然法则、保护自然资源的思想。

古人认识到,世间万物都存在一定的联系,人类的生理、伦理和社会现象是自然的直接反映。“天地之德”也应为“人之德”。《庄子·达生》说:“天地者,万物之父母也。”《易经》强调“三才”之道,将天、地、人并立,把人放在中心地位。天有天之道,天之道在于“始万物”;地有地之道,地之道在于“生万物”;人有人之道,人之道在于“成万物”。汉儒董仲舒说“天人之际,合而为一”(《春秋繁露·深察名号》),认为天人本是一体,只可融合,不可对立。这样,才有永续的生命。

“天人合一”既有人与自然合而为一的生态文明意义,又有天性与人性、身体与心灵合而为一的人格修养意义,这也是中华“三教”学说的根本联系。儒家注重内心和外形的修炼,佛家讲究内心修禅定、外形修持戒,道家讲究性命双修,它们追求的都是顺天应时、物我共生。

“天人合一”的理念催生了中国人观物取象、比物丑类的思维方式。例如,《道德经》关于“上善若水”的论述,就包含有对为而不争的品位、甘处低下的谦卑、勇往直前的追求、推陈出新的胆识、攻坚克难的勇毅、兼容并包的胸襟、刚柔相济的才能、因形就势的机智等美好人格的赞颂和向往的意义。《淮南子》中关于“有真人然后有真知”的认识,民间流传的“天地有正气”“万物有灵性”“人在做,天在看”“违人道,遭天谴”“德不配位,必有灾殃”等名言,也源自这种思维。

“天人合一”的思想塑造了中国人普遍持久的和平文化心理,对于人类的生态文明建设和经济社会的可持续发展具有重要的启迪意义。绿水青山就是金山银山,对自然环境必须敬畏珍爱。现今中国人所遭遇的生活环境恶化的问题,正是此前几十年为了快速致富、“跨越”发展而无节制的开发资源、利用资源,违反规律的消耗资源、掠夺资源酿成的苦果,我们必须警醒。

秉承“天人合一”的理念,有助于我们培养顺天应时、物我共生的意识。在生活习惯上,懂得尊重环境——不掠夺。爱自然,惜财物,节用度,尚谦俭。即使没有约束,也不会作践生灵,糟蹋资源。

【知识卡片】

●“儒、道、佛”学说的区别

儒——着重解决人与人的矛盾。主张明德修身，仁爱共济，立己达人。

道——着重解决人与自然的矛盾。主张天人合一，物我共生，道法自然。

佛——着重解决人与内心的矛盾。主张持戒养性，众生平等，积德行善。

三种学说都源于“善”，体现着悲天悯人的济世情怀，对中国人的生活态度与文化个性的养成，产生了广泛而深远的影响，被合称为中华“三教”。

【思考与练习】

1. 解释下列语句。

(1) 道法自然。

(2) 应之以治则吉，应之以乱则凶。

2. 古人“天人合一”与今人“改造世界”的思想有何区别？对生态文明建设有何意义？

3. 联系生活，谈谈“天之道，利而不害。圣人之道，为而不争”的实践价值。

4. 背诵选文(二)(三)(五)(七)。

5. 请从本书的选文里，找出1至3个与“天人合一”相关联的材料进行延伸阅读，并把点滴体会记下来。

四、和而不同

(一)

公[1]曰：“周[2]其弊乎？”对曰[3]：“殆于必弊者也[4]。《泰誓》曰：‘民之所欲，天必从之。’今王弃高明昭显，而好谗慝暗昧；恶角犀丰盈，而近顽童穷固[5]。去和而取同。夫和实生物，同则不继[6]。以他平他谓之和，故能丰长而物归之[7]；若以同裨同[8]，尽乃弃矣。故先王以土与金、木、水、火杂，以成百物。是以和五味以调口，刚四支[9]以卫体，和六律[10]以聪耳，正七体以役心，平八索以成人，建九纪以立纯德，合十数以训百体。出千品，具万方，计亿事，材兆物，收经人，行畡极[11]。故王者居九畡之田，取经人以食兆民。周训[12]而能用之，和乐如一。夫如是，和之至也。于是乎先王聘后于异姓，求财于有方，择臣取谏工而讲以多物，务和同也[13]。声一无听，物一无文，味一无果，物一不讲[14]。王将弃是类也而与专同[15]。天夺之明，欲无弊，得乎？”

（《国语·史伯对桓公问》[16]）

【注释】

[1] 公：郑桓公。姓姬，名友，西周末年周厉王少子，周宣王异母弟，为周司徒，封于郑(今陕西华县东北)，史称郑桓公，是春秋时期郑国的第一代国君。周幽王时期，郑桓公身为周王室的司徒，看出西周即将崩溃，于是，在史伯的建议下，于桓公三十三年(前774)将郑国财产、部族、宗族连同商人、百姓迁移到东虢(guó)国和郐(kuài)之间(今河南嵩山以东)，号称新郑(今河南新郑一带)。

[2] 周：周幽王。周宣王的儿子，西周末代君主。姓姬，名宫涅(shēng)。宣王四十六年(前782)即位。他贪婪腐败，重用“为人佞巧，善谀好利”的虢石父进行专制统治。因“烽火戏诸侯”(周幽王为取悦美人褒姒，数举骊山烽火戏弄诸侯)失信于天下。结果，被犬

戎兵杀于骊山之下,致使西周灭亡。

[3] 对曰:史伯回答。史伯:中国西周末期思想家,生卒年不可考。掌管起草文告、策命诸侯、记录史事、编写史书,兼管国家典籍、天文历法等,为朝廷重臣。

[4] 殆:表推测,相当于"大概""几乎"。弊:本义:仆,向前倒下。此指衰落,衰败。

[5]《泰誓》:《尚书》中《周书》的一篇。谗慝(chán tè)暗昧:挑拨是非、奸邪阴险的人。恶(wù):厌恶。角犀丰盈:角犀,形容额头隆起;丰盈,形容面颊丰满,古人以为二者是贤哲而能的面相。顽童:指愚笨无知的人。穷固:穷凶顽恶。

[6] "夫和"二句:意谓和谐则万物蓬勃生长,同一则发展难以为继。

[7] "以他平他"二句:意谓把不同的事物加以平衡就叫和谐,所以能丰富繁荣而使万物协调统一。丰长(zhǎng):发展壮大。

[8] 以同裨同:用相同的来相互补助。裨,弥补,补助。

[9] 支:同"肢"。

[10] 律:定音器(竹管);共有十二个,各有固定的音高和名称。六律:泛指音乐律吕;成奇数的六个管称"律",成偶数的六个管称"吕"。

[11] 经入:常规性赋税收入。畡(gāi)极:指最远处的土地。畡,古同"垓"。

[12] 周:忠信。训:教化。

[13] 讲以多物:就像建筑使用诸多不同物材一样选用人才。讲通"构",建构。务和同也:努力于和谐而非同一。

[14] 物一不讲:只有一种建材就构造不成房子。

[15] 是类:这种事物的和谐。专同:专制的同一。

[16]《国语》:中国第一部国别体史书。记录了前990年至前453年之间周朝王室和鲁国、齐国、晋国、郑国、楚国、吴国、越国等诸侯国的历史。

【译文】

郑桓公问史伯说:"周朝将会衰败吗?"史伯回答说:"看来一定是要衰败了。《尚书·泰誓》上说:'老百姓所向往的,上天一定会遵从。'现在周王抛弃光明正大有德行的人,喜欢挑拨是非、奸邪阴险的人;讨厌贤明正直的人,亲近愚顽鄙陋的人;排斥与自己想法不一致的正确主张,采纳与自己意愿相同的错误见解。其实,和谐才生成万物,同一就不能发展。把不同的东西加以协调平衡才叫和谐,所以能丰富发展而使万物归于统一;如果把相同的东西简单相加,用尽了之后就完了。因此先王把土和金、木、水、火相配合来生成万物。所以调配五种滋味以适合人的口味,强健四肢来保卫人的身体,调和六种音律使之动听悦耳,端正七窍来为心服务,协调身体的八个部分使人完整,设置九脏以树立纯正的德行,合成十种等级来训导百官。于是产生了千种品位,具备了上万方法,计算成亿的事物,经营万亿的财物,收取常规的赋税,行走到最远之处的土地。因而君王拥有九州辽阔的土地,取得收入来供养万民,用忠信来教化和使用他们,使他们协和安乐如同一家人。这样,就可以达到和谐的最好境界了。于是,先王从异姓的家族中聘娶王后,向四方各地求取财货,选择大臣谏工等官吏,也要像建房子使用多种物材一样多渠道用人,努力做到和谐而不是同一。只有一种声音就不会悦耳动听,只有一种事物就不能多姿多彩,只有一种味料就不能做成美食,只有一种物材就不能建成房子。如今王摈弃了这种事物的和谐之道而只要别人对他的专制苟同服从。这是天夺去了他的理智,要想不衰败,可能吗?"

(二)

齐侯至自田[1],晏子侍于遄台[2],子犹驰而造焉[3]。公曰:“唯据与我和夫!”晏子对曰:“据亦同也,焉得为和?”公曰:“和与同异乎?”对曰:“异。和如羹焉,水火醯醢盐梅以烹鱼肉,燀之以薪[4]。宰夫和之,齐之以味,济其不及,以泄其过[5]。君子食之,以平其心。君臣亦然。君所谓可而有否焉,臣献其否以成其可。君所谓否而有可焉,臣献其可以去其否。是以政平而不干,民无争心。故《诗》曰:‘亦有和羹,既戒既平[6]。鬷嘏无言[7],时靡有争[8]。’先王之济五味,和五声也,以平其心,成其政也。声亦如味,一气,二体,三类,四物,五声,六律、七音、八风、九歌[9],以相成也。清浊,小大,短长,疾徐,哀乐,刚柔,迟速,高下,出入,周疏,以相济也。君子听之,以平其心。心平德和。故《诗》[10]曰:‘德音不瑕’。今据不然。君所谓可,据亦曰可。君所谓否,据亦曰否。若以水济水,谁能食之?若琴瑟之专壹,谁能听之?同之不可也如是。”

(《左传·晏子对齐侯问》[11])

【注释】

[1] 齐侯:齐景公。至自田:从打猎场归来。田,田猎。

[2] 晏子(约前578—前500):晏婴,字仲,谥平,多称平仲。齐国莱地夷维人(今山东高密),春秋后期重要的政治家、思想家、外交家,曾任齐灵公、庄公和景公三朝国相,以有政治远见和外交才能、作风朴素闻名诸侯。遄(chuán)台:齐国地名,今山东淄博东。

[3] 子犹:梁丘据,宦官首领。造:谒见。

[4] 醯(xī):醋。醢(hǎi):用肉、鱼等制成的酱。燀(chǎn):烧煮。

[5] 宰夫:厨工。齐:调和,指使其酸咸适中。济:增加。泄:减少。

[6]《诗》:指《诗经·商颂·烈祖》篇。戒:具备。平:指五味适合。

[7] 鬷嘏(zōng gǔ):祈祷。鬷嘏无言:献给神灵不会被指责。

[8] 时:通常。靡(mǐ):没有。时靡有争:通常没有争斗。

[9] 一气:空气。二体:舞者的文舞和武舞。三类:指风、雅、颂。四物:四方之物。五声:音阶,按五度的相生顺序,依次为宫—商—角—徵(zhǐ)—羽;如按音高顺序,即为“1—2—3—5—6”。六律:审定音乐高低清浊的标准,阳声六个,即黄钟、太簇(còu)、姑洗(xiǎn)、蕤(ruí)宾、夷则、无射(yì)。七音:宫、商、角、徵、羽、变宫、变徵。八风:八方之风。九歌:九功之德。

[10]《诗》:指《诗经·豳(bīn)风·狼跋》篇。

[11] 选自《春秋左氏传·昭公二十年》。《左传》又称《春秋左氏传》《左氏春秋》。相传为春秋末期鲁国史官左丘明所作,是中国第一部形式完备的编年体史书。记载了鲁隐公元年(前722)至鲁悼公四年(前464)这250多年间各诸侯国的政治、军事、外交、经济和文化等方面的重大史实,是先秦叙事性散文的代表作。

【译文】

齐景公从打猎的地方回来,晏子在遄台侍商政务,梁丘据也驾着车赶来殷勤慰劳。景公说:“只有梁丘据与我和啊!”晏子接话说:“他不过是同而已,哪里能称得上和呢?”景公问:“和与同不一样吗?”晏子回答:“不一样。和就像做肉羹,用水、火、醋、酱、盐、梅来烹调鱼和肉,用柴火烧煮。厨工调配味道,使各种味道适中;味道不够就增加调料,味道太重就减少调料。君子食用它就心性平和。国君和臣下议政也是这样。国君认为可以的而其中也包含了不可以的,臣下进言指出不可以的而使可以的更加完备。国君认为不可以的而其中包含了可以的,臣下进言指出其中可以的而去掉不可以的。因此,政事平和而不违背礼仪规范,老百姓就不会有反对抗争之心。所以《诗经》说:'又有调和美味的羹汤,五味具备浓淡适中。敬献神明来享用不会被指责,上下和睦而不争斗。'先王使五味相互调和,使五声和谐动听,用来平静自己的内心,成就政事。声音的道理也像味道一样,由一气、二体、三类、四物、五声、六律、七音、八风、九歌等各方面相配合而成。其清浊、小大、短长、缓急、哀乐、刚柔、快慢、高低、出入、疏密等各方面是相调节补充的。君子听了这样的音乐,可以平和心性。心性平和,德行就和谐。所以《诗经》说:'德音没有瑕疵。'现在梁丘据不是这样的。国君认为可以的,他也说可以;国君认为不可以的,他也说不可以。如果总用清水来调和清水,谁能吃得下去?如果用琴瑟老弹一个音调,谁能听得下去?说梁丘据的相同不可以的道理,也就像这样。"

(三)

子曰:"君子周[1]而不比[2],小人比而不周。"

(《论语·为政篇第二》)

【注释】

[1] 周:周到,体贴;周全;厚待他人。此处指因道义而求取普遍的团结。

[2] 比:朋比;勾结,偏袒。此处指因利益驱使而结党营私。

【译文】

孔子说:"君子普遍厚待他人而不偏袒阿私,小人偏袒阿私而不普遍厚待他人。"

(四)

子曰:"君子和[1]而不同[2],小人同而不和。"

(《论语·子路篇第十三》)

【注释】

[1] 和:和谐。

[2] 同:同一。

【译文】

孔子说:"君子和谐而不同一,小人同一却不和谐。"

(五)

子曰:"君子和而不流[1],强哉矫[2]!中立而不倚,强哉矫!国有道,不变塞焉[3],强哉矫!国无道,至死不变,强哉矫!"

(《中庸·第十章》[4])

【注释】

[1] 和而不流:性情平和又不随波逐流。

[2] 矫:坚强的样子。

[3] 不变塞：不改变志向。

[4]《中庸》：儒家经典之一，是专门探讨行为方式问题的书籍。存录于西汉成书的《小戴礼记》，相传为战国时孔子之孙孔伋（jí）所作。宋代时，程颐、程颢、朱熹等把《中庸》与《大学》《论语》《孟子》并列称为“四书”。“中庸”思想的核心是在承认事物矛盾对立的前提下，强调为人处世要“执中”“用中”。不偏不倚，无过无不及。“中庸之道”的主旨在于修养中正平和的品性，培养合外内之道的至善至诚的人，共创“太平和合”的境界。

【译文】

孔子说：“品德高尚的人性情平和而不随波逐流，这才是真强啊！持正中立而不偏不倚，这才是真强啊！国家政治清明时不改变志向，这才是真强啊！国家政治昏暗时坚持操守，宁死不变，这才是真强啊！”

（六）

夫物之不齐，物之情也[1]。或相倍蓰，或相什百，或相千万[2]。子比而同之，是乱天下也[3]。巨屦小屦同贾，人岂为之哉[4]？从许子之道，相率而为伪者也，恶能治国家[5]？

（《孟子·滕文公上》）

【注释】

[1] 不齐：千差万别。

[2] 蓰（xǐ）：五倍为蓰。

[3] 子：你，指许行的弟子陈相。

[4] 巨屦（jù）：粗糙制作的鞋子。小屦：精细制作的鞋子。贾：同“价”。

[5] 许子（约前372—前289）：即许行，楚国人，生于楚宣王至楚怀王时期，约与孟子同一时代，在《孟子·滕文公上》记载有许行其人“为神农之言”，后世将许行视为先秦时代农家的代表人物。许行主张“贤者与民并耕而食，饔飧（yōng sūn）而治”，否定国君拥有仓库、府库的物权。主张依据产品的长短、大小规定价格。这里所记载的是孟子与许行的弟子陈相辩论时的话语。恶（wū）：古同“乌”，疑问词，哪，何。

【译文】

孟子说：“物品千差万别，这是客观情形。（它们的价值）有的相差一倍、五倍，有的相差十倍、百倍，有的相差千倍、万倍。你把它们放在一起等同看待，这是扰乱天下罢了。做工粗糙的鞋与做工精细的鞋同一个价钱，人们难道还肯做（做工精细的鞋）吗？依从了许子的主张，便会使大家一个跟着一个地干虚假欺骗的勾当，哪还能治理好国家？”

【品读】

大千世界，万物竞生。人类要生存发展，必须正确认识客观世界，处理好社会生活的矛盾，于是就产生了哲学。

“和”与“同”是先秦哲学中两个重要概念。“和”是诸多矛盾事物组成的相反相成的统一体。“同”是与“和”对立，只认同类、排斥异己的一种思维形态；而“不同”既是“物情”，也是人性。于是，为了社会的和谐，先哲们提出了“和而不同”的主张，也是为人处世的价值观。

《国语·史伯对桓公问》记载了郑桓公向史伯讨教政局的趋向及避祸之道的对话，揭示了“和”与“同”的内涵和意义。

《左传·晏子对齐侯问》记载了晏婴与齐景公关于君臣相处之道的一次对话，阐释了“和”与“同”的本质区别。

选文(三)(四)所载的孔子语录，从两个层面对“和而不同”的要义进行了论述。

一是思想认识层面。认为多样共存、多元并立是自然世界与社会事物的一般状态，面对认识分歧和社会矛盾，君子要取“和而不同”的立场，在尊重差异的基础上，求取和谐。不能像小人一般“同而不和”，无视矛盾，势利待人。在这里，尊重“不同”是“和”的基础。

二是道德品质层面。指出君子与人相处的“和而不同”，是讲求在道义基础上谋取普遍的团结和长期的和谐，能够求“和”而存“不同”，有容人的雅量和底线的坚守。不能像小人一般“同而不和”，排斥异己，为利驱使而朋比为奸。在这里，坚持“不同”是“和”的前提。

选文(五)所载孔子关于“君子和而不流，强哉矫”的议论，道出了“和而不同”在道德修养方面的实践意义。

选文(六)所载孟子与农家弟子陈相辩论“人是否该有社会分工？物是否存在价值差别”问题的一段话，把承认“不同”、尊重“不同”上升到了治国安邦的高度。认为，在面对“不齐”“不同”与“和”的矛盾时，既要发现、融汇、彰显共性，又要承认、尊重、接纳个性，使之达成某种平衡。如果强求同一，推行价值的单一化、同质化，人们就会失去劳动生产的积极性和竞争心，社会财富就会失去增长的动力与活力。

世界因多元而精彩，文化因融合而升华。只有充分尊重个体的特殊性和独立性，才可能有真正的人际和谐；而强求同一性、清一色，事物的发展、社会的进步也就停滞了。

“和而不同”是一切事物发生发展的规律。有不同而求和谐，达和谐而存不同，是社会常规、人生常道。凡是有道德良知的人，都应当在承认差异中求得与他人的和谐相处，不能自我为大，强迫别人服从自己。在这个意义上，“和而不同”不仅是特立独行的人生境界，是为人处世的博大智慧，也是中华文明为不同的人、不同民族、不同国家、不同宗教和平共处所作的经典诠释和重大贡献。

秉承“和而不同”的理念，有助于我们培养多元和谐、持中守正的意识。在面对差异时，懂得尊重另类——不专同。能包容，善沟通，讲团结，有正气。即使极难协调，也能够求同存异，和平共处。

【思考与练习】

1. 解释以下语句。

(1) 和实生物，同则不继。

(2) 声一无听，物一无文，味一无果，物一不讲。

(3) 据亦同也，焉得为和？

2. 为什么说“和”与“同”是两种不同的人格境界和政治态度？

3. 试谈谈“和而不同”理念的现实意义。

4. 背诵选文(三)(四)(五)。

5. 请从本书的选文里，找出1至3个与“和而不同”相关联的材料进行延伸阅读，并把点滴体会记下来。

五、以民为本

（一）

皇祖[1]有训：民可近，不可下；民惟邦本[2]，本固邦宁。予[3]视天下，愚夫愚妇，一能胜予。一人三失，怨其在明，不见是图[4]。予临兆民[5]，懔[6]乎若朽索之驭六马。为人上者，奈何不敬？

（《尚书·五子之歌》[7]）

【注释】

[1] 皇祖：指夏的始祖大禹。

[2] 民：老百姓。惟(wéi)：为，是。邦：古代诸侯的封国、国家。

[3] 予：我，我们。

[4] 是图：只谋取这个，预防它。图：图谋，谋取，预防。

[5] 兆民：万民。兆，数词，一百万，极言众多。

[6] 懔(lǐn)：危惧，恐惧。

[7]《尚书》：意为"上古之书"。又称《书》《书经》。中国第一部古典散文集和最早的历史文献。记载了上起传说中的尧舜时代，下至东周(春秋中期)约 1 500 多年的重要史实、文告和君臣谈话等。《五子之歌》：《史记·夏本纪》云"夏后帝启崩，子帝太康立。帝太康失国，昆弟五人须于洛汭(ruì)，作五子之歌"。其大意是，夏启死了以后，继位的太康贻误国事，丢了政权，他的五个兄弟逃亡到洛汭一带，流浪乞讨为生，作了这首咏叹亡国教训的《五子之歌》。

【译文】

皇祖(大禹)有明训：人民只可亲近而不可欺凌。人民是国家的根本，根本稳固国家才得安宁。我们看天下的人，即使是愚夫愚妇也能胜过我们。一个人总不免会出错，招怨的过失未必都是那么明显，犹须预防它的发生。我们治理天下万民，时刻都要战战兢兢，就像用朽索驾驭着六匹骏马在飞奔。作人民的君主，怎么可以不敬畏人民？

（二）

(孟子对梁惠王[1]问)曰："庖有肥肉，厩有肥马，民有饥色，野有饿莩，此率兽而食人也[2]。兽相食，且人恶(wù)之。为民父母，行政不免于率兽而食人。恶在其为民父母也[3]？仲尼曰：'始作俑者，其无后乎？'[4]为其象人而用之也。如之何其使斯民饥而死也？"

（《孟子·梁惠王上》）

【注释】

[1] 梁惠王(前 400—前 319)：又称魏惠王，名罃(yīng)，战国时期魏国国君。

[2] 庖(páo)：厨房。厩(jiù)：马圈。饿莩(piǎo)：饿死的人。

[3] 恶(wū)：表示疑问，哪，何，怎么。

[4] 始作俑者,其无后乎:开始用俑来殉葬的人理该断子绝孙吧?意思是,连用俑来殉葬都反对,何况用真人呢?借此来表达对自称"为人父母"却干着鱼肉百姓、践踏生灵罪恶勾当的人的声讨。人殉是古代葬礼中以活人陪葬的恶俗。殷商时期最为盛行。直到明代,《明史·后妃传》还有"太祖崩,宫人多从死者"的记载。

【译文】

孟子(回答梁惠王)说:"当政者厨房里有肥嫩的肉,马圈里有健壮的马,而百姓却面带饥色,郊野横陈着饿死者的尸体,这就等于你在率领着野兽一道吃人啊!野兽自相残杀吞噬,人们尚且厌恶它。身为百姓父母官,管理政事,却也率领兽类一道吃人,哪里配当百姓的父母官呢?仲尼先生说过:'第一个制作土偶陶俑来殉葬的人,恐怕理该断子绝孙吧?'正是因为土偶陶俑酷似真人才用它来殉葬的。既然连用人俑殉葬都不能允许,又怎能让这些百姓被活活地饿死呢?"

(三)

孟子曰:"桀、纣[1]之失天下也,失其民也;失其民者,失其心也。得天下有道:得其民,斯[2]得天下矣。得其民有道[3]:得其心,斯得民矣。得其心有道:所欲与之聚之,所恶勿施尔也[4]。民之归仁也,犹水之就下,兽之走圹也[5]。故为渊驱鱼者,獭也;为丛驱爵者,鹯也[6];为汤、武[7]驱民者,桀与纣也。"

(《孟子·离娄上》)

【注释】

[1] 桀:夏朝末代君主,相传是暴君。纣:商朝末代君主,相传是暴君。

[2] 斯:则,就。表示承接上文,得出结论。

[3] 道:方式,方法。

[4] 所欲:所想要的。所恶(wù):所憎恶的。

[5] 圹(kuàng):原野。

[6] 獭(tǎ):一种水栖的食鱼的鼬科动物。爵:通"雀",一种赤黑色的鸟。鹯(zhān):鹞类猛禽。

[7] 汤:商朝的开国之君,又称成汤、成唐等。武:周武王,西周王朝开国君主。

【译文】

孟子说:"夏桀、商纣丧失天下,是由于失去了民众的支持;之所以失去了民众的支持,是因为失去了民心。取得天下是有方法的:得到天下民众的支持就取得了天下。得到民众的支持是有方法的:获得了民心,就得到了民众的支持。获得民心是有方法的:他们想要的,就给他们并让他们积蓄起来;他们憎恶的,就不强加给他们,仅此而已。民众归附仁政,犹如水往低处流、兽往旷野跑一样。所以,为深渊驱赶鱼儿的,是水獭;为丛林驱赶鸟雀的,是鹞鹰;为成汤、武王驱赶老百姓的,是夏桀和商纣。"

(四)

孟子告齐宣王[1]曰:"君之视臣如手足,则臣视君如腹心;君之视臣如犬马,则臣视君如国人;君之视臣如土芥,则臣视君如寇仇。"

(《孟子·离娄下》)

【注释】

[1] 齐宣王(约前 350—前 301):妫姓,田氏,名辟疆,战国时代齐国国君。

【译文】

孟子告诉齐宣王说:“君主把臣下看成自己的手脚,臣下就会把君主看成自己的腹心;君主把臣下看成狗马,臣下就会把君主看成不相干的人;君主把臣下看成泥土草芥,臣下就会把君主看成为强盗仇敌。”

(五)

孟子曰:“民为贵,社稷[1]次之,君为轻。是故得乎丘民而为天子[2],得乎天子为诸侯,得乎诸侯为大夫。诸侯危社稷,则变置[3]。”

(《孟子·尽心下》)

【注释】

[1] 社:土神。稷(jì):谷神。古代帝王或诸侯建国时,都要立坛祭祀“社”“稷”,所以,“社稷”又代称国家。

[2] 得:得到,获得。乎:文言介词,相当“于”。引进动作产生的对象。丘民:众民。

[3] 变置:更换,改立。

【译文】

孟子说:“人民最重要,国家在其次,国君分量轻。所以,得到民众信任的做天子,得到天子欢心的做国君,得到国君欢心的做大夫。国君危害到国家人民,就改立国君。”

(六)

政之所兴,在顺民心;政之所废,在逆民心。民恶忧劳,我佚乐之[1];民恶贫贱,我富贵之;民恶危坠[2],我存安之;民恶灭绝,我生育之。能佚乐之,则民为之忧劳[3];能富贵之,则民为之贫贱;能存安之,则民为之危坠;能生育之,则民为之灭绝。故刑罚不足以畏其意,杀戮不足以服其心。故刑罚繁而意不恐[4],则令不行矣;杀戮众而心不服,则上位危矣。故从其四欲[5],则远者自亲;行其四恶[6],则近者叛之。故知予之为取者,政之宝也。

(《管子·牧民》[7])

【注释】

[1] 恶(wù):讨厌,害怕。佚乐之:使之轻松快乐。佚,通“逸”。

[2] 危坠:危险,毁坏;危难。

[3] 民为之忧劳:人民就甘心为国家分忧操劳。

[4] 恐:恐惧,害怕。

[5] 四欲:指上文所说的“佚乐”“富贵”“存安”“生育”。

[6] 四恶:指上文所说的“忧劳”“贫贱”“危坠”“灭绝”。

[7]《管子》:是记载齐国政治家、思想家管仲及管仲学派言行事迹的著作。大约成书于战国(前 475—前 221)时代至秦汉时期。

【译文】

政令所以能推行,在于顺应民心;政令所以废弛,在于违背民心。人民怕忧劳,我便使他安乐;人民怕贫贱,我便使他富贵;人民怕危难,我便使他安定;人民怕灭绝,我便使他生育繁息。因为我能使人民安乐,他们就可以为我承受忧劳;我能使人民富贵,他们就可以为我忍受贫贱;我能使人民安定,他们就可以为我承担危难;我能使人民生育繁息,他们也就不惜为我而牺牲了。单靠刑罚不足以使人民真正害怕,仅凭杀戮不足以使人民心悦诚服。刑罚繁重而人心不惧,法令就无法推行了;杀戮多行而人心不服,为君者的地位就危险了。因此,满足佚乐、富贵、存安、生育这四种人民的愿望,疏远的自会亲近;强行忧劳、贫贱、危坠、灭绝这四种人民厌恶的事情,亲近的也会叛离。由此可知,“给予人民的就等于是取自人民的”这个原则,是治国的法宝。

【品读】

如何看待和处理执政者与老百姓的相互关系和利益矛盾,是国家治理的首要问题。“以民为本”就是中华先哲对这个问题的解答,也是治国理政的价值观。

《尚书·五子之歌》意在告诫执政者:人民是国家的根本,根本稳固国家才得安宁。你只是能力有限而身负重任的普通人。做了国君就必须亲近人民,敬畏使命。

《孟子·梁惠王上》记载了孟子对自称“为民父母”却“使斯民饥而死”的统治者的暴行的强烈谴责。

《孟子·离娄上》所载孟子对“桀纣之失天下”根源的分析,揭示了“得民心者得天下”的朴素真理。

《孟子·离娄下》所载孟子对“君臣”之间“情感”变化规律的论述,包含了对统治者“爱护臣民,以心换心”的告诫。

《孟子·尽心下》所载孟子对“民贵君轻”的论述,和《管子·牧民》中“政在养民”的见解,将“以民为本”上升到了维持政权稳定和统治者自身安全的高度。

历史告诉我们,“以民为本”是中华优秀传统文化中极为宝贵的政治文明理念。但是,两千多年来,打着各种旗号走上国家政治舞台的当权者,却把它禁锢在为专制统治服务的牢笼里,“改朝换代”始终不改专制特权,以致“君贵民轻”“官贵民贱”成为一种长久盛行的政治生活模式。直到明末清初,黄宗羲等人揭开了君主专制是“以天下为一己之私”的真相,发出了“天下乃民众之天下”“天下之治乱,不在一姓之兴亡,而在于民之忧乐”(《明夷待访录·原君》)的呐喊,才把先秦儒学“以民为本”的观念引向了“天赋人权”“主权在民”的近代民主意识。

从社会学角度看,人们联合起来建立国家和置身于政府之下的主要目的,就是为了保护自己的生活自由和财产安全。现今倡导的“以人为本”即包含有尊重人权和崇尚民主的意义。其实质是强调一切上层建筑存在的理由、一切权力行使的目的,都是为了保证每个公民能够更好地生存和发展,享受到更大的自由和幸福,这是现代政治的应有之义,也是国家政权性质的试金石。而“把权力关进笼子里,把钥匙交给老百姓”就是实行民主的首要条件。

在中华人民共和国历经几十年的风雨坎坷,步入民主建国、和平发展轨道的关键时期,新一代国家领导集体,从“以人民为中心”的立场出发,把“人民对美好生活的向往,就是我们的奋斗目标”作为自己的执政使命,将“富强、民主、文明、和谐,自由、平等、公正、法治,爱国、敬业、诚信、友善”确定为社会主义核心价值观,这是国家政体向“人民当家作主”境界跨出的重要一步。尽管它的落地生根还有一个长期的奋斗过程,但是,毕竟已是众望所归、大势所趋,我们当全力响应、支持、实现之。

秉承“以民为本”的理念，有助于我们培养尊重人权、崇尚民主的意识。在面对分歧时，懂得尊重民意——不独断。识大体，明大义，讲民主，顺民心。即使奉命办事，也能够体恤民情，不违民意。

【思考与练习】

1. 解释下列语句。

(1) 民为邦本，本固邦宁。

(2) 始作俑者，其无后乎？

2. 为什么说管子“顺应民心”的思想与孟子的“民贵君轻”的思想是相通的？

3. 先秦儒家的民本思想在今天是否还有现实意义？

4. 谈谈传统“民本思想”与现代“民主政治”的联系和区别。

5. 民间有对“明君”“清官”“侠客”的崇拜，学界有“民主”“公平”“法治”的主张，请谈谈你对这一现象的见解。

6. 通过查史料了解：1945 年 7 月 4 日在延安窑洞里，民主人士黄炎培与中共领导毛泽东之间有过一段关于一部历史跳不出“其兴也勃焉，其亡也忽焉”的“周期律”的对话，请结合当下实际，对“如何防止政权脱离人民”问题展开讨论。

7. 背诵选文(四)(五)。

8. 请从本书的选文里，找出 1 至 3 个与“以民为本”相关联的材料进行延伸阅读，并把点滴体会记下来。

六、礼 义 廉 耻

(一)

四维[1]不张，国乃灭亡。

何谓四维？一曰礼[2]，二曰义[3]，三曰廉[4]，四曰耻[5]。礼不逾节，义不自进[6]，廉不蔽恶，耻不从枉[7]。故不逾节，则上位安；不自进，则民无巧诈；不蔽恶，则行自全；不从枉，则邪事不生。

（《管子·牧民》）

【注释】

[1] 维：系物的大绳，治国的纲纪。四维：特指“礼、义、廉、耻”四大纲纪。

[2] 礼：礼制，礼节，行事的规矩。

[3] 义：正义的事情，正当的行为，合宜的道德。

[4] 廉：清廉，方正的品行，清白的节操。

[5] 耻：羞耻，不做可耻的事情。

[6] 节：节制，管束，规矩。自进：自谋仕进，妄自求财。

[7] 恶(è)：过错。从：顺从，趋从。枉：不正，邪曲。

【译文】

四维不能伸张，国家就会灭亡。

什么是四维呢？一是礼，二是义，三是廉，四是耻。有礼，就不会逾越规矩；有义，就不会妄自求财；有廉，就不会掩饰丑恶；有耻，就不会趋从坏人。所以，不逾越规矩，政局就安稳；不妄自求财，民间就没有巧谋欺诈；不掩饰丑恶，德行就会自然完善；不趋从坏人，邪乱事端就不会产生。

(二)

《五代史·冯道传·论》[1]曰：礼义廉耻，国之四维，四维不张，国乃灭亡。善乎，管生[2]之能言也！礼义，治人之大法；廉耻，立人之大节；盖不廉则无所不取，不耻则无所不为。人而如此，则祸败乱亡，亦无所不至；况为大臣而无所不取，无所不为，则天下其有[3]不乱，国家其有不亡者乎？

然而四者之中，耻尤为要。故夫子之论士，曰："行己有耻。"[4]孟子曰："人不可以无耻。无耻之耻，无耻矣。"又曰："耻之于人大矣，为机变之巧者，无所用耻焉。"[5]所以然者，人之不廉，而至于悖礼犯义[6]，其原皆生于无耻也。故士大夫[7]之无耻，是谓国耻。

（清·顾炎武《日知录》[8]）

【注释】

[1]《五代史》：这里指宋代欧阳修编撰的《新五代史》。原《五代史》，由宋代学者薛居正监修，也称《梁唐晋汉周书》，后人为区别于欧阳修的《五代史》，便称其为《旧五代史》。冯道(882—954)：五代时期历任四朝十帝，始终位列三公的政客。欧阳修批评他"不知廉耻"，没有节操。

[2] 管生：管子，管仲。

[3] 其有：岂有。其，通"岂"，表示诘问。

[4] 夫子：孔子。行己有耻：出自《论语·子路》："行己有耻，使于四方，不辱君命，可谓士矣。"意思是，自己知道不做可耻的事情，出使四方，能不辱没君命，可算是士了。

[5] 人不可以无耻：与后面"耻之于人大矣"这两句话均出自《孟子·尽心上》。

[6] 悖(bèi)：违反，违背。犯：抵触，违逆。

[7] 士大夫：是中国古代对官僚知识分子的统称。"士"指读书人。"大夫"概指有官职的读书人。士大夫是中华文明最具代表性的一个社会精英群体。他们既是国家政治的直接参与者，同时又是中国文化艺术的创造者、传承者。

[8] 顾炎武(1613—1682)：名绛(jiàng)，字忠清。明亡后改名炎武，字宁人。苏州昆山(今江苏昆山)人。明末清初思想家，著有《日知录》等。

【译文】

《五代史·冯道传·论》说："礼义廉耻，国之四维，四维不张，国乃灭亡。"妙啊，管子的确善于立论！礼义是治理人民的大法；廉耻，是为人立身的大节。大凡不廉便什么东西都敢贪占；不耻便什么事情都敢胡来。人到了这种地步，那便灾祸、失败、逆乱、死亡，也就都随之而来了；何况身为大臣而什么都贪占，什么都胡来，那么天下岂有不乱，国家岂有不亡的呢？

然而在这四者之中，耻尤其重要。因此孔子论及怎么才可以称为"士"时，说道："自己知道不做可耻的事情。"孟子说："人不可以没有耻，对可耻的事不感到羞耻，便是无耻了。"又说："耻对于人关系大极了，那些搞阴谋诡计耍花样的人，是根本没有羞耻心的。"其所以如此，因为一个人的不廉洁，乃至于违犯礼义，推究其原因都产生在无耻上。因此士大夫的无耻，可谓国耻。

（三）

子夏[1]曰："君子敬而无失，与人恭而有礼，四海之内，皆兄弟也。"

（《论语·颜渊篇第十二》）

【注释】

[1] 子夏（前507—?）：名卜（bǔ）商，字子夏，尊称"卜子"或"卜子夏"。中国春秋末年晋国温地（今河南温县）人，一说卫国人，孔子的学生。

【译文】

子夏说："君子只要做事严肃认真，不出差错，对人恭敬而合乎礼节，那么，天下人就都是自己的兄弟了。"

（四）

口能言之，身能行之，国宝也。口不能言，身能行之，国器也。口能言之，身不能行，国用也。口言善，身行恶，国妖也。治国者敬其宝，爱其器，任其用，除其妖。

（《荀子·大略》）

【译文】

嘴里能讲出来，又能身体力行的人，是国家的珍宝；嘴里不能讲出来，但能努力实行的人，是国家的重器；嘴里能讲出来，行动上做不到的人，是国家的用具；嘴上说得美善漂亮，行动上却干着邪恶勾当的人，是国家的妖孽。治国的人要敬重国家的珍宝，爱惜国家的重器，用好国家的用具，铲除国家的妖孽。

（五）

论人之道，贵则观其所举[1]，富则观其所施[2]，穷则观其所不受，贱则观其所不为，贫则观其所不取。视其患难，以知其勇；动以喜乐，以观其守；委[3]以财货，以论其仁；振以恐惧，以知其节，则人情备矣。

（《淮南子·汜论训》[4]）

【注释】

[1] 举：推荐，选用。

[2] 施：给予，施舍，救助。

[3] 委：委托。

[4]《淮南子》：又名《刘安子》《淮南鸿烈》，"鸿烈"意谓广大而光明的通理。《淮南子》是西汉时淮南王刘安（前179—前122）招引宾客集体撰写的一部著作。其思想内容接近于道家，同时夹杂着先秦各家的学说，故《汉书·艺文志》将之列为杂家类。

【译文】

评判人的方法在于，尊贵时看他举荐什么人，富裕时看他救助什么人，穷困时看他不接受什么，低贱时看他不做什么，贫苦时看他不索取什么。看他在变故和苦难中的表现，可以知道他是否勇敢；用欢喜、快乐的事情来动摇他，可以观察他的操守；把钱财货物托付给他，可以考察他的仁义廉洁；用恐惧之事来震慑他，可以了解他的气节，这样，人的情性修养就可以洞察了。

（六）

吏[1]不畏吾严，而畏吾廉；民不服吾能，而服吾公。公则民不敢慢，廉则吏不敢欺。公生明，廉生威。

（明·郭允礼《官箴》[2]）

【注释】

[1] 吏：古代概称官员和在官府当差的人。这里指属下的官吏。

[2] 郭允礼：字节之，明代山东曲阜人。清正廉洁，官至通判。正德十六年（1521）至嘉靖四年（1525）任河北无极知县期间，题书了这则《官箴》，广受赞誉，流传世间。

【译文】

小吏不畏惧我的威严，而畏惧我的廉洁；百姓不悦服我的才能，而悦服我的公正。公正，百姓就不敢轻慢；廉洁，小吏就不敢欺骗。公正产生明察，廉洁产生威信。

【品读】

一个国家的社会生活要健康有序，必须有大家都愿意尊崇和维护的价值基座。“礼义廉耻”就是我们祖先寻找到的这个基座，也是道德操守的价值观。

《管子·牧民》关于“四维不张，国乃灭亡”的论述，是对“礼义廉耻”思想意义的简略概括。顾炎武的《五代史·冯道传》的读书笔记，是对“礼义廉耻”实践意义的具体阐释。

《论语·颜渊篇第十二》记载的子夏关于“四海之内皆兄弟”前提条件的议论，《荀子·大略》“治国用人，分辨言行”的主张，《淮南子·氾论训》“论人观人，考验人情”的见解，郭允礼《官箴》“公生明，廉生威”的告诫，都是“礼义廉耻”实践途径的重要参照。

“民以吏为师。”“政者正也。”官吏和知识分子承担着管理国家、教化风习的责任，理应是国民的道德标杆和生活榜样；如果这些人都不讲公德，没有诚信，悖礼犯义，鲜廉寡耻，必使国政蒙羞、国民遭灾。如果一个国家任人唯亲，用人失察，“口言善，身行恶”的“骗子”“痞子”必然大行其道，这个国家最终会堕入伪君子兴盛、诚实者衰减的局面。

读懂了以上内容，相信稍有良知的人都不会否定“礼义廉耻”的治国修身价值。其差别在于，各自的内心能给它留出多大空间？能否在日常生活中予以体现并且始终遵循？在义利冲突、公私矛盾的时候，在没有约束、无人知晓的场合，在遭到权势逼迫、财色利诱，而个人就是直接当事者，护公义就得付出代价，不作为就会殃及无辜，给公众造成损害、带来灾祸的关键时刻，会作何反应？无数教训告诉我们：功名利禄可以求，礼义廉耻不能丢！

秉承“礼义廉耻”的理念，有助于我们培养尽职守则、行己有耻的意识。在面对利益时，懂得尊重规矩——不失节。有礼貌，戒自进，知荣辱，顾廉耻。即使处境险恶，也能够守住底线，留住良心。

【知识卡片】

● 修身“八德”：

在中华传统文化中，“礼义廉耻”与“孝悌忠信”一直被国人奉为修身“八德”。“孝悌忠信”为私德；“礼义廉耻”为公德。其思想内容和实践要领可作如下概括：

孝——奉老尊亲，敬祖感恩；恭恭敬敬地侍亲。

悌——爱众亲仁，立己达人；友友善善地待人。

忠——尽职负责，慎终如始；认认真真地做事。

信——名实相副，言行一致；诚诚恳恳地说话。

礼——遵纪守法，举止得体；规规矩矩的态度。

义——持正拒邪，扶危济困；正正当当的行为。

廉——公私分明，办事干净；清清白白的辨别。

耻——知错即改，失德不为；切切实实的觉悟。

【思考与练习】

1. 解释以下词语或语句。

(1) 四维。

(2) 礼不逾节，义不自进，廉不蔽恶，耻不从枉。

(3) 行己有耻。

2. 谈谈你对管子关于“礼义廉耻”见解的认识。

3. 顾炎武指出“士大夫之无耻，是谓国耻”，他的理据是什么？你有何看法？

4. 有人说，知识分子的堕落是一个社会的最后的彻底的堕落。因为其他群体的堕落只是大江大河某个水域的变脏，而知识分子的堕落却是水的源头变脏。请谈谈你对这句话的看法。

5. 谈谈传统“礼制”与现代“法治”的联系和区别。

6. 背诵选文(四)(五)(六)。

7. 请从本书的选文里，找出 1 至 3 个与“礼义廉耻”相关联的材料进行延伸阅读，并把点滴体会记下来。

七、天 下 为 公

大道[1]之行也，天下为公。选贤与能[2]，讲信修睦。故人不独亲其亲，不独子其子，使老有所终，壮有所用，幼有所长，矜寡孤独废疾者皆有所养[3]。男有分，女有归[4]。货恶[5]其弃于地也，不必藏于己；力恶其不出于身也，不必为己。是故谋闭而不兴[6]，盗窃乱贼而不作，故外户而不闭[7]。是谓大同。

（《礼记·礼运》）

【注释】

[1] 大道：指太平盛世的社会准则，或者实现国家与社会善治的原则。

[2] 与：同“举”。

[3] 矜(guān)：同“鳏”，老而无妻的男人。寡：老而无夫的女人。孤：年幼无父的人。独：年老无子的人。废疾：肢体残废的人。

[4] 分(fèn)：职分。归：女子出嫁。

[5] 恶(wù)：讨厌，憎恶。

[6] 谋：阴谋诡计。

[7] 外户：住宅外面的门。

【译文】

大道实行的时代，天下为天下人所共有。选举有贤德有才能的人来管理政事，人们之间讲究信用，和睦相处。所以人们不仅要亲爱自家的家人，疼爱自家的孩子，还要使老年人安享天年，壮年人得到合理使用，年幼的人得到良好教育，鳏夫、寡妇、孤儿、孤老和残废的人都能得到供养。男子各尽自己的职分，女子各有自己的夫家。人们不愿让财物委弃于地上，但不一定要收藏在自己家里。人们担心有力使不上，但不一定是为了自己。因此，阴谋诡计得到抑制，偷劫财货、扰乱社会的坏事不会发生，以致连住宅外的大门也可以不关。这样，就可以称之为“大同世界”了。

【品读】

人类社会要向何处去？最美好的世道是什么样的？我们应当怎样去实现？这是所有心智健全的人都要思考的问题。“天下为公”就是中华先哲的思考，也是社会理想的价值观。

“天下为公”记载了孔子在鲁国参加年终祭典后的一番议论，表达了孔子的历史发展观和对“礼”的理解，成为中国政治哲学中“大同”思想的一种具体论述。

尽管这一理念自诞生起就被看成一种想得很美的“天国幻影”，但是，作为政治变革的一种强大的感情动力，它不仅为世世代代的中国人所认同和憧憬，而且，随着时代的更替，特别是辛亥革命埋葬了“王朝”、赶走了“皇帝”之后，已经从难以想象、不可企及向逐渐清晰和可以期待发展。立足 21 世纪的中国，我们已经可以用大家都熟悉的话语来解读它所描绘的蓝图了。

“大道之行也，天下为公”——建立资源共享、人人平等的社会制度；

“选贤与能，讲信修睦”——尊崇民主管理、诚信友善的社会伦理；

“故人不独亲其亲，不独子其子，使老有所终，壮有所用，幼有所长，矜寡孤独废疾者皆有所养。男有分，女有归”——实行仁爱互助、各得其所的社会保障；

“货恶其弃于地也，不必藏于己；力恶其不出于身也，不必为己。是故谋闭而不兴，盗窃乱贼而不作，故外户而不闭”——形成竞相为公、尊礼守义的社会风尚；

“是谓大同”　把这些综合配套运行起来，就可以实现“世界大同”了。

这个社会理想的核心是“公”。它其实也是现代政治思想的萌芽：呼吁建立以“天下为公、资源共享、人人平等”为基础，以“公开、公平、公正”为原则，以“民有、民治、民享”为宗旨的公权运行体制。

历史告诉我们：人类社会之所以始终笼罩着掠夺、破坏、奴役、恐怖和战争的阴影，其根源，不是人性贪婪、科学落后、艺术匮乏、思想缺位，而是公共资源被人霸占，公共权力不受制约。只有建立起以“天下为公”为核心理念的公权运行体制，“国家善治”“社会和谐”才会有可靠的基础。

如今，“天下为公”已经被纳入中华民族传统美德。认同和践行“天下为公”，是找回民族自尊和文化自信的重要指标。虽然目前国家的精神文明建设和物质文明建设水平还没有达到全面推行它的理想条件，但是，我们理应朝着这个方向努力奋进。

作为祖国的新生代，我们不但要有“天下为公”“世界大同”的理想，有“先天下之忧而忧，后天下之乐而乐”的情怀，更要有人格独立的尊严，有道义担当的勇气，有与时代对话的渴望，有把握历史的能力。即使不能做深思高举、特立独行的屈原、魏徵、范仲淹、文天祥、史可法、谭嗣同，也应该做“对恶有持久拒绝，对善有耐心执着”的明白人。

秉承“天下为公”的理念，有助于我们培养平等待人、克己奉公的意识。在面对矛盾时，懂得尊重公道——不偏私。存公心，讲公德，护公义，服公理。即使有损私利，也能够秉公办事，顾全大局。

【思考与练习】

1. 解释下列语句。

(1) 天下为公。

(2) 男有分，女有归。

(3) 货恶其弃于地也，不必藏于己；力恶其不出于身也，不必为己。

2. 谈谈“天下为公”理念与建设“和谐社会”的关系。

3. 为什么说认同和践行“天下为公”理念是找回民族自尊和文化自信的重要指标，是走向“世界大同”的第一步？

4. 背诵课文。

5. 请从本书的选文里，找出 1 至 3 个与“天下为公”相关联的材料进行延伸阅读，并把点滴体会记下来。

八、好学·力行·知耻

(一)

子曰：“知者不惑，仁者不忧，勇者不惧。”

(《论语·子罕篇第九》)

【译文】

孔子说：“智慧的人不迷惑，仁爱的人不忧愁，勇敢的人不畏惧。”

(二)

知、仁、勇三者，天下之达德也[1]。所以行之者一也[2]。

或生而知之[3]，或学而知之[4]，或困而知之[5]；及其知之一也。或安而行之[6]，或利而行之[7]，或勉强而行之[8]；及其成功一也。子曰：“好学近乎知，力行近乎仁，知耻近乎勇。知斯三者，则知所以修身；知所以修身，则知所以治人；知所以治人，则知所以治天下国家矣。”

(《中庸·第二十章》)

【注释】

[1] 知(zhì)：古同“智”，智慧。达：通行的，共同的。

[2] 所以：所用，用来。一也：一样的。

[3] 生而知(zhī)之：生来就知道的。

［4］学而知之：通过学习知道的。

［5］困而知之：通过解决困惑疑难问题而知道的。

［6］安而行之：心安理得、自然而然去行道。

［7］利而行之：出于对自己有利而去行道。

［8］勉强而行之：条件力量不够，勉为其难地去行道。

【译文】

智慧、仁爱、勇敢是通行天下的德行。至于这三种德行的实施，道理都是一样的。（比如说知识，）有的是人生来就知道的，有的是通过学习才知道的，有的是要通过解决困惑疑难问题才知道的，但只要最终都知道了，也就是一样的了。（又比如说行道，）有的人自觉自愿地去实行道，有的人为了某种好处才去实行道，有的人受到约束才勉勉强强地去实行道，但只要最终都实行起来了，也就是一样的了。孔子说："喜欢学习就接近了智慧，努力实行就接近了仁爱，知道羞耻就接近了勇敢。知道这三点，就知道怎样修养自己；知道怎样修养自己，就知道怎样管理他人；知道怎样管理他人，就知道怎样治理天下和国家了。"

（三）

子曰："好仁不好学，其蔽也愚[1]；好知不好学，其蔽也荡[2]；好信不好学，其蔽也贼[3]；好直不好学，其蔽也绞[4]；好勇不好学，其蔽也乱[5]；好刚不好学，其蔽也狂[6]。"

（《论语·阳货篇第十七》）

【注释】

［1］蔽：通"弊"，遮盖，遮挡；弊病。愚：受人愚弄。

［2］知（zhì）：智慧，聪明。荡：放荡。这里指好高骛远而没有根基。

［3］贼：失败，伤害。这里指被人利用，导致失败。

［4］绞：急切；说话尖刻，没有分寸。

［5］乱：闯祸。

［6］狂：狂妄。

【译文】

孔子说："喜欢仁爱而不爱好学习，其弊病是受人愚弄；喜欢聪明而不爱好学习，其弊病是好高骛远；喜欢信实而不爱好学习，其弊病是导致失败；喜欢直率而不爱好学习，其弊病是急切草率；喜欢勇敢而不爱好学习，其弊病是鲁莽闯祸；喜欢刚强而不爱好学习，其弊病是狂妄偏执。"

（四）

子夏曰："日知其所亡[1]，月无忘其所能，可谓好学也已矣。"

（《论语·子张篇第十九》）

【注释】

［1］亡：通"无"，没有。

【译文】

子夏说："每天都学到一些新知识，每月都不忘记巩固学过的旧知识，就配称好学了。"

（五）

曾子[1]曰："士不可以不弘毅[2]，任重而道远。仁以为己任，不亦重乎？死而后已，不亦远乎？"

（《论语·泰伯篇第八》）

【注释】

［1］曾子（前505—前436）：姓曾名参（shēn），字子舆，鲁国人，孔子的学生，以孝出名。

［2］弘：广大。毅：强毅。

【译文】

曾子说："读书人不可以不志向远大、意志坚定，因为责任重大，道路遥远。把实现仁作为自己的责任，还不重大吗？奋斗终生，死而后已，路程还不遥远吗？"

（六）

诚者，天之道也；诚之者[1]，人之道也。诚者，不勉而中[2]，不思而得，从容中道[3]，圣人也。诚之者，择善而固执之者也[4]。博学之，审问之，慎思之，明辨之，笃行之[5]。有弗学，学之弗能弗措也[6]；有弗问，问之弗知弗措也；有弗思，思之弗得弗措也；有弗辨，辨之弗明弗措也；有弗行，行之弗笃弗措也。人一能之，己百之；人十能之，己千之。果能此道矣[7]，虽愚必明，虽柔必强。

（《中庸·第二十章》）

【注释】

［1］诚之者：使之做到诚。

［2］不勉而中：不必勉强为人处世合理。

［3］中道：中庸之道，待人接物不偏不倚。

［4］固执：坚守不渝。执，握住。

［5］笃（dǔ）行：切实地实行。

［6］弗措：不罢休，不停止。

［7］果能此道矣：果真能够具有这种精神。

【译文】

诚实是天道的法则；做到诚实是人道的法则。天生诚实的人，不必勉强为人处世合理，不必思索言语得当。从容不迫地达到中庸之道，这种人就是圣人。（一般人）要做到诚实，就必须选择至善的道德，并且坚定不渝地实行它。（具体说，就是）要广泛地学习，详细地询问，周密地思考，明确地辨别，切实地实行。要么不学，学了没有学会就不罢休；要么不问，问了没有懂得就不罢休；要么不想，想了没有想通就不罢休；要么不分辨，分辨了没有明确就不罢休；要么不实行，实行了没有成效就不罢休。别人用一分的努力，我用一百分的努力；别人用十分的努力，我用一千分的努力。果真能够这样，虽然愚笨也一定可以聪明起来，虽然柔弱也一定可以刚强起来。

(七)

子贡曰:“君子之过也,如日月之食焉。过也,人皆见之;更也,人皆仰之。”

(《论语·子张篇第十九》)

【译文】

子贡说:“君子的过错,就像日食、月食。有过错,人都看见;改正了,人都敬仰。”

(八)

孟子曰:“夫人必自侮,然后人侮之;家必自毁,而后人毁之;国必自伐,而后人伐之。太甲曰:‘天作孽,犹可违;自作孽,不可活。’”

(《孟子·离娄上》)

【译文】

孟子说:“人必定先有了自取侮辱的行为,别人才侮辱他;家必定先有了自取毁坏的因素,别人才毁坏他;国必定先有了自取讨伐的原因,别人才讨伐它。《尚书·太甲》篇就说过:‘天造的罪孽还可以逃开;自己造的罪孽,就没救了。’”

(九)

孟子曰:“恻隐之心,人皆有之;羞恶之心,人皆有之;恭敬之心,人皆有之;是非之心,人皆有之。恻隐之心,仁也;羞恶之心,义也;恭敬之心,礼也;是非之心,智也。仁义礼智,非由外铄[1]我也,我固有之也,弗思耳矣。”

(《孟子·告子上》)

【注释】

[1] 铄(shuò):渗入。

【译文】

孟子说:“同情心,每个人都有;羞耻心,每个人都有;恭敬心,每个人都有;是非心,每个人都有。同情心属于仁,羞耻心属于义,恭敬心属于礼,是非心属于智。这仁义礼智,不是由外人给予我的,是我本来就具有的,只是未曾思索它罢了。”

【品读】

美梦人人做,结局大不同。究其原因,主要还是知识、品德和意志的差异。置身人际关系复杂、世事瞬息万变的社会,要想过上体面而有尊严的生活,就得不断优化自己的知识、品德和意志。这有多个方面,什么最关键?“好学,力行,知耻”和“自强不息,厚德载物”就是我们先贤的认识,也是维系生存和发展的价值观。本专题经典所论,主要是前者。

《论语·子罕篇第九》记载了孔子对“知”“仁”“勇”三种美德的推崇。《中庸·第二十章》的论述,在肯定“知、仁、勇三者,天下之达德也”的同时,阐述了“好学,力行,知耻”的修身意义和实践价值。

《论语·阳货篇第十七》所载孔子对“不好学,弊端多”的议论,《论语·子张篇第十九》所载子夏关于“何谓好学”的见解,阐述了“好学”的修身意义和实践要领。

《论语·泰伯篇第八》所载曾子的“士不可以不弘毅”的见解,《中庸·第二十章》所载“诚之者,人之道也”的见解,阐述了“力行”的修身意义和实践要领。

《论语·子张篇第十九》所载子贡关于“君子之过也,如日月之食焉”的见解,《孟子·离娄上》所载“人必自侮,然后人侮之”的见解,和《孟子·告子上》关于仁义礼智“我固有之”的论述,阐述了“知耻”的修身意义和实践要领。

是啊,人生处处有难题,角色个个有责任。遭遇难题,面对责任,关键在于以什么立场来认识,以什么态度来对待。然而,“心气很高,智能不济”“心里明白,行动不力”“明知有错,不敢面对”却是一般人的常态,以致一直向往成功,却总是难有作为,甚至留下功亏一篑的遗憾。

修养通行天下的美德,从“知”到“行”,由“难”到“易”,有一个由“必然”到“自由”的复杂的渐进过程,最需要“好学,力行,知耻”的态度——好学,才可能接近美德,领悟美德;力行,才可能增厚美德,彰明美德;知耻,才可能坚守美德,完善美德。

明白了这些道理,对我们学习生存知识,淬炼生存本领,处理生存难题,克服“想到了,做不到;做到了,做不好;做好了,不能坚持下去”的弱点,追求“不惑”“不忧”“不惧”的人生境界,都具有重要意义。

秉承“好学,力行,知耻”的理念,有助于我们培养乐学笃行、改过迁善的意识,在成长过程中,懂得尊重责任——不懈怠。爱学习,有定力,知羞耻,善调整。即使艰难困苦,也能竭忠尽智,不辱使命。

【思考与练习】

1. 解释下列语句。

(1) 智、仁、勇三者,天下之达德也。所以行之者一也。

(2) 所立于身者不宁,是非无所形。

(3) 诚之者,人之道也。

2. “好学,力行,知耻”的人生意义何在? 举例说明。

3. 你赞同孟子关于“夫人必自侮,然后人侮之”这段话所表达的见解吗? 为什么?

4. 结合本专题经典的论述,谈谈你对名言“千教万教教人求真,千学万学学做真人”和“一个人生命的归宿,是自己德行积累的总和”的见解。

5. 背诵选文(四)(五)(八)。

6. 请从本书的选文里,找出1至3个与“好学,力行,知耻”相关联的材料进行延伸阅读,并把点滴体会记下来。

九、自强不息,厚德载物

(一)

天行健,君子以自强不息[1]。

(《周易·乾》[2])

【注释】

[1] 此语源自《周易》第一卦“乾卦”的大象传部分。乾卦在此象征天,“天行健”是说“天体的运行刚健不已”,这代表古人对天体观察得出的认识。所谓“天体”,是指太阳、月亮、星辰、昼夜、气象等自然现象,太阳与月亮轮流出现,白昼与黑夜相互交替,春夏秋冬四

季循环往复,这些现象从来不曾有片刻停歇,“刚健不已”。古人从这里领悟到人生的准则,既然天体运行如此,君子何不积极响应呢?君子以自强不息:君子看到乾卦的“天行健”,就由此领悟到必须“自强不息”了。

[2]《周易》:我国一部由符号和文字著成的古经,“易”即是变易、变化的意思。通常认为,《周易》记载的是上古中国人在现代科学未出现之前所依托的一种用于预测未来、决策大事的手段。是“卜筮(shì)之书”,同时又是探讨和解释客观世界存在及其变化规律的书,是凝聚着古人聪明才智的哲学著作。《周易》有经、传(zhuàn)之分;传是对《周易》的解释说明,又称《易传》。《周易》被后世尊为“群经之首,大道之源”,对中国的哲学、社会科学和自然科学的发展都产生了重大影响。

【译文】

天体运行强健有力,君子应该像它那样努力自强,永不停息。

(二)

地势坤,君子以厚德载物。

(《周易·坤》[1])

【注释】

[1] 坤:《周易》中八卦之一,象征地。《周易·说卦》:“坤为地、为母、为布、为釜、为吝啬。”据帛书《周易》,“坤”为“川”,“势”乃“执”,“地势坤”乃“地执川”,“川”乃“坤”之古字,而“川”又训为“顺”,串在一起:地,执也。坤,顺也。

【译文】

地的气势宽厚和顺,君子应该像它那样增厚美德,容载万物。

(三)

富有之谓大业,日新之谓盛德。生生之谓易。

(《周易·系辞上》)

【译文】

拥有万物可叫大的业绩,不断更新才叫崇高品德。变化不止就是易。

(四)

穷则变,变则通,通则久。

(《周易·系辞下》)

【译文】

事物发展到了极点,就要发生变化;发生了变化,事物的发展才不受阻塞;保持了这种状态,事物才能不断发展。

(五)

汤之《盘铭》[1]曰:“苟日新,日日新,又日新。”[2]《康诰》曰:“作新民。”[3]《诗》曰:“周虽旧邦,其命维新。”[4]是故君子无所不用其极[5]。

(《大学·第三章》)

【注释】

[1] 汤：即成汤，商朝的开国君主。盘铭：刻在器皿上用来警戒自己的箴言。这里的“器皿”是指商汤的洗澡盆。

[2] 苟：如果。新：这里的本义是指洗澡除去身体上的污垢，使身体焕然一新，引申义则是指精神上的弃旧图新。

[3]《康诰》：《尚书》中的一篇，即《周书・康诰》，是西周时周成王任命康叔治理殷商旧地民众的命令。作：振作，激励。新民：弃旧图新的人。

[4]《诗》：这里指《诗经・大雅・文王》。周：周朝。旧邦：旧国。其命：指周朝所禀受的天命。维新：乃新，后指改变旧法，推行新政。

[5] 是故：所以。君子：品德高尚的人。无所不用其极：无处不追求完善。

【译文】

商汤王刻在洗澡盆上的箴言说：“如果能够一天新，就应保持天天新，新了还要更新。”《康诰》说：“振作起来做新民。”《诗经》说：“周朝虽然是旧的国家，但却禀受了新的天命。”所以，品德高尚的人无处不追求完善。

（六）

舜发于畎亩之中[1]，傅说举于版筑之间[2]，胶鬲举于鱼盐之中[3]，管夷吾举于士[4]，孙叔敖举于海[5]，百里奚举于市[6]。

故天将降大任于是人也[7]，必先苦其心志[8]，劳其筋骨[9]，饿其体肤[10]，空乏其身[11]，行拂(fú)乱其所为[12]，所以动心忍性[13]，曾益其所不能[14]。

人恒过然后能改[15]，困于心衡于虑而后作[16]；征于色发于声而后喻[17]。入则无法家拂士[18]，出则无敌国外患者[19]，国恒亡[20]。然后知生于忧患而死于安乐也[21]。

（《孟子・告子下》）

【注释】

[1] 舜(shùn)发于畎(quǎn)亩之中：舜是从田野间被发现起用。舜原来在历山耕田，三十岁时，被尧起用，后来继承尧的君主之位。发，指被发现，任用。于，介词，从。畎，田间的水沟，垄沟。畎亩，泛指田野。

[2] 傅说举于版筑之间：傅说从筑墙的工作中被举用。傅说原在傅岩地方作泥水匠，为人筑墙，殷王武丁访寻他，用他为相。举，被举用。版筑，筑墙时在两块夹板中间放土，用杵(chǔ)捣土，使它坚实。

[3] 胶鬲(gé)举于鱼盐之中：胶鬲从卖鱼盐的商贩中被举用。胶鬲，起初贩卖鱼和盐，周文王把他举荐给纣王。后来又辅佐周武王。

[4] 管夷吾举于士：管仲从狱官手里被释放举用。管夷吾，字仲，原为齐国公子纠的臣下，公子小白和公子纠争夺君位，纠失败了，管仲作为罪人被押解回国，齐桓公知道他有才能，即用他为相。士，狱官。

[5] 孙叔敖举于海：孙叔敖从隐居的海边被举用。孙叔敖，春秋时期楚国人，隐居海滨，楚庄王知道他有才能，用他为令尹。

[6] 百里奚举于市：百里奚从市集上被赎回举用。百里奚，春秋时期虞国大夫，虞王被俘后，他由晋入秦，又逃到楚。后来秦穆公用五张羊皮把他从奴隶市场上赎出来，用为

大夫。

[7] 大任：重大责任。是：此，这。

[8] 必先苦其心志：一定要先使他的内心痛苦。

[9] 劳其筋骨：使他的身心劳累。

[10] 饿其体肤：使他经受饥饿，以致肌肤消瘦。

[11] 空乏其身：使他受到贫困之苦。空乏，财资缺乏。

[12] 行拂(fú)乱其所为：所行不顺，使他所做的事颠倒错乱。拂，违背，逆。

[13] 所以：用这些来……。动心忍性：使他的心灵受到震惊，使他的性情坚韧起来。

[14] 曾益其所不能：增加他所不能做的，使他增长才干。曾，通“增”，增加。

[15] 恒：常。过：过失。然后能改：这样以后才能改过。

[16] 困于心：内心困扰。于，介词，在。衡于虑：思虑堵塞。衡，通“横”，梗塞，指不顺。而后作：然后才能有所行为。

[17] 征于色：征验于脸色。憔悴枯槁，表现在脸色上。发于声：发出吟咏叹息之气。而后喻：(看到他的脸色，听到他的声音，)然后人们才了解他。

[18] 入则无法家拂(bì)士：国内没有坚守法度的大臣和足以辅佐君王的贤士。入，在里面，指国内。法家，有法度的世族大臣。拂，通“弼”，辅佐。

[19] 出则无敌国外患者：在国外，如果没有敌对的国家或外来的祸患。出，在外面。敌国，势力、地位相等的国家。外患，外来的灾难，多指外部入侵。

[20] 国恒亡：国家常常要灭亡。恒，常。

[21] 然后知生于忧患而死于安乐也：这样以后，才明白忧虑祸患助人生存，而安逸快乐促人败亡的道理了。于，在。

【译文】

舜从田间被尧发现起用，傅说从筑墙的工作中被举用，胶鬲从贩卖鱼盐的人中被举用，管仲从狱官手里被释放举用，孙叔敖在隐居的海滨被发现举用，百里奚从集市上被赎回举用。

所以，上天将把重大使命赋予某人，一定先要使他的心志受苦，使他的筋骨劳累，使他经受饥饿，使他穷困，使他的作为颠倒错乱，这样才可以震动他的思想，坚韧他的性情，增加他的本领。

一个人常犯过失，然后才能悔悟改正；心意困苦，思虑阻塞，才能奋发而起；显露在脸色上，表达在言语中，才能被人了解。一个国家，内没有守法的大臣和辅弼的贤士，外没有敌对国家带来的忧患，往往容易亡国。由此可以知道忧虑祸患助人生存，而安逸快乐促人败亡的道理了。

(七)

盖西伯拘而演《周易》；仲尼厄而作《春秋》；屈原放逐，乃赋《离骚》；左丘失明，厥有《国语》[1]；孙子膑脚，《兵法》修列；不韦迁蜀，世传《吕览》；韩非囚秦，《说难》《孤愤》；《诗》三百篇，大底圣贤发愤之所为作也。

(汉·司马迁《报任安书》[2])

【注释】

[1] 厥(jué):因而,因此,于是。

[2] 司马迁(约前145—前90):字子长,西汉夏阳(今陕西韩城)人,史学家、文学家。他倾尽一生心血所著的中国第一部纪传体通史《史记》(原名《太史公书》)记载了从传说中的黄帝时期到汉武帝元狩元年长达3 000多年的历史,是中国史书的典范。

【译文】

周文王在被拘禁的时候推演了《周易》;孔子在困穷的境遇中编写了《春秋》;屈原被流放后创作了《离骚》;左丘明在失明后写出了《国语》;孙膑被砍去了膝盖骨,编著了《兵法》;吕不韦被贬放到蜀地,才有了《吕氏春秋》流传于世;韩非被囚禁在秦国,才写下了《说难》《孤愤》;(至于)《诗经》三百篇,也大多是圣贤们为抒发郁愤而写出来的啊!

(八)

为天地立心[1],为生民立命[2],为往圣继绝学[3],为万世开太平[4]。

(宋·张载《近思录拾遗》[5])

【注释】

[1] 为天地立心:通晓万物造化之理,使天道彰显。

[2] 为生民立命:关注百姓生存,使之丰衣足食、安身立命。

[3] 为往圣继绝学:将古圣前贤的智慧义理发扬光大,教化万民。绝学,最好的、不朽的学问。

[4] 为万世开太平:开启使人民安居乐业、永享太平的事业。

[5] 张载(1020—1077):字子厚,陕西凤翔(今陕西眉县)横渠镇人,北宋哲学家。曾任祁州司法参军、丹州云岩县令等。后辞职回乡讲学。有《张载集》传世。张载这著名的四句话,表达了读书人应有的志向和责任,也是教育的最高期望,被后人称为"横渠四句"。

【译文】

为了在天地之间树立正气,为了使百姓能够安身立命,为了继承古圣前贤的不朽学问,为了开启千秋万代的盛世太平。

【品读】

人生短暂。怎样才既不虚度年华,活出精彩,又能保持旺盛的发展态势?"自强不息,厚德载物"就是中华先哲的回答,也是维系发展的价值观。

选自《周易》的四句话,是"自强不息,厚德载物"的思想源头。它告诉人们,既要像天体的运行那样自强不息,像大地的和顺那样厚德载物,又必须保持"生生"不息,"变""通"发展的修身状态。

选文(五)所载古人追求"日新""至善"的格言,选文(六)所载孟子"生于忧患,死于安乐"的议论,选文(七)所载"圣贤发愤"的故事,从不同角度阐述了"自强不息,厚德载物"的实践意义,树立了光耀千秋的人生楷模。

选文(八)所载"横渠四句"是对君子"自强不息,厚德载物"使命的简要归纳。其所包含的"治平天下"的道义担当,"舍我其谁"的文化自觉,让人感佩而振奋。在中华传统文化经典中,范仲淹的"先忧后乐"的思想,林则徐的"苟利国家生死以,岂因祸福避趋之"的精神,顾炎武的"天下兴亡,匹夫有责"的呼吁,也都包含着这种信念。

在中华文明的价值体系中,“自强不息,厚德载物”的内涵十分丰富:

其一,包含了对“天地之德”的虔诚信仰。“天行健”“地势坤”,人处天地间,理当像天一样自强不息,像地一样厚德载物。

其二,包含了对“明德修身”的自觉实践。这是生存发展的需要,人伦道义的要求。自强不息是动力,厚德载物是情怀。

其三,包含了对“立己达人”的热情倡导。这是实现人生价值、构建理想社会所必需的。自强不息是态度、方式,是“立己”的法则;厚德载物是目标、责任,是“达人”的要求。

其四,包含了对“穷则思变”的充分肯定。遭遇生存发展难题,要以自强不息的精神勇敢面对,及时解决。用旧办法解决不了的,应当以厚德载物的情怀,创新方式,变通解决。

其五,包含了对“止于至善”的不懈追求。只有自强不息才能保持旺盛活力,只有厚德载物才能避免腐化堕落。

总而言之,“自强不息,厚德载物”是我们求生存、谋发展的必备美德。它是一种生命状态——是“明德修身”达到优良程度,并且保持稳定发展之后而自然外显的人格品质。它是一种生活哲学——中华民族历经沧桑而能一直稳固地凝聚一起,并且保持一个伟大民族的生机与活力,就有这种哲学的强大影响。

不能自强,难免衰弱;不能厚德,难担重任。只有“自强不息”,才能够使我们明德修身,追求卓越,慎终如始,永葆青春;只有“厚德载物”才能够使我们情怀家国,砥砺德行,克服困难,持续发展。

秉承“自强不息,厚德载物”的理念,有助于我们培养革故鼎新、仁爱共济的意识,在追梦道路上,懂得尊重变革——不自满。善创新,乐上进,有胆识,有胸襟。即使功成名就,也能慎终如始,努力前行。

【知识卡片】

● 立德树人的理想境界——情怀家国,德配天地;君子品格,圣贤精神。

一、有“明德修身”“齐家报国”的追求;

二、有“爱众亲仁”“立己达人”的器量;

三、有“顺天应时”“物我共生”的意识;

四、有“持中守正”“和而不流”的风骨;

五、有“以人为本”“克己奉公”的情怀;

六、有“孝悌忠信”“礼义廉耻”的操守;

七、有“天下为公”“世界大同”的愿景;

八、有“乐学笃行”“改过迁善”的勇气;

九、有“自强不息”“厚德载物”的精神;

十、有“敬老爱幼”“尊师重道”“知行合一”“求真向善”“谦恭礼让”“勤俭朴实”“知恩图报”“见义勇为”“扶危救难”“匡时济世”“先忧后乐”“革故鼎新”的美德;等等。

【思考与练习】

1. 解释下列语句。

(1) 生生之谓易。

(2) 是故君子无所不用其极。

(3) 生于忧患,死于安乐。

(4) 横渠四句。

2. 为什么古人认为“自强不息，厚德载物”是君子天经地义的责任？

3. 谈谈你对“穷则变，变则通，通则久”和“周虽旧邦，其命维新”思想的认识。

4. 古代读书人有“为天地立心，为生民立命，为往圣继绝学，为万世开太平”的远大追求，今天的大学生却有“自我中心”“利己主义”“读书无用”“消费青春”的情绪弥漫，对此，你有何看法？

5. 结合“自强不息，厚德载物”的理念，谈谈你对孟子“富贵不能淫，贫贱不能移，威武不能屈，此之谓大丈夫”这句名言的理解。

6. 背诵选文(一)(二)(三)(四)(五)(八)。

7. 请从本书的选文里，找出 1 至 3 个与“自强不息，厚德载物”相关联的材料进行延伸阅读，并把点滴体会记下来。

8. 根据以上九个专题的学习体会，写一篇学习中华传统文化优秀价值观念的心得总结。题目自拟，字数不限。

第二章　文　章

召公谏厉王弭谤

厉王[1]虐，国人谤王[2]。召公[3]告曰："民不堪命矣！"王怒，得卫巫[4]，使监谤者，以告，则杀之。国人莫敢言，道路以目。

王喜，告召公曰："吾能弭[5]谤矣，乃不敢言。"召公曰："是障[6]之也。防民之口，甚于防川。川壅而溃[7]，伤人必多，民亦如之。是故为川者决之使导，为民者宣之使言[8]。故天子听政，使公卿至于列士献诗，瞽献曲，史献书，师箴，瞍赋，矇诵，百工谏，庶人传语，近臣尽规，亲戚补察，瞽史教诲，耆艾修之，而后王斟酌焉，是以事行而不悖[9]。民之有口也，犹土之有山川也，财用于是乎出；犹其有原隰衍沃也[10]，衣食于是乎生。口之宣言也，善败于是乎兴。行善而备败，其所以阜财用衣食者也。夫民虑之于心而宣之于口，成而行之，胡可壅也？若壅其口，其与能几何？"

王弗听，于是国人莫敢出言。三年，乃流王于彘[11]。

（《国语·周语上》）

【注释】

[1] 厉王：周厉王姬胡，西周第十代王，公元前877年至前841年在位。

[2] 国人：老百姓。谤：埋怨、指责。

[3] 召公：一作"邵公"，即召穆公，名虎，时为周厉王的卿士。

[4] 卫巫：卫国的巫师。

[5] 弭(mǐ)：消除。

[6] 障：阻塞。

[7] 壅：同"壅"，壅塞不通。溃：溃决泛滥。

[8] 为川者：治水人。决：开通。导：疏通。宣：开导。

[9] 公卿至于列士：指大小官员。周朝官职分公、卿、大夫、士四级。列士，士的总称。瞽(gǔ)：盲人，此指乐师。曲：采自民间的乐曲。师箴(zhēn)：乐师规诫。瞍(sǒu)：有目无眼珠的盲人。赋：公卿列士所献诗。矇：有瞳仁的盲人，主弦歌、讽诵。百工：主管营建制造等事务的官职。耆(qí)：六十岁的老人。艾：五十岁的老人。

[10] 原隰(xí)：高地与低地。衍沃：平整的土地和可以饮水灌溉的良田。

[11] 彘(zhì)：地名，今山西霍州东北彘城。

【译文】

周厉王行事暴虐，国人纷纷指责他。召公告诉厉王，说："民众不堪忍受你的政令了！"厉王听了大怒，找来卫国的巫师，派他监视指责自己的人，巫师一发现有人埋怨指责，就向厉王报告，然后将这个人抓捕杀掉。国人没有敢议论的了，路上相遇，也只以眼色来示意。

厉王很高兴，对召公说："我能禁止老百姓的指责了，他们都不敢再说我。"召公说："你是用暴力堵住了国人的嘴。防堵民众的嘴，比防堵河流还要可怕。江河流水堵塞就会溃决，伤人必定很多。堵塞民众的嘴也是这样。因此治水的人要疏通河道，让水流畅通；治理民众的人要引导百姓批评政事，使他们畅所欲言。所以，天子处理政事，要让公卿列士献呈规谏的诗歌，乐官献呈民间乐曲，史官献呈可借鉴的史籍，少师献呈规诫箴言，瞍者吟唱，矇者朗诵，百工纷纷进谏，平民则将自己的意见传达上来，近臣尽心规劝，宗室姻亲补过纠偏，乐师、史官谆谆教诲，元老、重臣审议修正，而后天子再斟酌决断，这样，国家政事才能施行而不违背情理。民众有嘴可以说话，好比土地有山岳、江河一样，钱财开支就从这里产生出来；好比高原和低地都有平坦肥沃的良田一样，衣食物品就从这里产生出来。能用嘴巴发表议论，政事的成败就借以反映。做好事而防止坏事，方能使财源旺盛、衣食富足。人们把心中所想的通过嘴巴表达出来，这是很自然的行为，怎么可以强行阻止呢？如果堵住老百姓的嘴，那又能支撑多久呢？"

厉王不听劝告，于是老百姓再也不敢公开发表言论。过了三年，老百姓便把这个暴君放逐到彘地去了。

【品读】

倾听民心，尊重民意，体恤民情，是确保国家政权正常运行的前提。文中所载"召公谏厉王弭谤"的故事就为此作了生动的诠释。其中"防民之口甚于防川"的警告，以及"民之有口也，犹土之有山川也"的议论尖锐深刻，掷地有声，回响千古。可惜封建统治者往往听不进这类劝谏，总是重蹈着周厉王压制批评声音的覆辙。

本文通过简短的叙事和对话，将"召公谏厉王弭谤"的谏因、谏言、谏果清晰呈现，使文章主旨鲜明突出，人物形象跃然纸上，其写作手法值得借鉴。

齐人有一妻一妾

齐人有一妻一妾而处室者，其良人出，则必餍酒肉而后反[1]。其妻问所与饮食者，则尽富贵也[2]。其妻告其妾曰："良人出，则必餍酒肉而后反；问其与饮食者，尽富贵也，而未尝有显者来，吾将瞷良人之所之也[3]。"

蚤起，施从良人之所之，遍国中无与立谈者[4]。卒之东郭墦间，之祭者，乞其余；不足，又顾而之他——此其为餍足之道也[5]。

其妻归，告其妾，曰："良人者，所仰望而终身也，今若此——"与其妾讪其良人，而相泣于中庭，而良人未之知也，施施从外来，骄其妻妾[6]。

由君子观之，则人之所以求富贵利达者，其妻妾不羞也，而不相泣者，几希矣[7]。

（《孟子·离娄章句下》）

【注释】

[1] 处室：居家过日子，共同生活。良人：古时妻子对丈夫的称呼。餍(yàn)：满足，

饱食。反：通“返”。

[2] 所与饮食者：与他在一起吃喝的人。富贵：指富贵的人。

[3] 显者：有地位有声望的人。瞯(jiàn)良人之所之：暗中看他所去的地方。瞯，窥视，暗中看。之所之，前一个“之”是助词，后一个“之”是动词。所之，所去的地方。

[4] 蚤(zǎo)：通“早”。施(yí)：通“迤”，逶迤斜行。这里指暗中跟踪。国中：都城内。国，国都，京城。

[5] 卒之东郭墦(fán)间：最后到了东门外的墓地。卒，最后。之，去，往。东郭，城之东门外。墦间，坟墓间。之祭者，乞其余：向祭墓的人乞讨剩下来的食物。顾而之他：掉头到另一个墓地去。道：方法。

[6] 讪(shàn)：讥讽。中庭：庭院中。施(yì)施：喜悦自得的样子。骄其妻妾：在妻妾面前骄傲。

[7] 希：通“稀”。

【译文】

齐国有一个人，家里有一妻一妾。那丈夫每次出门，必定是吃得饱饱地、喝得醉醺醺地回家。他妻子问他一道吃喝的是些什么人，据他说来全都是些有钱有势的人。他妻子告诉他的妾说：“丈夫出门，总是酒醉肉饱地回来；问他和些什么人一道吃喝，据他说来全都是些有钱有势的人，但我们却从来没见到什么有钱有势的人物到家里面来过，我打算悄悄地看看他到底去些什么地方。”

第二天早上起来，她便尾随在丈夫的后面，走遍全城，没有看到一个人站下来和她丈夫说过话。最后他走到了东郊的墓地，向祭扫坟墓的人要些剩余的祭品吃；不够，又东张西望地到别处去乞讨——这就是他酒醉肉饱的办法。

他的妻子回到家里，告诉他的妾说：“丈夫，是我们仰望并终身依靠的人，现在他竟然是这样的——”二人在庭院中咒骂着，哭泣着，而丈夫还不知道，得意扬扬地从外面回来，在他的两个女人面前显摆威风。

在君子看来，那些求取升官发财的人所用的方法，能够不使他们的妻妾引以为耻而共同哭泣的，是很少的！

【品读】

这是一篇寓言故事，也是绝妙的讽刺小品。它无情地揭露了为追求富贵利达而出卖灵魂、趋炎附势者的无耻行径和丑恶嘴脸，读来令人既好笑，又恶心。

文末一句“由君子观之，则人之所以求富贵利达者，其妻妾不羞也，而不相泣者，几希矣”的感叹，巧妙地揭示了主题，使求取升官发财、富贵利达而鲜廉寡耻、鼠窃狗盗者现出了“原形”，其写作手法堪称高明。

沧桑变迁，星移物换，这位齐国“良人”的影子在现实生活中并未绝迹。虽然他们已不可能公开“有一妻一妾而处室”，但是正如一个用名片打扑克的讽刺小品所揭露的，他们用以骄傲于“妻妾”的东西是一样的。作为有文化、有理想的新中国的新一辈，理当“立身正大”“行己有耻”，我们追求“体面而有尊严的生活”，既不可成为这种人，也应当警惕这种人。

廉颇蔺相如列传

司马迁[1]

廉颇者，赵之良将也。赵惠文王十六年[2]，廉颇为赵将伐齐，大破之，取阳晋[3]，拜为上卿[4]，以勇气闻于诸侯。蔺相如者，赵人也，为赵宦者令缪贤舍人[5]。

赵惠文王时，得楚和氏璧[6]。秦昭王[7]闻之，使人遗[8]赵王书，愿以十五城请易璧。赵王与大将军廉颇诸大臣谋：欲予秦，秦城恐不可得，徒见欺[9]；欲勿予，即患秦兵之来。计未定，求人可使报秦者，未得。宦者令缪贤曰："臣舍人蔺相如可使。"王问："何以知之？"对曰："臣尝有罪，窃计欲亡走燕[10]，臣舍人相如止臣，曰：'君何以知燕王[11]？'臣语曰：'臣尝从大王与燕王会境上[12]，燕王私握臣手，"曰愿结友"。以此知之，故欲往。'相如谓臣曰：'夫赵强而燕弱，而君幸于赵王[13]，故燕王欲结于君。今君乃[14]亡赵走燕，燕畏赵，其势必不敢留君，而束君归赵[15]矣。君不如肉袒伏斧质[16]请罪，则幸得脱矣。'臣从其计，大王亦幸赦臣。臣窃以为其人勇士，有智谋，宜可使[17]。"于是王召见，问蔺相如曰："秦王以十五城请易寡人之璧，可予不[18]？"相如曰："秦强而赵弱，不可不许。"王曰："取吾璧，不予我城，奈何？"相如曰："秦以城求璧而赵不许，曲[19]在赵。赵予璧而秦不予赵城，曲在秦。均之二策[20]，宁许以负秦曲[21]。"王曰："谁可使者？"相如曰："王必无人，臣愿奉[22]璧往使。城入赵而璧留秦；城不入，臣请完璧归赵[23]。"赵王于是遂遣相如奉璧西入秦。

秦王坐章台[24]见相如，相如奉璧奏[25]秦王。秦王大喜，传以示美人[26]及左右，左右皆呼万岁。相如视秦王无意偿赵城[27]，乃前曰："璧有瑕[28]，请指示王。"王授璧，相如因持璧却立[29]，倚柱，怒发上冲冠[30]，谓秦王曰："大王欲得璧，使人发书至赵王，赵王悉召群臣议，皆曰'秦贪，负[31]其强，以空言求璧，偿城恐不可得'。议不欲予秦璧。臣以为布衣之交[32]尚不相欺，况大国乎！且以一璧之故逆[33]强秦之欢，不可。于是赵王乃斋戒[34]五日，使臣奉璧，拜送书[35]于庭[36]。何者？严[37]大国之威以修敬[38]也。今臣至，大王见臣列观，礼节甚倨[39]；得璧，传之美人，以戏弄臣。臣观大王无意偿赵王城邑，故臣复取璧。大王必欲急[40]臣，臣头今与璧俱碎于柱矣！"相如持其璧睨[41]柱，欲以击柱。秦王恐其破璧，乃辞谢[42]固请[43]，召有司[44]案图[45]，指从此以往十五都[46]予赵。相如度秦王特[47]以诈详为[48]予赵城，实不可得，乃谓秦王曰："和氏璧，天下所共传[49]宝也，赵王恐，不敢不献。赵王送璧时，斋戒五日，今大王亦宜斋戒五日，设九宾[50]于廷，臣乃敢上璧。"秦王度之，终不可强夺，遂许斋五日，舍[51]相如广成传[52]。相如度秦王虽斋，决负约不偿城，乃使其从者衣褐[53]，怀其璧，从径道[54]亡，归璧于赵。

秦王斋五日后，乃设九宾礼于廷，引赵使者蔺相如。相如至，谓秦王曰："秦自缪(mù)公[55]以来二十余君，未尝有坚明约束[56]者也。臣诚恐见欺于王而负赵，故令人持璧归，间[57]至赵矣。且秦强而赵弱，大王遣一介之使至赵，赵立[58]奉璧来。今以秦之强而先割十五都予赵，赵岂敢留璧而得罪于大王乎？臣知欺大王之罪当诛，臣请就汤镬[59]，唯大王与群臣孰[60]计议之。"秦王与群臣相视而嘻[61]。左右或欲引相如去，秦王因曰："今杀相如，终不能得璧也，而绝秦赵之欢，不如因而厚遇之[62]，使归赵，赵王岂以一璧之故欺秦邪!”卒廷见相如[63],毕礼而归之[64]。

相如既归,赵王以为贤大夫使不辱于诸侯,拜相如为上大夫。秦亦不以城予赵,赵亦终不予秦璧。

其后秦伐赵,拔石城[65]。明年,复攻赵,杀二万人。

秦王使使者告赵王,欲与王为好[66]会于西河外渑池[67]。赵王畏秦,欲毋行[68]。廉颇、蔺相如计曰:“王不行,示赵弱且怯也。”赵王遂行,相如从。廉颇送至境,与王诀[69]曰:“王行,度道里会遇之礼毕[70],还,不过三十日。三十日不还,则请立太子为王,以绝秦望[71]。”王许之,遂与秦王会渑池。秦王饮酒酣,曰:“寡人窃闻赵王好音[72],请奏瑟[73]。”赵王鼓瑟。秦御史[74]前书曰“某年月日,秦王与赵王会饮,令赵王鼓瑟”。蔺相如前曰:“赵王窃闻秦王善为秦声[75],请奏盆缻[76]秦王,以相娱乐。”秦王怒,不许。于是相如前进缻,因跪请秦王。秦王不肯击缻。相如曰:“五步之内,相如请得以颈血溅大王矣!”左右欲刃[77]相如,相如张目叱[78]之,左右皆靡[79]。于是秦王不怿[80],为一击缻。相如顾召赵御史书曰“某年月日,秦王为赵王击缻”。秦之群臣曰:“请以赵十五城为秦王寿[81]。”蔺相如亦曰:“请以秦之咸阳为赵王寿。”秦王竟酒[82],终不能加胜于赵。赵亦盛设兵[83]以待秦,秦不敢动。

既罢归国,以相如功大,拜为上卿,位在廉颇之右[84]。廉颇曰:“我为赵将,有攻城野战之大功,而蔺相如徒以口舌为劳,而位居我上,且相如素贱人[85],吾羞,不忍为之下。”宣言曰:“我见相如,必辱之。”相如闻,不肯与会。相如每朝时,常称病,不欲与廉颇争列[86]。已而相如出,望见廉颇,相如引车避匿[87]。于是舍人[88]相与[89]谏曰:“臣所以去亲戚而事君者,徒慕君之高义也。今君与廉颇同列,廉君宣恶言而君畏匿之,恐惧殊甚,且庸人尚羞之,况于将相乎!臣等不肖,请辞去。”蔺相如固止之,曰:“公之视廉将军孰与秦王[90]?”曰:“不若也。”相如曰:“夫以秦王之威,而相如廷叱之,辱其群臣,相如虽驽[91],独畏廉将军哉?顾吾念之,强秦之所以不敢加兵于赵者,徒以吾两人在也。今两虎共斗,其势不俱生。吾所以为此者,以先国家之急而后私仇也。”廉颇闻之,肉袒负荆[92],因[93]宾客至蔺相如门谢罪。曰:“鄙贱之人,不知将军[94]宽之至此也。”卒相与欢,为刎颈之交[95]。

(《史记·廉颇蔺相如列传》)

【注释】

[1] 司马迁(约前145—前90):字子长,西汉夏阳(今陕西韩城)人,西汉史学家、文学家。因所著中国第一部纪传体通史《史记》是中国史书的典范而被后世尊称为“太史公”。本文选自《史记》卷八十一。

[2] 赵惠文王十六年:公元前283年。赵惠文王,战国后期赵国君主。

[3] 阳晋:齐国城邑,在今山东菏泽西北。

[4] 上卿:战国时期诸侯国大臣中最高的官位。

[5] 宦者令缪(miào)贤:宦官的首领缪贤。舍人:有职务的门客。

[6] 和氏璧:战国时著名的玉璧,是楚人卞和发现的,故名。事见《韩非子·何氏》。

[7] 秦昭王:即秦昭襄王。

[8] 遗(wèi):送。

[9] 徒见欺:白白地被欺骗。

[10] 亡走燕:逃到燕国去。

[11] 何以知燕王：根据什么知道燕王(会收留你)。

[12] 境上：指燕赵两国的边境。

[13] 幸于赵王：被赵王宠爱。幸，宠幸。

[14] 乃：却，竟然。

[15] 束君归赵：把您捆绑起来送还赵国。

[16] 肉袒伏斧质：解衣露体，伏在斧质上。袒，脱衣露体。斧质，古时的刑具，用于腰斩。质，同"锧"。

[17] 宜可使：可供差遣。宜，适宜。

[18] 不：同"否"。

[19] 曲：理屈，理亏。

[20] 均之二策：衡量这两个计策。均，衡量。之，这。

[21] 宁许以负秦曲：宁可答应，而让秦国承担理亏的责任。

[22] 奉：捧着。

[23] 完璧归赵：让璧完整无损地归还赵国。

[24] 章台：秦离宫中的台观名，旧址在今陕西西安西南。

[25] 奏：进献。

[26] 美人：指秦王的姬妾。

[27] 偿赵城：把十五城补偿给赵国。

[28] 瑕：玉上的斑点或裂痕。

[29] 却立：倒退几步立定。

[30] 怒发上冲冠：愤怒得头发直竖，顶起了冠。形容极其愤怒。

[31] 负：倚仗。

[32] 布衣之交：平民间的交往。古代平民只穿麻衣、葛布，故称布衣。

[33] 逆：拂逆，触犯。

[34] 斋戒：祭祀之前，沐浴更衣，节制饮食，表示虔诚的仪式。

[35] 书：指赵王的复信。

[36] 庭：同"廷"，朝堂。

[37] 严：尊重，敬畏。

[38] 修敬：致敬。

[39] 列观(guàn)：一般的台观，指章台。倨(jù)：傲慢无礼。

[40] 急：逼迫。

[41] 睨(nì)：斜视。

[42] 辞谢：婉言道歉。

[43] 固请：坚决请求(相如不要把璧撞破)。

[44] 有司：职有专司的官吏。

[45] 案图：查明地图。案，同"按"。

[46] 都：城邑。

[47] 特：只，只是。

[48] 详为：假装做。详，同"佯"，假装。

[49] 共传：公认。
[50] 设九宾：一种有傧相九人依次传呼接引宾客上殿的外交仪式。
[51] 舍：安置。
[52] 广成传(zhuàn)：宾馆名。传，传舍，宾馆。
[53] 衣(yì)褐：穿着粗麻布短衣，指化装成平民百姓。
[54] 径道：小路。
[55] 缪公：即秦穆公。缪，同“穆”。
[56] 坚明约束：坚决明确地遵守信约。
[57] 间(jiàn)：抄小路，与上文“从径道亡”相应。
[58] 立：立刻。
[59] 就汤镬：指接受烹刑。汤，沸水。镬，大锅。
[60] 孰：同“熟”，仔细。
[61] 嘻：苦笑声。
[62] 因而厚遇之：趁此优厚地款待他。
[63] 卒廷见相如：终于在朝堂上接见蔺相如。
[64] 毕礼而归之：举行完廷见的外交大礼，然后送他回国。
[65] 拔石城：攻取石城。石城，故址在今河南林州西南。
[66] 为好：修好。
[67] 西河外渑(miǎn)池：黄河西边的渑池。即今河南渑池。
[68] 欲毋行：想不去。
[69] 诀：告别。
[70] 度道里会遇之礼毕：估算前往渑池的路程和会谈完毕的时间。
[71] 绝秦望：断绝秦国要挟胁迫的念头。
[72] 好音：喜欢音乐。
[73] 瑟：古代乐器，形似琴而较长大。通常配有二十五根弦。
[74] 御史：官名。战国时御史专管图籍，记载国家大事。
[75] 秦声：秦国的音乐。
[76] 奏：奉献，送上。盆缻(fǒu)：均为瓦器。缻，同“缶”。秦人敲打盆缶作为唱歌时的节拍。
[77] 刃：刀锋。这里是杀的意思。
[78] 叱(chì)：大声呵斥。
[79] 靡：倒下，这里指后退。
[80] 怿(yì)：愉快。
[81] 为秦王寿：祝秦王长寿，指向秦王献礼。
[82] 竟酒：直到酒宴完毕。
[83] 盛设兵：多布置军队。
[84] 右：上。古人以右为尊。
[85] 相如素贱人：指蔺相如做过宦官的家臣，向来微贱。
[86] 争列：争位次的高下。

［87］引车避匿：将车子调转躲避。
［88］舍人：指蔺相如的门客。
［89］相与：一起，共同。
［90］孰与秦王：与秦王相比怎么样？孰与，与什么相比。孰，谁，哪一个。
［91］驽：愚笨，拙劣。
［92］负荆：背着荆条，表示愿受鞭打。
［93］因：通过。
［94］将军：当时的上卿兼职将相，所以廉颇这样称呼蔺相如。
［95］刎颈之交：指能够共患难、同生死的朋友。刎颈，杀头。

【译文】

廉颇是赵国优秀的将领。赵惠文王十六年，时为赵国将军的廉颇率领赵军征讨齐国，大败齐军，夺取了阳晋，晋升为上卿，从此他以英勇善战闻名于诸侯各国。蔺相如，赵国人，他是赵国的宦官首领缪贤的门客。

赵惠文王的时候，得到了楚人的和氏璧。秦昭王听说了这件事，就派人给赵王送来一封书信，表示愿意用十五座城池交换和氏璧。赵王同大将军廉颇及诸大臣们商量：如果把宝玉给了秦国，又恐得不到秦国的城邑，白白地受到欺骗；如果不给他，又恐秦国来攻打。尚未找到合适的解决办法，也未能找到一个能到秦国去回复的使者。这时，宦官令缪贤说："我的门客蔺相如可以出使。"赵王问："你怎么知道他可以出使？"缪贤回答说："微臣曾犯过罪，私下打算逃亡到燕国去，我的门客相如劝阻我不要去，问我说：'您怎么知道燕王会收留您呢？'我对他说：'我曾随从大王在国境上与燕王会见，燕王私下握住我的手说，情愿跟您交个朋友。因此了解他，所以打算投奔燕王。'相如对我说：'赵国强，燕国弱，而您受宠于赵王，所以燕王想要和您结交。现在您是从赵国逃亡到燕国去，燕国惧怕赵国，这种形势下燕王必定不敢收留您，还会把您捆绑起来送回赵国。您不如脱掉上衣，露出肩背，伏在斧刃之下请求大王治罪，这样也许侥幸能被赦免。'臣听从了他的意见，大王也开恩赦免了微臣。微臣私下认为这人是个勇士，有智谋，应该可以出使。"于是赵王立即召见，问蔺相如："秦王用十五座城池请求交换我的和氏璧，能不能给他？"相如说："秦国强，赵国弱，不能不答应它。"赵王说："得了我的宝璧，不给我城邑，怎么办？"相如说："秦国请求用城换璧，赵国如不答应，赵国理亏；赵国给了璧而秦国不给赵国城邑，秦国理亏。衡量一下两种对策，宁可答应它，使秦国来承担理亏的责任。"赵王说："谁可以前往？"相如说："大王如果无人可派，臣愿捧护宝璧前往出使。城邑归属赵国了，就把宝璧留给秦国；城邑不能归赵国，我一定把和氏璧完好地带回赵国。"赵王于是就派遣蔺相如带好和氏璧，西行入秦。

秦王坐在章台上接见蔺相如，相如捧璧呈献给秦王。秦王非常高兴，把宝璧传着给姬妾和左右侍从看，左右都高呼万岁。相如看出秦王没有用城邑抵偿赵国的意思，便走上前去说："璧上有个小斑点，让我指给大王看。"秦王把璧交给他，相如于是手持璧玉退后几步靠在柱子上，怒发冲冠，对秦王说："大王想得到宝璧，派人送信给赵王，赵王召集全体大臣商议，大家都说：'秦国贪得无厌，倚仗它的强大，想用空话得到宝璧，说给我们城邑恐怕不可能。'商议的结果是不想把宝璧给秦国。但是我认为平民百姓之间的交往尚且互相不欺骗，更何况是大国之间呢！况且为了一块璧玉的缘故就使强大的秦国不高兴，也是不应该的。于是赵王斋戒了五天，派我捧着宝璧，在殿堂上恭敬地拜送国书。为什么要这样呢？

是尊重大国的威望以表示敬意呀。如今我来到贵国,大王却在一般的台观上接见我,礼节十分傲慢;得到宝璧后,传给姬妾们观看,这样来戏弄我。我观察大王没有给赵王十五城的诚意,所以我又取回宝璧。大王如果一定要逼我,我的头今天就同宝璧一起在柱子上撞碎!"相如手持宝璧,斜视庭柱,就要向庭柱上撞去。秦王怕他把宝璧撞碎,便向他道歉,坚决请求他不要如此,并召来相关官吏查看地图,指明从某地到某地的十五座城邑都给赵国。相如估计秦王只不过用欺诈手段假装给赵国城邑,实际上赵国根本不可能得到,于是就对秦王说:"和氏璧是天下公认的宝物,赵王惧怕贵国,不敢不奉献出来。赵王送璧之前,斋戒了五天,如今大王也应斋戒五天,在殿堂上安排九宾大典,我才敢献上宝璧。"秦王估量,毕竟不可能强力夺取,于是就答应斋戒五天,把相如安置在广成宾馆。相如估计秦王虽然答应斋戒,也必定背约不给城邑,便派他的随从穿上粗麻布衣服,怀中藏好宝璧,从小路逃出,把宝璧送回赵国。

秦王斋戒五天后,就在殿堂上安排了九宾的大典礼,宴请赵国使者蔺相如。相如来到后,对秦王说:"秦国从穆公以来的二十余位君主,从没有一个是能切实遵守信约的。我实在是害怕被大王欺骗而对不起赵王,所以派人带着宝璧回去,已从小路回到赵国了。况且秦国强大赵国弱小,大王派遣一位使臣到赵国,赵国立即就会把璧送来。如今凭着秦国的强大,先把十五座城邑割让给赵国,赵国哪里敢留下宝璧而得罪大王呢?我知道欺骗大王是应该被诛杀的,我愿意接受汤镬之刑,只希望大王和各位大臣从长计议此事!"秦王和群臣面面相觑,发出苦笑之声。侍从有人要拉相如去受刑,秦王趁机说:"如今杀了相如,终归还是得不到宝璧,反而破坏了秦赵两国的交情,不如趁此好好款待他,放他回到赵国,赵王难道会为了一块璧玉的缘故而欺骗秦国吗!"最终还是在殿堂上隆重地接见了相如,大礼完后让他回了国。

相如回国后,赵王认为他是一位有德行、有才能的贤大夫,出使诸侯国,能做到不辱使命,于是封相如为上大夫。此后秦国并没有把城邑给赵国,赵国也始终不给秦国宝璧。

此后秦国攻打赵国,夺取了石城。第二年,秦国再次攻打赵国,杀死两万人。

秦王派使者告诉赵王,想在西河外的渑池与赵王进行一次友好会见。赵王害怕秦国,打算不去。廉颇、蔺相如商量道:"大王如果不去,就显得赵国既软弱又胆小。"赵王于是前去赴会,蔺相如随行。廉颇送到边境,和赵王诀别说:"大王此行,估计路程和会谈结束,再加上返回的时间,不会超过三十天。如果三十天还没回来,就请您允许我们立太子为王,以断绝秦国要挟的妄想。"赵王答应了,便去渑池与秦王会见。秦王饮到酒兴正浓时,说:"我私下里听说赵王爱好音乐,请您奏瑟一曲!"赵王就弹起瑟来。秦国的史官上前来写道:"某年某月某日,秦王与赵王一起饮酒,令赵王弹瑟。"蔺相如上前说:"赵王私下里听说秦王擅长秦地土乐,请让我给秦王捧上盆缻,来相互为乐。"秦王发怒,不答应。这时蔺相如向前进献瓦缻,并跪下请秦王演奏。秦王不肯击缻,蔺相如说:"在这五步之内,如果我自杀,脖颈里的血可以溅在大王身上了!"秦王的侍从们想要杀蔺相如,蔺相如睁圆双眼大声斥骂他们,侍从们都吓得倒退。秦王很不高兴,但也只好敲了一下缻。相如回头招呼赵国史官写道:"某年某月某日,秦王为赵王击缻。"秦国的大臣们说:"请你们用赵国的十五座城池向秦王献礼。"蔺相如也说:"请你们用秦国的咸阳向赵王献礼。"直到酒宴结束,秦王始终也未能压倒赵王。由于赵国已部署了大批军队来防备秦国,因而秦国也不敢轻举妄动。

渑池会结束以后回到赵国,由于蔺相如功劳大,被封为上卿,官位在廉颇之上。廉颇说:“作为赵国的将军,我有攻占城池作战旷野的大功劳,而蔺相如只不过靠能说会道立了点功,可是他的地位却在我之上,况且蔺相如本来就出身卑贱,我感到羞耻,无法容忍在他的下面。”并且扬言说:“我遇见蔺相如,一定要羞辱他一番。”蔺相如听到这话后,不愿意和廉颇相会。每到上朝时,蔺相如常常声称有病,不愿和廉颇去争位次的先后。没过多久,蔺相如外出,远远看到廉颇,蔺相如就掉转车子回避。于是蔺相如的门客就一起来向蔺相如抗议说:“我们之所以离开亲人来侍奉您,是仰慕您高尚的节义呀。如今您与廉颇官位相同,廉颇传出坏话,而您却害怕躲避着他,胆怯得也太过分了,一般人尚且感到羞耻,更何况是身为将相的人呢!我们这些人没有出息,请让我们辞去吧!”蔺相如坚决地挽留他们,说:“诸位认为廉将军和秦王相比谁更厉害?”众人都说:“廉将军比不上秦王。”蔺相如说:“以秦王的威势,而我尚敢在朝廷上呵斥他,羞辱他的群臣,我蔺相如虽然无能,难道会害怕廉将军吗!但是我想到,强大的秦国之所以不敢对赵国用兵,就是因为有我们两人在呀。如今我们俩相斗,就如同两猛虎争斗一般,势必不能同时生存。我之所以这样忍让,就是将国家的危难放在前面,而将个人的私怨搁在后面罢了!”廉颇听说了这些话,就脱去上衣,露出上身,背着荆鞭,由宾客引领,来到蔺相如的门前请罪,他说:“我是个粗野卑贱的人,想不到将军的胸怀如此宽大啊!”二人终于和好,成了生死与共的朋友。

【品读】

《廉颇蔺相如列传》为合传,以廉颇、蔺相如为主,并记述了赵奢父子及李牧的主要事迹。这里节选的是前者。当时是战国末期,秦国采取远交近攻、各个击破的战略,强力对外扩张。赵国实力比秦稍弱。这篇传记通过“完璧归赵”“渑池抗争”“将相和解”等几个故事,生动刻画了廉颇、蔺相如、赵惠文王等一批性格各异的人物形象,热情称颂了蔺相如大仁大义、大智大勇的人格胆识。成语“价值连城”“完璧归赵”“白璧微瑕”“怒发冲冠”“布衣之交”“负荆请罪”“刎颈之交”等均出自本篇。

作者写人,紧紧扣住蔺相如的机智勇敢这一特征,极尽渲染之能事,层层蓄势,有如大江截流。如文中五次渲染相如操天下大势为己用之睿智:为国纾难,利用国际舆论,借使秦负曲之势,奉璧至秦;秦王得璧不偿城,相如以“璧有瑕,请指示王”诓得玉璧后,抓住秦王贪婪的弱点,欲以璧击柱,借“秦王恐璧破”之势威胁秦王;抓住秦国二十余君都“不坚明约束”之过,借理在我方之势,使人怀璧归赵;渑池之会,借“五步之内以颈血溅大王”之势,逼秦王就范,为一击缶,相如智勇,已是光彩照人。接着,笔势陡转:多谋善断、意气风发的蔺相如竟对无理取闹的廉颇一再退忍避让,连门客都感到羞愧。直到门客要离开他时,才袒露他“先国家之急而后私仇也”的胸怀,使相如大智大勇的贤相风采凸显在读者的眼前。正如作者在本传末尾所论赞的:“太史公曰:知死必勇,非死者难也,处死者难也。方蔺相如引璧睨柱,及叱秦王左右,势不过诛,然士或怯懦而不敢发。相如一奋其气,威信敌国;退而让颇,名重泰山。其处智勇,可谓兼之矣!”

过 秦 论

贾 谊[1]

秦孝公据崤函之固[2],拥雍州[3]之地,君臣固守以窥周室,有席卷天下,包举宇内,囊括四海之意，并吞八荒之心[4]。当是时也，商君佐之，内立法度[5]，务耕织，修守战之具；外连衡而斗诸侯。于是秦人拱手而取西河之外[6]。

孝公既没，惠文、武、昭襄蒙故业，因遗策[7]，南取汉中[8]，西举巴蜀，东割膏腴之地，北收要害之郡。诸侯恐惧，会盟而谋弱秦，不爱珍器重宝肥饶之地，以致天下之士，合从缔交，相与为一。当此之时，齐有孟尝，赵有平原，楚有春申，魏有信陵。此四君者[9]，皆明智而忠信，宽厚而爱人，尊贤而重士，约从离横，兼韩、魏、燕、楚、齐、赵、宋、卫、中山之众。于是六国之士，有宁越、徐尚、苏秦、杜赫之属为之谋，齐明、周最、陈轸、召滑、楼缓、翟景、苏厉、乐毅之徒通其意，吴起、孙膑、带佗、倪良、王廖、田忌、廉颇、赵奢之伦制其兵。尝以十倍之地，百万之众，叩关而攻秦[10]。秦人开关延敌，九国之师逡巡遁逃而不敢进[11]。秦无亡矢遗镞之费，而天下诸侯已困矣。于是从散约败，争割地而赂秦。秦有余力而制其弊，追亡逐北，伏尸百万，流血漂橹[12]。因利乘便，宰割天下，分裂山河。强国请服，弱国入朝。延及孝文王、庄襄王，享国之日浅，国家无事。

及至始皇，奋六世之余烈[13]，振长策而御宇内，吞二周而亡诸侯[14]，履至尊而制六合，执敲扑而鞭笞天下[15]，威振四海。南取百越之地，以为桂林、象郡；百越之君俯首系颈[16]，委命下吏。乃使蒙恬北筑长城而守藩篱，却匈奴七百余里。胡人不敢南下而牧马，士不敢弯弓而报怨。于是废先王之道[17]，焚百家之言，以愚黔首。隳名城，杀豪俊，收天下之兵聚之咸阳，销锋镝铸以为金人十二，以弱天下之民[18]。然后践华为城，因河为池[19]，据亿丈之城，临不测之渊以为固。良将劲弩守要害之处，信臣精卒陈利兵而谁何[20]。天下已定。始皇之心，自以为关中之固，金城千里[21]，子孙帝王万世之业也。

始皇既没，余威振于殊俗[22]。然而陈涉，瓮牖绳枢之子[23]，氓隶之人[24]，而迁徙之徒也，才能不及中人，非有仲尼、墨翟之贤，陶朱、猗顿之富[25]，蹑足行伍之间，而倔起阡陌之中[26]，率疲弊之卒，将数百之众，转而攻秦，斩木为兵，揭竿为旗，天下云集而响应，赢粮而景从。山东豪俊遂并起而亡秦族矣。

且夫天下非小弱也，雍州之地，崤函之固，自若也；陈涉之位，非尊于齐、楚、燕、赵、韩、魏、宋、卫、中山之君也；锄耰棘矜[27]，非铦于钩戟长铩也[28]；谪戍之众，非抗于九国之师也[29]；深谋远虑，行军用兵之道，非及向时之士也。然而成败异变，功业相反，何也？试使山东之国与陈涉度长絜大[30]，比权量力，则不可同年而语矣[31]。然秦以区区之地，致万乘之势[32]，序八州而朝同列，百有余年矣。然后以六合为家，崤函为宫；一夫作难而七庙隳[33]，身死人手，为天下笑者，何也？仁义不施而攻守之势异也。

（《史记·陈涉世家》）

【注释】

[1] 贾谊(前 200—前 168)：洛阳(今河南洛阳)人。西汉思想家、文学家。因当过长沙王太傅，世称贾太傅、贾生、贾长沙。《过秦论》是贾谊的代表作，共三篇，此为第一篇。本文选自《史记·陈涉世家》。

[2] 秦孝公：姓赢，名渠梁，秦国第三十代国君，在位二十四年(前 361—前 338)。孝公用商鞅变法，秦国国力富强，奠定了秦统一的政治基础。崤(xiáo)函：崤山和函谷关的简称。崤山位于今河南洛宁西北六十里。函谷关在河南灵宝西南，崤山中之关也，并称为“崤函”。

[3] 雍州：古九州之一，相当于今陕、甘、青三省地古称。

［4］ 席卷、包举、囊括、并吞：均为同义词，即全部占据。天下、宇内、四海、八荒：均为同义词，指全国。

［5］ 商君：指商鞅，入秦辅佐孝公变法，后被诬谋反被杀。内立法度：在国内改变制度，史称“商鞅变法”。

［6］ 西河之外：西河，指黄河以西、华（huà）山以东的一片地区，方七百里，本属秦地，后为魏国所据。商鞅变法后，秦国强盛，魏人不敌，割取西河及河东一部分土地与秦，所以称为“西河之外”。

［7］ 惠文、武、昭襄：指秦惠文王、秦武王、秦昭王。蒙：承受，继承。因：遵循。

［8］ 汉中：秦时郡名，地当在汉水上游、陕西秦岭以南及湖北西北部一带。

［9］ 四君：指孟尝君田文、平原君赵胜、春申君黄歇、信陵君魏无忌。

［10］ 叩关而攻秦：仰攻函谷关打击秦国。《贾谊集》作“仰关”。仰：由下向上进攻。

［11］ 延敌：迎战敌人。逡（qūn）巡：犹豫，有所顾虑。

［12］ 流血漂橹：形容战争规模大，战死多人，血流成河，兵器都漂浮起来。橹，大盾牌。

［13］ 六世：指孝公、惠文王、武王、昭王、孝文王、庄襄王。

［14］ 吞二周而亡诸侯：即统一中国。战国末期周王室分裂为西周、东周两小国，庄襄王灭二周置三川郡。亡诸侯，谓秦始皇吞灭六国。

［15］ 六合：上下与四方，指天下。敲扑：杖。短的叫敲，长的叫杖。

［16］ 俯首系颈：低头屈服。

［17］ 先王之道：先王治国的方略。

［18］ 隳（huī）：毁坏。锋镝（dí）：刀刃和箭头，泛指武器。

［19］ 践：登，据守。华：华山。池：护城河。

［20］ 谁何：你是谁？巡更喝问之声。

［21］ 金城千里：金城，坚固的城池。秦都关中咸阳、东函谷、南武关、西散关、北萧关，地势险要，好像一条钢铁长城守在千里之外。

［22］ 殊俗：不同风俗的民族，指匈奴、百越等。

［23］ 瓮牖（yǒu）绳枢：用破瓦坛做窗户，用绳栓门轴，形容贫困。瓮，大肚瓦坛。牖，窗户。枢，门轴。

［24］ 氓隶：当时对奴隶和农民的贱称。

［25］ 陶朱、猗（yī）顿：陶朱指春秋时越国大夫范蠡，他弃官经商。猗顿是鲁国人，受范蠡的指点，经商致富。两人事迹均可见《史记·货殖列传》。

［26］ 阡陌：草野民间。

［27］ 锄耰（yōu）棘矜（qín）：锄柄戟杆。棘，借作“戟”。矜，戟柄。

［28］ 铦（xiān）：锋利。铩（shā）：大矛。

［29］ 九国：东方六国加上宋、卫、中山国是为九国。

［30］ 度（duó）长絜（xié）大：比长论短，较量大小。絜，同“度”，比较之意。

［31］ 同年而语：相提并论。

［32］ 万乘：周制，天子地方千里，能出兵车万辆，后因以“万乘”代指帝位。

［33］ 一夫作难（nàn）而七庙隳：七庙，本指祖先七代的庙。《礼记·王制》：“天子七

庙,三昭三穆,与太祖之庙而七。”后泛指帝王的宗庙,亦代称国家、王朝。

【译文】

秦孝公占据着崤山和函谷关的险固地势,拥有雍州的土地,君臣牢固地守卫着来谋取周王室的权力,有席卷天下、控制寰宇、囊括四海、吞并八方的雄心。这期间,商鞅辅佐他,对内建立法规制度,致力于耕作纺织,修造防守和进攻的器械;对外实行连横策略,使崤山以东诸侯自相争斗。于是,秦人毫不费力地夺取了黄河以西的大片土地。

秦孝公死后,惠文王、武王、昭襄王先后继承已有的基业,沿袭前代的策略,向南夺取汉中,向西攻取巴蜀,向东割取肥沃的地区,向北收复地势险要的州郡。各国诸侯恐慌害怕,集会结盟,谋求削弱秦国的办法。他们不吝惜奇珍贵重的器物和肥沃富饶的土地,招纳天下的优秀人才,采用合纵策略缔结盟约,互相援助,成为一体。这个时候,齐国有孟尝君,赵国有平原君,楚国有春申君,魏国有信陵君。这四位封君,都明世事,有智谋,讲信义,待人很宽厚,敬重贤能之士,以合纵之约瓦解连横之策,将韩、魏、燕、楚、齐、赵、宋、卫、中山的部队结成联军。这时,六国的士人,有宁越、徐尚、苏秦、杜赫之类为他们出谋划策,齐明、周最、陈轸、召滑、楼缓、翟景、苏厉、乐毅等人沟通他们的意见,吴起、孙膑、带佗、倪良、王廖、田忌、廉颇、赵奢之辈给他们统率军队。他们曾经以十倍于秦的土地、上百万的军队攻打秦国的关隘。秦人大开函谷关引敌深入,九国的军队却迟疑起来,不敢入关。秦人没有耗费一兵一卒,天下的诸侯就已陷入狼狈不堪的境地了。这样一来,合纵合约被迫解除了,各诸侯国争着割地来贿赂秦国。秦有富余的力量趁他们困乏来制服他们,追赶九国的败兵,百万败兵横尸道路,血流成河,大盾牌也漂浮得起。秦国凭借这有利的形势,割取天下的土地,重新划分山河的区域。强国主动表示臣服,弱国按时入秦朝拜。秦孝文王、庄襄王依次继位,在位时间不长,国家并没有出现什么大事。

秦始皇他继承发展六世遗留下来的功业,以武力来统治各国,将周王室和各诸侯国统统消灭,登上宝座来控制天下,用严酷的刑罚来奴役天下的百姓,威风震慑四海。向南攻取百越的土地,把它划为桂林郡和象郡。百越的君主们低着头,颈上捆着绳子,听凭秦的下级官吏处理。于是派蒙恬到北方去修筑长城,守卫边境,使匈奴退却七百多里,胡人不敢到南边来放牧,勇士不敢拉弓射箭来报仇。接着就废除先王的治国方略,焚烧诸子百家的著作,为的是使百姓变得愚蠢;毁坏高大的城墙,杀掉英雄豪杰;收缴天下的兵器,集中在咸阳,销毁刀刃和箭头,用来铸成十二个铜人,来削弱百姓的反抗力量。然后他以华山为城堡,把黄河作护城河,占据着高耸的华山,面对着深不可测的黄河,认为是险固的屏障。良将手执强弩守卫着要害的地方,可靠的官员、精锐的士卒拿着锋利的兵器,盘问过往行人。天下已经安定,始皇心里自以为倚仗这关中的险固地势、方圆千里的坚固的城防,就可以成就子孙万代的帝王基业。

秦始皇去世之后,他的余威依然震慑着边远少数民族地区。可是,陈涉不过是个用破瓮做窗户、用草绳系门板的出身农民的贫家子弟,后来做了被迁谪戍边的兵卒;才能不如平常的人,更没有孔子、墨子那样的贤德,也不像陶朱公、猗顿那样富足。他跻身于戍卒的队伍中,从村野间突然发难,率领着疲惫无力的士兵,指挥着几百上千人的队伍,转头攻打秦国,他们折断树枝作武器,举起竹竿当旗帜,天下豪杰纷纷响应聚集,许多人都背着粮食,如影随形般地跟着他。崤山以东的英雄豪杰于是一齐起义,消灭了秦王朝。

天下并没有缩小削弱，雍州的地势，崤山和函谷关的险固，还是与从前无异。陈涉的地位并不比齐、楚、燕、赵、韩、魏、宋、卫、中山的国君们尊贵；锄头木棍并没有钩戟长矛锋利；那迁谪戍边的卒子作战能力也不可能与九国军队匹敌；陈涉行军用兵的策略，更比不上先前九国的武将谋臣。然而结果却发生变化，功业与所具备的才能恰好相反。假使拿崤山以东诸国的实力跟陈涉比一比长短大小，量一量权势力量，那简直是天壤之别了。然而秦国凭借着小小的地盘，夺取了天子的权力，招令其他八州，而使处于同等地位的诸侯入秦朝拜，已有一百多年历史。这之后将天下归己所有，用崤山、函谷关作为自己的内宫。不料一个戍卒发难国家就灭亡了，皇子皇孙都死在人家手里，被天下人耻笑，是什么原因呢？不施行仁义，攻和守的形势就变了。

【品读】

“过秦论”意为“论秦王朝政治之过失”。此文的写作背景是汉文帝时期。尽管当时社会经济逐渐恢复，人民生活也较安定，但统治者的“淫侈之俗”日益增长、社会矛盾不断激化，富有政治理想的贾谊忧思满怀，希望借此文让汉文帝以秦亡为警示，施行仁政，不重蹈覆辙；同时也希望通过此文引起汉文帝的注意，从而实现自己的政治抱负。

本文用极富概括性、渲染力的语调和排比、对偶、对比等手法将秦王朝从利用自身的地利、人和、政通优势不断崛起，到坚持扩张发展，战胜六国，一统中华，再到实行政治废民、文化愚民、经济弱民、军事防民等虎狼之策来守国，最后却很快败亡，难免“一夫作难而七庙隳，身死人手，为天下笑”的历史灾祸铺排开来，顺理成章地得出了秦王朝灭亡的原因是“仁义不施而攻守之势异也”这个结论和教训。全文短小精致，气势磅礴，主旨鲜明，其对封建暴政的批评，振聋发聩，有如警钟长鸣，不愧为流传千古的史论奇文。

乐羊子妻

范 晔[1]

河南[2]乐羊子之妻者，不知何氏之女也。

羊子尝行路，得遗金一饼，还以与妻。妻曰：“妾闻志士不饮盗泉之水，廉者不受嗟来之食，况拾遗求利以污其行乎！”羊子大惭，乃捐金于野，而远寻师学[3]。

一年归来，妻跪问其故，羊子曰：“久行怀思，无它异也。”妻乃引刀趋机而言曰：“此织生自蚕茧，成于机杼。一丝而累，以至于寸，累寸不已，遂成丈匹。今若断斯织也，则捐失成功，稽废时日。夫子积学，当‘日知其所亡’，以就懿德；若中道而归，何异断斯织乎？”羊子感其言，复还终业，遂七年不返。妻常躬勤养姑，又远馈羊子[4]。

尝有它舍鸡谬入园中，姑盗杀而食之，妻对鸡不餐而泣。姑怪问其故。妻曰：“自伤居贫，使食有它肉。”姑竟弃之[5]。

后盗欲有犯妻者，乃先劫其姑。妻闻，操刀而出。盗人曰：“释汝刀从我者可全，不从我者，则杀汝姑。”妻仰天而叹，举刀刎颈而死。盗亦不杀其姑。太守闻之，即捕杀贼盗，而赐妻缣帛[6]，以礼葬之，号曰“贞义”。

（《后汉书·列女传》）

【注释】

[1] 范晔(398—445):字蔚宗,南朝宋顺阳郡(今河南淅川)人。其编撰的《后汉书》与《史记》《汉书》《三国志》一起,并称为"前四史"。

[2] 河南:河南郡。当在今河南西北部。汉袭秦制,地方分郡县。郡,相当于地一级行政区。

[3] 尝:曾经。遗金一饼:一块丢失的金子。还以与妻:当读作"还,以与妻"。盗泉:古泉名,故址在今山东泗水东北。古籍中有"(孔子)过于盗泉,渴矣而不饮,恶其名也"的话。嗟来之食:在《礼记·檀弓》里本作"嗟!来食(喂,来吃吧)",是富人叫饿肚子的人来吃饭时说的,有鄙夷饿者的味道。污其行:玷污自己行为。捐:丢弃,舍弃。

[4] 跪:古人席地而坐,跪时腰伸直,示敬之意。无它:没什么。成于机杼:在织布机上织成。机,指织布机。杼,机上的梭子。累寸不已:不停地一寸一寸地积累。捐失:放弃,舍弃。稽废:稽延荒废。积学:积累学识。日知其所亡:语出《论语·子张》,"子夏曰:'日知其所亡,月无忘其所能,可谓好学也已矣。'"。亡,通"无",没有。

[5] 谬:误。姑:丈夫的母亲,即婆婆。竟弃之:终于把它丢弃了。

[6] 缣(jiān)帛:双丝的细绢。

【译文】

河南乐羊子的妻子,已经不知道原来是姓什么的人家的女儿。

羊子在路上行走时,曾经捡到一块别人丢失的金子,拿回家把它交给妻子。妻子说:"我听说有志气的人不喝盗泉的水,廉洁方正的人不接受嗟来之食,何况是捡拾别人的失物、谋求私利来玷污自己的品德呢!"羊子听后十分惭愧,就把金子扔弃到野外,然后远出拜师求学去了。

一年后羊子回到家中,妻子跪起身问他回来的缘故。羊子说:"出行在外久了,心中想念家人,没有别的特殊的事情。"妻子听后,就拿起刀来快步走到织机前说道:"这些丝织品都是从蚕茧中生出,又在织机上织成。一根丝一根丝地积累起来,才达到一寸长,一寸一寸地积累,才能成丈成匹。现在如果割断这些正在织着的丝织品,那就无法成功(织出布匹),迟延荒废时光。你积累学问,就应当'每天都学到自己不懂的东西',以此成就自己的美德;如果中途就回来了,那同切断这丝织品又有什么不同呢?"羊子被他妻子的话感动了,重新回去修完了自己的学业,并且七年没有回来。妻子一直在家辛勤劳动,赡养婆婆,还要供给羊子求学所需的钱物。

这期间,有一次邻家所养的鸡误闯入乐羊子的园中,婆婆偷偷抓来杀了做菜吃。到吃饭时,乐羊子妻却对着鸡肉流泪,不吃饭。婆婆感到奇怪,问她原因,乐羊子妻说:"我是难过家里太穷,饭桌上吃的竟然是别人家的鸡。"婆婆听了(大感惭愧),就把鸡丢弃不食了。

后来有盗贼想侵犯乐羊子的妻子,就先劫持其婆婆。妻子听到后,拿着刀跑出来,盗贼说:"你放下刀依从我,就保全你们的性命;如果不从,我就杀了你婆婆。"妻子仰天叹息,举起刀子就刎颈自杀了。盗贼也没有杀她婆婆(就逃跑了)。太守知道了这件事后,捕杀了那盗贼,还赐给乐羊子的妻子丝绸布帛,为她举行丧礼,赐予"贞义"的称号。

【品读】

本文是一篇人物传记。它通过几个小故事,赞扬了乐羊子的妻子的高洁品德和过人胆识。乐羊子妻规劝丈夫的两段话,至今仍有深刻的教育意义。

《世说新语》四则

刘义庆[1]

(一) 陈仲举礼贤

陈仲举[2]言为士则,行为世范,登车揽辔[3],有澄清天下之志。为豫章太守,至,便问徐孺子所在,欲先看之[4]。主簿白[5]:"群情欲府君先入廨[6]。"陈曰:"武王式商容之闾[7],席不暇暖[8]。吾之礼贤,有何不可?"

(《世说新语·德行第一》)

【注释】

[1] 刘义庆(403—444):字季伯,彭城(今江苏徐州)人,南朝刘宋宗室,袭封临川王,曾任荆州刺史等官职,文学家。《世说新语》:由刘义庆组织一批文人编写的一部主要记述自汉末到刘宋时名士贵族的逸闻轶事的笔记小说。全书原八卷。后由梁代刘峻作注,分为十卷。今传本皆作三卷,分为德行、言语、政事、文学、方正、雅量等三十六门,共一千多则。

[2] 陈仲举:名蕃,字仲举,东汉汝南平舆人。东汉桓帝末年任太傅。当时宦官专权,他与大将军窦武谋划诛杀宦官,未成,反被害。

[3] 登车揽辔(pèi):坐上车子,拿起缰绳。这里指走马上任。揽,拿,提。辔,套马的缰绳。

[4] 豫章:豫章郡,即今江西南昌。太守:汉代行政单位郡的长官。据记载,陈蕃为官正直,得罪权贵,被贬为太守。徐孺子:名稺(zhì),字孺子,东汉豫章南昌人,是当时有名的"南州高士",为人高洁。

[5] 主簿:官名,掌管文书、簿籍,办理事务的官使,是属官之首。白:报告,禀报。

[6] 府君:汉魏时对太守的敬称,太守办公的地方称府,所以称太守为府君。旧时也用作子孙对先人的尊称。廨(xiè):官署,衙门。

[7] 武王:周武王。式商容之闾(lǘ):登门拜访商容。式,通"轼",古代车前用作扶手的横木。这里用作动词,指俯身扶轼致意,表示对贤人的尊敬,引申为登门拜访。商容,商纣时期的贤哲。闾,巷门。

[8] 席不暇暖:连席子还没有来得及坐热,就起来了。表示周武王对待贤人的毕恭毕敬。原指东奔西走,不得安居。后形容很忙,多坐一会儿的时间都没有。

【译文】

陈仲举的言谈是读书人的准则,行为是普通人的典范。他开始为官时,就胸怀匡正时弊的志向。他做豫章太守时,一到任所,就打听名士徐孺子的住处,要前去拜访。主簿禀告说:"大家还是希望您先进官署。"陈仲举说:"当年周武王经过商容的巷门,还扶着车上的横木站起来,俯身致意;拜访贤人时,连席子也来不及坐暖就要前去。我以礼尊敬贤人,有什么不可以呢?"

(二) 荀巨伯护友

荀巨伯[1]远看友人疾,值胡贼攻郡[2],友人语巨伯曰:“吾今死矣,子可去[3]!”巨伯曰:“远来相视[4],子令吾去,败义以求生[5],岂荀巨伯所行邪[6]?”贼既至,谓巨伯曰:“大军至,一郡尽空,汝何男子,而敢独止[7]?”巨伯曰:“友人有疾,不忍委之[8],宁以吾身代友人命[9]。”贼相谓曰:“我辈无义之人,而入有义之国。”遂班军[10]而还,一郡并获全。

(《世说新语·德行第一》)

【注释】

[1] 荀巨伯:汉桓帝时颍川(今属河南)人,生卒年不详。

[2] 值:恰逢。胡:胡人。泛指西北少数民族。郡:郡城。

[3] 子:你,尊称。可:应该。

[4] 相视:探望。

[5] 败义:背弃做人的道义。求生:保全性命。

[6] 邪(yé):通“耶”,表疑问。

[7] 独止:独自留下来。

[8] 委之:扔下他。委,抛弃。

[9] 宁:宁肯。身:生命。

[10] 班军:撤兵。

【译文】

荀巨伯远道而来探望生病的朋友,正好碰上胡兵攻打郡城。朋友忙劝荀巨伯说:“我今天是死定了,您赶快离开!”荀巨伯说:“我老远赶来探望您,您却让我离开,这种背弃道义而保全性命的事情,岂是我荀巨伯所能为?”胡兵攻入郡城,对荀巨伯说:“大军一到,全城的人都跑光了,你是什么人,胆敢独自留下来?”荀巨伯回答说:“我的朋友生病了,不忍心将他扔下逃离,宁愿用我的生命换取朋友的生命。”胡兵听后,相互议论说:“是我们一帮没有道义的人,入侵了讲道义的国家啊。”于是退兵而去,整个郡城一并得以保全。

(三) 管宁割席

管宁、华歆[1]共园中锄菜,见地有片金,管挥锄与瓦石不异,华捉而掷[2]去之。又尝同席[3]读书,有乘轩冕[4]过门者,宁读如故,歆废书[5]出看,宁割席分坐,曰:“子非吾友也!”

(《世说新语·德行第一》)

【注释】

[1] 管宁:字幼安,东汉末年北海朱虚人,今山东临朐东南人。东汉末,避乱世居住在辽东多年。后入魏,魏文帝、明帝几次让他做官,他辞而不就。华歆(xīn):字子鱼,东汉末年平原高唐人,今山东禹城西南人。官至尚书令,魏明帝时拜太尉。

[2] 捉:拾取。掷:扔。

[3] 同席:同坐一张席上。

[4] 轩冕(miǎn):古代卿大夫的轩车和冕服。

[5] 废书:丢下书本,不再继续读书。

【译文】

管宁、华歆一起在园中翻地种菜，看到地下有片金子，管宁照常挥动锄头，把金子看得和瓦块石头一般，华歆却把金子拾了起来，而后才扔掉了。还有一次，他们坐在一张席子上看书，有个乘坐轩车、穿着冕服的官员从门前经过，管宁照样读书，华歆放下书跑过去观看。管宁就割开席子，与他分开坐，并对华歆说："您不是我的朋友了！"

(四) 殷仲堪俭食

殷仲堪[1]既为荆州，值水，俭食[2]，常五碗盘[3]，外无余肴，饭粒脱落盘席间，辄拾以啖之。虽欲率物[4]，亦缘其性真素。每语子弟云："勿以我受任方州，云我豁[5]平昔时意，今吾处之不易。贫者，士之常，焉得登枝而捐其本？尔曹其[6]存之！"

（《世说新语·德行第一》）

【注释】

[1] 殷仲堪：陈郡长平（今河南西华）人，东晋末年重要将领、大臣，官至荆州刺史。善属文，能清言，受士人爱慕。

[2] 值水，俭食：碰上水灾，食物不丰足。

[3] 五碗盘：魏晋时南方的一种成套的食器，由一圆形托盘和盛放其中的五个小碗组成。亦称"五盏盘"。一般形制较小，盛菜种类有限，量亦不多。

[4] 率物：为人做榜样表率。

[5] 豁：舍弃。

[6] 尔曹：你们。其：助词，表祈使、期望的口气。

【译文】

殷仲堪做荆州刺史时，正赶上水灾而造成的饥荒，所以他吃饭经常是五碗盘，没有多余的菜肴。如果饭粒掉在盘子或者席子上，他也捡起来吃了。尽管他这样是要为众人做榜样，但也确实是他生性简朴的本性使然。他常常对自己的弟子们说："不要以为我做了刺史，就会舍弃平时的习惯和意志，现今我处高位并未改变什么。清贫是读书人的本分，怎能因为地位高了就变了呢？你们要记住这些话啊。"

【品读】

读书人该有什么样的德行？这里所选《世说新语》的几则故事里的主人公就是古代读书人的典型。

第一则故事，通过记叙"言为士则，行为世范"的名士陈仲举赴任豫章太守，下车伊始就急于访贤礼士的对话情节，使其"匡时济世，以德为官"的志向、品行跃然纸上。

第二则故事，通过记叙荀巨伯面对生命危机，选择以命相护病友，使得入侵者被感动而自行退兵，郡城得以保全的义举，彰显了高尚人格的魅力。

第三则故事，通过叙述管宁、华歆在锄菜见金、显贵过门时的不同表现，赞扬了管宁专心致志、择友以德的方正人品。

第四则故事，记叙了一位即使做了太守也以节俭、清贫为常的名士殷仲堪的高洁言行。其"俭以养德，俭以修身，富不求奢，贵不移志"的操守，令人感佩。

读圣贤书所为何事？真名士自风流。以上四则"以德立身，以德处世，以德择友，以德为官"的故事，是儒家"修齐治平"思想的实践体现，这些人所代表的中国传统知识分子的美德,在今天看来,依然珍贵。

谏太宗十思疏

魏　徵[1]

臣闻:求木之长者,必固其根本[2];欲流之远者,必浚其泉源[3];思国之安者,必积其德义。源不深而望流之远,根不固而求木之长,德不厚而思国之安,臣虽下愚,知其不可,而况于明哲乎[4]?人君当神器之重[5],居域中之大[6],不念居安思危,戒奢以俭,斯亦伐根以求木茂,塞源而欲流长者也[7]。

凡昔元首[8],承天景命[9],善始者实繁,克终者盖寡[10]。岂取之易、守之难乎?盖在殷忧[11]必竭诚以待下;既得志则纵情以傲物[12]。竭诚则吴越为一体[13];傲物则骨肉为行路[14]。虽董之以严刑[15],振之以威怒[16],终苟免而不怀仁,貌恭而不心服。怨不在大,可畏惟人[17]。载舟覆舟,所宜深慎[18]。

诚能见可欲则思知足以自戒,将有作则思知止以安人[19],念高危则思谦冲而自牧[20],惧满盈则思江海下百川[21],乐盘游则思三驱以为度[22],忧懈怠则思慎始而敬终[23],虑壅蔽则思虚心以纳下[24],惧谗邪则思正身以黜恶[25],恩所加则思无因喜以谬赏[26],罚所及则思无以怒而滥刑。总此十思,宏兹九得[27],简能而任之[28],择善而从之,则智者尽其谋,勇者竭其力,仁者播其惠,信者效其忠[29]。文武并用,垂拱而治[30]。何必劳神苦思,代百司之职役哉[31]!

(《贞观政要》)

【注释】

[1] 魏徵(580—643):唐代巨鹿郡下曲阳(今河北晋州)人,唐初政治家、史学家、文学家。曾任谏议大夫,以直谏敢言著称。其言论多见于《贞观政要》。疏:奏疏,是古代臣下向君主议事进言的一种文体。

[2] 长(zhǎng):生长,长成。固:使之稳固。

[3] 远:形容词用作动词,使之流得远。浚(jùn):疏通,深挖。

[4] 明哲:明智,通达事理。

[5] 当:主持,掌握。神器:指帝位。

[6] 居域中之大:据天地间重大的地位。域中,天地间。语出《老子》:“道大,天大,地大,王亦大。域中有四大,而王居其一焉。”

[7] 以:用,行。塞(sè):阻塞。

[8] 凡昔:所有的。元首:君也,帝王。

[9] 景命:大命。景,大。

[10] 克:能够。盖:表示不十分肯定的判断,但,则。

[11] 盖:承接上文,表示推断原因。殷忧:深重的忧虑。殷,深的。

[12] 傲物:看不起别人。物,这里指自己以外的人。

[13] 吴越:吴国和越国,春秋时两个敌对的诸侯国。

[14] 行路:路人,陌生人。

[15] 董：督责，监督。

[16] 振：通“震”，吓唬。

[17] 人：即“民”。此避唐太宗李世民讳而改为“人”。

[18] 载舟覆舟：用舟和水的关系来比喻君主和民众的关系，告诫君主要注意民心向背。语出《荀子·王制》：“君者，舟也；庶人者，水也。水则载舟，水则覆舟。”

[19] 作：建造，兴建。指大兴土木，营建宫殿苑囿一类事情。

[20] 谦冲：谦虚。冲，虚。自牧：自我约束。牧，养。这里引用了《易经》“卑以自牧”的意思。

[21] 下：居于什么之下。

[22] 盘游：娱乐游逸，指从事打猎。三驱：出自《易经》“王以三驱”，有两说：一说狩猎时让开一面，三面驱赶，以示好生之德；一说一年以三次田猎为度。

[23] 敬：慎。

[24] 壅(yōng)蔽：受到蒙蔽。

[25] 黜(chù)：排斥。

[26] 无：通“毋”，不要。

[27] 宏兹九得：扩大九德的修养。宏，使之光大。兹，此。九得，即指九种美好品德，出自《尚书·皋(gāo)陶谟》：“宽而栗(庄严)，柔而立(有所立)，愿(良善)而恭，乱(治理)而敬，扰(和顺)而毅，直(正直)而温，简(简易)而廉，刚而塞(充实)，彊(强)而义。”得，同“德”。

[28] 简：同“拣”，选拔。

[29] 信者：诚信的人。

[30] 垂拱而治：(皇上)垂衣拱手、不亲自处理政务，天下就能治理好。

[31] 劳神苦思：劳苦，使动用法，使之劳累，使之辛苦。百司：百官。

【译文】

臣听说：想要树木长得高，一定要巩固它的根本；想要水流得远，一定要疏通它的源头；想要国家安定，一定要广积恩德仁义。水源不深却希望水流得远，根本不稳固却想要树木高大，恩德不厚却想要国家安定，臣虽然卑下愚笨，尚且知道这是不可能的，何况您这样明智的人呢！国君担当着帝王的重任，据有天下最崇高的地位，如果不考虑在安逸的时候会出现危难，不以崇尚节俭来戒除奢侈，那么就如同砍断树根却希望树木茂盛，堵住源头而想要水流长远一样啊。

所有古代的帝王，承受上天的重大使命，开头做得好的确实很多，能够坚持到底的却很少。难道是取得天下容易守住天下困难吗？那是因为处在深重忧患之中，国君一定竭尽诚心地来对待臣民。等到实现志向以后，则随心任性、轻视他人。竭诚待人，有深仇大恨的吴、越也能结成一体；傲气凌人，就是骨肉至亲也会如同路人。在这种情况下，即使用严酷的刑罚监督人们，用威严的势力来震慑人们，人们即使最终苟且免于刑罚但并不会感恩戴德，表面上恭敬而在内心里却并不悦服。怨恨不在大小，可怕的只是老百姓。国君像船，百姓就像水一样。水能承载船只，也能颠覆船只，这是应当特别慎重对待的。

如果能够做到：见到自己喜欢的东西，就要想到要知足来自我克制；将要兴建什么，就要想到要适可而止，使百姓安宁；考虑身处高位的危险，就要想到用谦虚来加强自身的道德修养；害怕骄傲自满，就要想到像江海处于所有河流的下游以容纳百川；喜爱狩猎，就要想到帝王狩猎一年三次的法度而不赶尽杀绝;担心意志松懈,就要想到做事应慎始慎终;担心受隔绝蒙蔽,就要想到虚心采纳臣下的意见;害怕被谗言邪说包围,就要想到端正自身品德来黜退邪恶小人;施加恩泽于人,就要想到勿因一时高兴而奖赏不当;动用刑罚,就要想到不要因为一时愤怒而滥用刑罚。综合上述十个方面的考虑,弘扬贤哲九种美好的品德,选拔有才能的人而任用他,挑选好的意见而听从它,那么有智慧的人就能无保留地献出他的谋略,勇敢的人就能竭尽他的力量,仁爱的人就能传播他的恩惠,诚信的人就能献出他的忠诚。只要文臣武将各得其所且同时得到任用,国君就算垂衣拱手,天下也能治理好。何必一定要亲自劳神费思,代替百官去做他们应该做的事情呢?

【品读】

唐太宗即位初期,因隋鉴不远,故能励精图治。随着功业日隆,生活逐渐奢靡,"喜闻顺旨之说""不悦逆耳之言"。魏徵以此为忧,多次上疏切谏,《谏太宗十思疏》是其中的一篇。

本文以"思"为线索,将所要论述的问题连缀成文,文理清晰,结构缜密,并运用比喻、排比和对仗的修辞手法,说理透彻,音韵铿锵,气势充沛,是一篇很好的论说文。

作者从内心的"知足",行动上的"知止",地位上的"高危",以及戒骄戒躁、游乐有度、善始善终、虚心纳谏、赏罚有据等方面提出了"十思",即"思知足以自戒""思知止以安人""思谦冲而自牧""思江海下百川""思三驱以为度""思慎始而敬终""思虚心以纳下""思正身以黜恶""思无因喜以谬赏""思无以怒而滥刑"。全文围绕"思国之安者,必积其德义"的主旨,规劝唐太宗在政治上要慎始敬终,虚心纳下,赏罚公正;用人时要知人善任,简能择善;生活上要崇尚节俭,不轻用民力。这些主张不仅在当时具有积极的政治意义,现今,对于我们立德修身、理政治国仍然具有借鉴价值。

蝜蝂传

柳宗元[1]

蝜蝂者[2],善负小虫也。行遇物,辄持取,卬其首负之[3]。背愈重,虽困剧不止也[4]。其背甚涩(sè),物积因不散[5],卒踬(zhì)仆不能起[6]。人或怜之,为去其负[7]。苟能行[8],又持取如故[9]。又好(hào)上高[10],极其力不已。至坠地死。

今世之嗜(shì)取者[11],遇货不避[12],以厚其室[13]。不知为己累也[14],唯恐其不积。及其怠(dài)而踬也[15],黜(chù)弃之[16],迁徙之[17],亦以病矣[18]。苟能起,又不艾[19],日思高其位,大其禄,而贪取滋甚,以近于危坠,观前之死亡[20],不知戒。虽其形魁然大者也[21],其名人也[22],而智则小虫也。亦足哀夫!

【注释】

[1] 柳宗元(773—819):字子厚。祖籍河东(今山西永济),生于京都长安(今陕西西安)。唐代文学家、哲学家和政治家。

[2] 蝜蝂:一种擅长背负东西的小虫。

[3] 卬:"仰"之古字。

[4] 困剧:疲乏已极。困,疲乏。剧,很,非常。

[5] 涩：不光滑，有凹陷。因：因而。
[6] 卒：终于。踬(zhì)仆：跌倒。
[7] 去：除去，拿掉。负：负担，指小虫身上背的东西。
[8] 苟：如果。
[9] 故：原来的样子。
[10] 好：喜爱。上高：爬高。
[11] 嗜取者：贪得无厌的人。嗜，贪，喜好。
[12] 货：钱财。
[13] 厚：动词，增加。室：家。
[14] 累：负担。
[15] 怠：通“殆”，危险。
[16] 黜弃：罢免不用。
[17] 迁徙：这里指贬斥放逐。
[18] 病：羞辱，这里指受到羞辱。
[19] 不艾：不停止。艾，停止。
[20] 前之死亡：前人因贪财而死的。
[21] 形：形体。魁然：高大的样子。
[22] 名人：名字叫作“人”。

【译文】

蝜蝂是一种善于背负东西的小虫。爬行时遇到喜欢的东西，总要抓取过来，仰起头背着这些东西。东西越背越重，即使非常劳累也不停止。它的背很涩，东西堆上去就不会散落，终于被压倒爬不起来。有的人可怜它，替它去掉背上的东西。可是蝜蝂如果能爬行了，又把东西像原先一样抓取过来背上。这种小虫又喜欢往高处爬，用尽了它的力气也不肯停下来，以致跌倒摔死在地上。

现今世上那些贪利贪财的人，见到钱财就捞一把，用来填满他们的家室，不知道财货已成为自己的负担，还只怕它积聚得不够。等到一旦遭遇危险、跌倒垮台的时候，有的被罢官，有的被贬斥到边远地方，也算吃到苦头了。然而如果一旦再被起用，他们又不思悔改，天天想着提高自己的地位，加大自己的俸禄，而且变本加厉地贪取钱财，以致接近摔死的程度，看到以前由于极力求官贪财而自取灭亡的人也不知引以为戒。虽然他们的外形看起来庞大，他们的名义上是人，可是见识却和蝜蝂一样，也太可悲了！

【品读】

《蝜蝂传》是一篇寓言，借小虫蝜蝂事，讽刺“今世之嗜取者”聚敛资财、贪得无厌、至死不悟的丑陋面目和心态。文虽短小，却像是一面明镜，映射出当时官场的贪腐状况。作者善于观察生活，写小虫持物负重的本性如在目前；更善于思考社会人生问题，刻画贪官污吏的贪婪成性入木三分。文章叙事生动，议论精警，类比恰切，过渡自然，语言犀利，寓意深刻，流传千载仍能警戒世人。

它告诫人们，在追求精神和物质享受的时候，先要考量法律、制度和道德底线，然后依规而行，适可而止。要戒除贪欲，学会放弃。切莫为名所累，为利所惑，为物所驱，为情所困。古人云“君子爱财，取之有道”“知足常乐”“知止不辱”，讲的也是这个道理。

留侯论

苏　轼[1]

古之所谓豪杰之士者,必有过人之节[2]。人情有所不能忍者[3],匹夫见辱[4],拔剑而起,挺身而斗,此不足为勇也。天下有大勇者,卒然临之而不惊[5],无故加之而不怒[6]。此其所挟持者甚大[7],而其志甚远也。

夫子房受书于圯上之老人也[8],其事甚怪;然亦安知其非秦之世,有隐君子者出而试之[9]?观其所以微见其意者[10],皆圣贤相与警戒之义[11];而世不察,以为鬼物,亦已过矣。且其意不在书。

当韩之亡,秦之方盛也,以刀锯鼎镬待天下之士[12]。其平居无事夷灭者[13],不可胜数。虽有贲、育[14],无所复施。夫持法太急者,其锋不可犯,而其势未可乘。子房不忍忿忿之心,以匹夫之力而逞于一击之间[15]。当此之时,子房之不死者,其间不能容发,盖亦危矣。

千金之子[16],不死于盗贼,何者?其身可爱,而盗贼之不足以死也。子房以盖世之才,不为伊尹、太公之谋,而特出于荆轲、聂政之计[17],以侥幸于不死,此圯上老人所为深惜者也。是故倨傲鲜忝而深折之。彼其能有所忍也,然后可以就大事,故曰:"孺子可教也。"

楚庄王伐郑,郑伯肉袒牵羊以迎[18]。庄王曰:"其君能下人,必能信用其民矣。"遂舍之。句践之困于会稽[19],而归臣妾于吴者[20],三年而不倦。且夫有报人之志,而不能下人者,是匹夫之刚也。夫老人者,以为子房才有余,而忧其度量之不足,故深折其少年刚锐之气,使之忍小忿而就大谋。何则?非有生平之素,卒然相遇于草野之间,而命以仆妾之役,油然而不怪者,此固秦皇之所不能惊,而项籍之所不能怒也。

观夫高祖之所以胜,项籍之所以败者,在能忍与不能忍之间而已矣。项籍唯不能忍,是以百战百胜而轻用其锋。高祖忍之,养其全锋而待其敝,此子房教之也。当淮阴破齐,而欲自王,高祖发怒,见于词色。由是观之,犹有刚强不忍之气,非子房其谁全之?

太史公疑子房以为魁梧奇伟,而其状貌乃如妇人女子,不称其志气。呜呼!此其所以为子房欤!

【注释】

[1] 苏轼(1037—1101):字子瞻,号东坡居士。眉州(今四川眉山)人。仕途坎坷,政绩不凡。其诗、词、赋、散文、书法、绘画均有突出成就,是中国文学艺术史上罕见的全才。《留侯论》为嘉祐六年(1061)苏轼应制科考试时所上《进论》之一。留侯:即汉初政治家张良,字子房。他辅刘邦平定天下,被封为留侯。

[2] 节:操守。

[3] 人情有所不能忍者:常人在情感上总有不能忍耐的时候。

[4] 见:被。

[5] 卒(cù):同"猝",突然。临:逼近。

[6] 加:侵凌。

[7] 挟持者：指怀抱的理想。

[8] 圯(yí)：桥。《史记》："良尝间从容步游下邳圯上。"后来沿称该桥为圯。下邳，今江苏睢宁北。

[9] 君子：这里指才德卓越的人。

[10] 微：细小的事情。见(xiàn)：同"现"。表现，表露。

[11] 相与：互相，在一起。

[12] 刀锯鼎镬(dǐng huò)：四者皆古代刑具，借指酷刑。

[13] 平居：平日。

[14] 贲(bēn)：孟贲。战国时勇士。育：夏育。周代时著名勇士，卫人，传说能力举千钧。

[15] 逞于一击之间：指张良收买刺客锤击秦始皇一事。《史记·留侯世家》载：秦灭韩后，张良变卖家产图为韩报仇，得力士，为铁椎重一百二十斤，狙击秦始皇于博浪沙(在今河南省阳武县东南)道中，仅误中副车。秦始皇大怒，下令在全国搜索，但终未捉到张良。

[16] 千金之子：非常尊贵的人。

[17] 伊尹：商之贤相，名挚。太公：太公望吕尚，姓姜，名尚，字子牙，周文王时太师，辅佐武王诛灭暴君殷纣王。荆轲：燕国太子丹的宾客，很受敬重。奉命刺杀秦王，未成，被杀。聂政：为替严仲子报仇，独自刺死权奸，最后毁面自杀。

[18] 肉袒(tǎn)：脱去上衣，这里表示虔敬和惶惧，用于谢罪和祭祀。

[19] 句(gōu)践：春秋时期越国之王，"春秋五霸"之一。句，也作"勾"。

[20] 归臣妾于吴：像臣妾似地归服吴国。归，归属，归服。

【译文】

古代所说的豪杰之士，一定有出众的节操，能忍受在常人看来难以忍受的事情。一个普通人被侮辱，就拔剑而起，挺身上前搏斗，这不能算是勇敢。天下有一种大勇的人，能临危不乱，喜怒不形于色，这是因为他抱负远大。

张良从桥上老人那里接受那本兵书，说来是件很奇怪的事情。但是，又怎么知道这不是秦代的一位隐居君子出来考验他呢？想想老人含蓄的方式，是圣贤者对人的警示。世人不能明察，认为他古怪，那就错了。况且老人的用意还不在那本书上，而在于使张良能有所忍，以成就大事。

在韩国已灭亡、秦国正强盛的时候，秦王嬴政用刀锯、油锅这样残酷的刑罚来对待天下士人，那些平白无故遭受斩杀灭族的人数不胜数，即使有孟贲、夏育那样的勇士，也无法施展勇力。执法严厉的酷吏触犯不得，也没有可乘之机。张良忍不住心中的愤怒，想凭一椎打击达到自己的目的。在这个时候，张良没有被杀死，也离死不远了，真是太危险了！

非常尊贵的人，不会死在盗贼手里。为什么呢？因为他的生命宝贵，死在盗贼手里太不值得。张良有超过世人的才能，不作伊尹、姜尚那样深谋远虑之事，却想出荆轲、聂政行刺的下策，只因侥幸才免于一死。这正是桥上老人为他深感惋惜的地方。所以那老人用傲慢无理的态度挫掉他的锐气，他如果能忍受得住，然后才可以成就大业，所以说："这年轻人是可以调教的。"

楚庄王攻打郑国，郑襄公脱去上衣裸露身体、牵了羊来迎接。庄王说:“郑国的国君能够对人谦让，委屈自己，一定能得到自己老百姓的信任。”于是放弃对郑国的进攻。越王勾践在会稽陷于困境，他到吴国去做奴仆，三年中一直没有反抗。而心中有报仇的大志，却不肯向人低头，这是匹夫的刚强。桥上那老人，认为张良才智有余，度量不够，所以要深深挫掉他那种年轻人刚烈而猛锐的意气，使他忍得住小怨愤而完成远大的计划。为什么呢?老人和张良素不相识，突然偶遇在乡野，却使唤他做奴仆那样的事情，张良却顺从了，这种涵养自然是秦始皇吓不倒的，楚霸王也不能激怒的了。

反观汉高祖的胜利和楚霸王项羽的失败，原因就在于能忍与不能忍之间的差别。项羽正因为不能忍，逢仗必打，虽能战胜，可是却轻率地消耗了精锐兵力。汉高祖能忍，积蓄了他的全部精锐力量，等到对方衰弱。这是张良教给他的。当淮阴侯韩信攻破齐国要自立为王，高祖为此发怒了，语气脸色都显露出来，从此可看出，高祖也有刚强不能忍耐的脾气，如果不是张良，谁能成全他的大业呢?

司马迁本来以为张良是个魁梧英武的人，可是他的身材相貌，竟像妇人、女子一样，与他的志气和度量不相称。啊！外柔内刚，这就是张良之所以为张良的地方啊！

【品读】

这是苏轼在宋仁宗嘉祐六年(1061)应制科考试时所作的一篇史论文章。本文通过对比论证，夸赞了张良“善忍”的过人品格。表达了作者为人处世的理想与节操，显示了阔大的胸襟与抱负。

作者只选取了两个最能体现留侯“能忍”的典型材料，来论证“忍小忿而就大谋”“养其全锋而待其敝”的策略的重要性。一是圯上老人授书张良教“忍”;二是张良辅佐高祖定天下并教之以“忍”。前者是留侯之“忍”的来源，即“得忍”;后者是留侯之“忍”的作用，即“用忍”。作者明写留侯之“能忍”，实际上是以古喻今，告诫自己不能锋芒太露，面对复杂人生只有“善忍”才能成就大业。

文章告诉我们，不管你是凡夫俗子还是领袖统帅，在情势紧张、危机严重的关头，能审时度势、忍人所不能忍者，才是真正的英雄。为了远大的理想、伟大的事业，对眼前小事情、小愤怒、小侮辱的“忍”，不是软弱无能的表现，而是大丈夫的应有气度。

伶官传序

欧阳修[1]

呜呼！盛衰之理，虽曰天命，岂非人事哉！原庄宗之所以得天下[2]，与其所以失之者，可以知之矣。

世言晋王之将终也，以三矢赐庄宗而告之曰:“梁，吾仇也;燕王，吾所立，契丹，与吾约为兄弟，而皆背晋以归梁。此三者，吾遗恨也。与尔三矢，尔其无忘乃父之志!”庄宗受而藏之于庙[3]。其后用兵，则遣从事以一少牢告庙[4]，请其矢，盛以锦囊，负而前驱，及凯旋而纳之[5]。

方其系燕父子以组[6]，函梁君臣之首[7]，入于太庙，还矢先王，而告以成功，其意气之盛，可谓壮哉！及仇雠(chóu)已灭[8]，天下已定，一夫夜呼，乱者四应，仓皇东出，未及见贼而士卒离散，君臣相顾，不知所归。至于誓天断发，泣下沾襟，何其衰也！岂得之难而失之易欤(yú)？抑本其成败之迹[9]，而皆自于人欤？

《书》曰[10]："满招损，谦受益。"忧劳可以兴国，逸豫可以亡身[11]，自然之理也。故方其盛也，举天下豪杰莫能与之争；及其衰也，数十伶人困之，而身死国灭，为天下笑。夫祸患常积于忽微[12]，而智勇多困于所溺(nì)[13]，岂独伶人也哉？

【注释】

[1] 欧阳修(1007—1072)：字永叔，号醉翁、六一居士。吉安永丰(今属江西)人，北宋文学家、史学家。伶官：后唐庄宗所封赏、宠幸的伶人出身的官员。伶，指乐师或演员。

[2] 原：推究。

[3] 庙：太庙，帝王祭祀祖先的宗庙。

[4] 从事：这里指负责具体事务的官员。一少牢：用猪、羊各一头做祭品。牢，祭祀用的牲畜。

[5] 纳：放回。

[6] 组：丝带，这里指绳索。

[7] 函：用木匣子装。

[8] 仇雠：仇敌。

[9] 抑：或者。

[10]《书》曰：语出《尚书·大禹谟》。

[11] 逸豫：闲适安乐。

[12] 忽微：极细小的东西。

[13] 所溺：所沉湎迷恋的。

【译文】

唉！国家兴盛与衰亡的道理，虽然说是天命，难道不是由于人事吗？推究庄宗得天下和他失天下的原因，就可以知道了。

世人说晋王将死的时候，拿三支箭赐给庄宗，告诉他说："梁国，是我的仇敌；燕王，是我扶持建立起来的，契丹与我订立盟约，结为兄弟，他们却都背叛晋而归顺梁。这三件事，是我所遗留的仇恨。给你三支箭，你一定不要忘记你父亲的愿望。"庄宗接了箭，把它收藏在祖庙里。此后出兵，就派随从官员用猪、羊各一头祭告祖庙，请下那三支箭，用锦囊盛着，背着它走在前面，等到凯旋时再把箭藏入祖庙。

当庄宗用绳子捆绑着燕王父子，用木匣装着梁国君臣的首级，进入太庙，把箭还给先王，向先王禀告成功的时候，他意气骄盛，多么雄壮啊！等到仇敌消灭了，天下平定了，有一个人在夜间突然呼喊造反，作乱的人便四方响应，他匆忙向东出逃，还没有看到叛军，士卒就离散了，君臣相对而视，不知回到哪里去。以至于对天发誓，割下头发，大家的泪水沾湿了衣襟，又是多么衰颓啊！难道是得天下艰难而失天下容易吗？或者说推究他的成败轨迹，都是由于人事呢？

《尚书》上说："满招损，谦受益。"忧虑辛劳可以使国家兴盛，安闲享乐可以使自身灭亡，这是自然的道理。因此，当庄宗强盛的时候，普天下的豪杰，都不能跟他抗争；等到他衰败的时候，几十个伶人围困他，就自己丧命，国家灭亡，被天下人讥笑。祸患常常是从细微的事情积累起来的，人的才智勇气往往被他溺爱的事物困扰，哪里仅仅是因为溺爱伶人才如此啊？

【品读】

本文是欧阳修编撰的《新五代史·伶官传》的序言。通过回顾后唐庄宗得天下、失天下的历史教训，阐述了国家盛衰主要取决于“人事”而非“天命”的道理，讽谏北宋统治者要力戒骄奢，防微杜渐，励精图治，不应满足于先前的胜利和眼前的虚荣。

作者引《尚书》之语与史实相对照，将人的作为与国运盛衰之间的关系归结为“忧劳可以兴国，逸豫可以亡身”，这是对中心论点的精辟阐释，用“夫祸患常积于忽微，而智勇多困于所溺，岂独伶人也哉”一句结尾，使全文浑然一体，意义得到深化。显示了作者政治见识的非凡和史论写作的精妙。

文章告诉我们：世间没有一劳永逸的事情。无论个人、团体、民族、国家，要想生存、发展，立于不败之地，都必须戒骄戒躁，慎终如始，居安思危，自强不息。

治家格言

朱柏庐[1]

黎明即起，洒扫庭除[2]，要内外整洁；既昏便息，关锁门户，必亲自检点。一粥一饭，当思来处不易；半丝半缕，恒念物力维艰。宜未雨而绸缪（móu）[3]，毋临渴而掘井。自奉必须俭约[4]，宴客切勿留连。器具质而洁，瓦缶（fǒu）胜金玉；饮食约而精，园蔬愈珍馐（xiū）[5]。勿营华屋，勿谋良田。

三姑六婆，实淫盗之媒；婢美妾娇，非闺房之福。童仆勿用俊美，妻妾切忌艳妆。祖宗虽远，祭祀不可不诚；子孙虽愚，经书不可不读。居身务期质朴，教子要有义方[6]。勿贪意外之财，勿饮过量之酒。

与肩挑贸易，勿占便宜；见贫苦亲邻，须多温恤。刻薄成家，理无久享；伦常乖舛[7]，立见消亡。兄弟叔侄，须分多润寡[8]；长幼内外，宜法肃辞严。听妇言，乖骨肉，岂是丈夫？重资财，薄父母，不成人子。嫁女择佳婿，毋索重聘；娶媳求淑女，毋计厚奁[9]。

见富贵而生谗容者，最可耻；遇贫穷而作骄态者，贱莫甚。居家戒争讼，讼则终凶；处世戒多言，言多必失。毋恃势力而凌逼孤寡，勿贪口腹而恣杀生禽。乖僻自是，悔误必多；颓惰自甘，家道难成。狎昵恶少[10]，久必受其累；屈志老成，急则可相依。轻听发言，安知非人之谮诉[11]，当忍耐三思；因事相争，安知非我之不是，须平心暗想。

施惠勿念，受恩莫忘。凡事当留余地，得意不宜再往。人有喜庆，不可生妒忌心；人有祸患，不可生喜幸心。善欲人见，不是真善；恶恐人知，便是大恶。见色而起淫心，报在妻女；匿怨而用暗箭[12]，祸延子孙。

家门和顺，虽饔飧不继[13]，亦有余欢；国课早完[14]，即囊橐无余[15]，自得至乐。读书志在圣贤，非徒科第；为官心存君国，岂计身家。守分安命，顺时听天。为人若此，庶乎近焉[16]。

【注释】

[1] 朱柏庐（1627—1698）：原名朱用纯，号伯庐，江苏昆山人。清代理学家、教育家。清顺治二年（1645），其父朱集璜和岳父陶琰，因抵御清军入侵，英勇就义。朱柏庐被迫扶

老携幼，辗转搬迁，流落他乡。时局稳定后，重返故里，教书育人，奉养母亲。他廉洁自重，拒绝参加清朝的科举考试，坚拒地方官举荐的“乡饮大宾”；生活俭约，七十大寿时，拒收任何礼物，请亲朋好友吃饭，也全是素菜；潜心治学，提倡知行并进，躬身实践；严谨执教，曾用精楷手写数十本教材，用于教学，临终前还嘱咐弟子：“学问在性命，事业在忠孝。”著述甚多，有《删补易经蒙行》《四书讲义》《困衡录》《辍耕语》《愧讷集》《毋欺录》和《春秋五传酌解》等书存世。其《治家格言》又称《朱子家训》，最为有名。

[2] 洒扫：用水喷洒地面，然后进行打扫。庭除：庭前阶下，庭院内外。

[3] 未雨而绸缪：天还没下雨，先把房屋门窗修好。比喻提前做好准备。

[4] 自奉：自己日常生活享用。

[5] 瓦缶：瓦制的器具。珍馐：珍奇精美的食品。

[6] 义方：做人的正道。

[7] 乖舛(chuǎn)：违背。

[8] 分多润寡：富裕的分一点扶助贫穷的。润，使得到好处，扶助。

[9] 厚奁(lián)：丰厚的嫁妆。

[10] 狎昵(xiá nì)：过分亲近。

[11] 谮(zèn)诉：诬蔑人的坏话。

[12] 匿(nì)怨：对人怀恨在心，而面上不表现出来。

[13] 饔飧不继：生活贫困，吃了上顿没下顿。饔(yōng)，早饭。飧(sūn)，晚饭。

[14] 国课：国家的赋税。

[15] 囊橐(náng tuó)：口袋。大而无底曰囊，小而有底曰橐。

[16] 庶：差不多。

【译文】

每天黎明就要起床，洒水扫地，使庭院内外整洁；黄昏便要休息，关锁好门户，必须亲自查看一遍。对于一粥一饭，当常思其来之不易；对于半丝半线，要常念其产生的艰难。做事要先做准备，宜在没下雨时就把房子修好，而不要口渴了才来挖井。自己的日常生活必须俭省节约；接受招待，宴请客人，切莫逗留拖延。餐具质朴而干净，虽是瓦罐陶碗，也胜过金壶玉盘；食品俭约而精美，园里的蔬菜，也比山珍海味更好。不营造华丽的房屋，不贪图良好的田园。

社会上不正派的女人，是奸淫和盗窃的媒介；家有美丽的婢女和娇艳的姬妾，并非是福气。奴仆不可雇用俊美的，妻妾切忌艳妆浓抹。祖宗虽然过世久远，祭祀也不可以不虔诚；子孙即使愚笨，也定要督促多读经书。自己做人要质朴，也要教育子孙走正道。不要贪意外的财，不要喝过量的酒。

与挑夫小贩交易，不要占他们的便宜；看到穷苦的亲戚邻居，必须多给温情体恤。对人刻薄而发家的，绝没有长久享受的道理；行事违背伦常的人，很快就会败亡消失。兄弟叔侄互相帮助，富裕的要扶助贫穷的；家庭要长幼有序内外有别，规矩严正，长辈的言辞应该庄重。听信妇人挑拨，就伤了骨肉同胞之情，岂是大丈夫器量？看重钱财而薄待父母，是丢了为人子女的本分。嫁女儿，要选择贤良的夫婿，不要索取贵重的聘礼；娶媳妇，须寻求贤淑的女子，不要贪图丰厚的嫁妆。

看到富贵的人，便装出巴结的样子，最为可耻；遇着贫穷的人，便流露傲慢的神态，最为卑贱。居家忌诉讼,一旦诉讼,结果都不会好;处世戒多言,言多语失,容易招惹是非。不可仗势欺压孤儿寡母,不要贪口腹之欲而任意宰杀动物。性格古怪,自以为是,必常因犯错而懊悔;颓废懒惰,沉溺不悟,身家日子就会困难。亲近不良少年,日子久了,必然会受牵累;谦敬交往老成厚道的人,遭遇急难之时,就可以受到真诚帮助。不可轻信他人的说长道短,因为还不知道这是否是播弄是非,所以要忍耐三思;因事发生争执,还不知道是否是我的过错,所以必须心平气和,冷静应对。

对人施了恩惠,不要记在心里,念在嘴边;受了他人恩惠,一定不可忘记,应予报答。无论做什么事,当留有余地;得意以后,就要知足,不可贪图更多。他人有了喜庆事情,不可有妒忌之心;他人有了祸患发生,不可有幸灾乐祸之心。做了好事,而想让他人看见,不是真正的善人;做了坏事,而怕他人知道,就是十足的恶人。看到美貌女性而起邪心的,报应将会落在妻子儿女身上;怀怨在心而暗中伤害人的,将会给子孙后代留下祸根。

家庭和睦,就算缺衣少食,也觉得快乐;尽快缴完赋税,即使口袋所剩无几也轻松安稳。读书,要以圣贤为榜样,而不只是获取功名;做官吏,要将君国挂心里,不能只顾个人和家庭。守住本分,顺应天命。若能这样做人,就差不多接近圣贤的境界了。

【品读】

《治家格言》是我国第一部以勤俭治家为题材的家教著作,在社会上流传广泛,影响深远。虽然其中属于封建伦理的东西应该丢弃,但是,勤俭持家、严正治家、慈善固家、和顺兴家、诗书传家等思想内容值得肯定。文中的许多警句,诸如“一粥一饭,当思来处不易;半丝半缕,恒念物力维艰”“宜未雨而绸缪,毋临渴而掘井”“居身务期质朴,教子要有义方。勿贪意外之财,勿饮过量之酒”“与肩挑贸易,勿占便宜;见贫苦亲邻,须加温恤”“嫁女择佳婿,毋索重聘;娶媳求淑女,毋计厚奁”“见富贵而生馋容者,最可耻;遇贫穷而作骄态者,贱莫甚”“乖僻自是,悔误必多;颓惰自甘,家道难成”“狎昵恶少,久必受其累;屈志老成,急则可相依”“施惠勿念,受恩莫忘”“人有喜庆,不可生妒忌心;人有祸患,不可生喜幸心”“家门和顺,虽饔飧不继,亦有余欢”等警句,仍是修身齐家的至理名言。

左忠毅公逸事

方　苞[1]

先君子尝言,乡先辈左忠毅公视学京畿,一日,风雪严寒,从数骑出,微行入古寺[2]。庑下一生伏案卧,文方成草。公阅毕,即解貂覆生,为掩户[3]。叩之寺僧,则史公可法也[4]。及试,吏呼名至史公,公瞿然注视,呈卷,即面署第一[5]。召入,使拜夫人,曰:“吾诸儿碌碌,他日继吾志事,惟此生耳。”

及左公下厂狱[6],史朝夕狱门外。逆阉防伺甚严,虽家仆不得近。久之,闻左公被炮烙,旦夕且死,持五十金,涕泣谋于禁卒[7],卒感焉。一日,使史更敝衣草屦,背筐,手长镵,为除不洁者[8],引入。微指左公处,则席地倚墙而坐[9],面额焦烂不可辨,左膝以下筋骨尽脱矣。史前跪,抱公膝而呜咽[10]。公辨其声,而目不可开,乃奋臂以指拨眦[11],目光如炬,怒曰:“庸奴[12]!此何地也,而汝来前!国家之事糜烂至此,老夫已矣,汝复轻身而昧大义，天下事谁可支拄者[13]？不速去，无俟奸人构陷[14]，吾今即扑杀汝！”因摸地上刑械作投击势。史噤不敢发声，趋而出[15]。后常流涕述其事以语人，曰：“吾师肺肝，皆铁石所铸造也。”

崇祯末，流贼张献忠出没蕲、黄、潜、桐间，史公以凤庐道奉檄守御[16]。每有警，辄数月不就寝，使将士更休，而自坐幄幕外[17]。择健卒十人，令二人蹲踞而背倚之，漏鼓移则番代[18]。每寒夜起立，振衣裳，甲上冰霜迸落，铿然有声[19]。或劝以少休，公曰：“吾上恐负朝廷，下恐愧吾师也。”

史公治兵，往来桐城，必躬造左公第[20]，候太公、太母起居，拜夫人于堂上。

余宗老涂山，左公甥也[21]，与先君子善，谓狱中语，乃亲得之于史公云。

【注释】

[1] 方苞(1668—1749)：字灵皋，号望溪。桐城(今安徽桐城)人。清初散文家。著有《方望溪先生全集》。左忠毅公(1575—1625)：即左光斗，字遗直，明朝桐城(今安徽桐城)人，做过大理少卿、左佥(qiān)都御史。明天启四年(1624)，因弹劾魏忠贤，被诬下狱，受酷刑死于狱中。魏忠贤死后，被追谥为“忠毅”。逸事：指散失的没有流传的事迹。

[2] 先君子：称已死的父亲。视学京畿：任京城地区的学政。从数骑：带着几个骑马的随从。微行：着便服私访。

[3] 庑(wǔ)下：厢房里。成草：写成草稿。解貂：脱下貂皮外衣。掩户：关门(以防风寒)。

[4] 史公可法(1602—1645)：即史可法，明末政治家、军事统帅。字宪之，又字道邻，祥符(今河南开封)人，师承左光斗。曾任明南京兵部尚书东阁大学士，因抗清被俘，不屈而死，南明朝廷谥之“忠靖”。清高宗追谥“忠正”。其后人收其著作，编为《史忠正公集》。

[5] 试：考试，这里指童生的岁考。瞿然：吃惊的样子。面署第一：当面书写，定为第一名。

[6] 厂狱：明朝设东厂，缉查谋反等案件，由太监掌管，成为皇帝的特务机关。魏忠贤擅权时期，掌管东厂，正直的官吏多受陷害，左光斗也被诬下狱。

[7] 炮烙：烧烫的酷刑。禁卒：狱卒，看守监狱的士卒。

[8] 屦：鞋。手长镵(chán)：手拿着长镵。镵，铲子。为除不洁者：装作打扫垃圾的人。

[9] 席地：把地当作席。

[10] 呜咽：哭泣出声。

[11] 奋臂：用力地举起手臂。眦(zì)：眼睛。

[12] 庸奴：不识大体的奴才。

[13] 糜烂至此：腐败到了这等地步。昧大义：不明大义。支拄：支撑。

[14] 俟(sì)：等。奸人：指魏忠贤的爪牙。构陷：编造罪名来陷害。

[15] 噤：闭口。趋：小步快走。

[16] 流贼：旧时对起义军的蔑称。张献忠：明末农民起义首领之一，起兵于陕西，攻占四川，建大西国，称大西王，后为清兵所杀。蕲(qí)：蕲州府，湖北蕲春一带。黄：黄州

府。潜：安徽潜山。桐：安徽桐城。凤庐道：管理凤阳府、庐州府的官。奉檄(xí)：奉上级的命令。

[17] 幄(wò)幕：帐幕。

[18] 漏鼓移则番代：过了一更鼓时间就轮流替换。漏，古代用滴水以计时间的器具，名“铜壶滴漏”。鼓，打更的鼓。番代，轮换。

[19] 铿(kēng)然：清脆响亮的声音。

[20] 躬造：亲自造访。

[21] 宗老涂山：同族的长辈号涂山的。涂山，名文，方苞的同族祖父。甥：这里指女婿。

【译文】

先父曾经说过，同乡的前辈左忠毅公在京城一带担任主考时，一天，风雪交加气候寒冷，(他)带着几个骑马的卫士，打扮成平民出去访察，进入一座古庙，见廊下小屋里一个书生伏在书桌上睡着了，其文章刚写成草稿。左公看完文稿，就脱下貂皮袍子盖在书生身上，又给他掩上了门。(他)询问庙里的和尚，才知书生叫史可法。到考试时，官吏喊到史公的姓名，左公睁大眼睛注视着，等交上考卷，就当面批他为第一名。又召到内宅，让他拜见左夫人，说：“我的几个儿子都平庸无能，日后继承我的志向和事业，就靠这个年轻人了。”

到左公被关进东厂的监狱，史可法从早到晚守在狱门外，逆贼太监(魏忠贤)防守监视得很严，即使是家里的仆人都不得接近。过了一段时间，听说左公受了炮烙的酷刑，生命危在旦夕，(史公就)拿了五十两银子，哭着找管牢的狱卒商量，狱卒被感动了。一天，让史可法换上破衣服，穿上草鞋，背着筐子，手拿长铲，装成清扫垃圾的人，带他进去，悄悄地指点了左公所在的地方。见左公靠墙坐在地上，面部、额头都烧得焦烂辨不清模样，左膝以下的筋骨都脱落了。史公上前跪下抱着左公的膝盖呜呜咽咽地哭了。左公辨出他的声音，但是眼睛却睁不开，于是使劲抬起手臂，用手指拨开眼眶，眼光如火炬一般，发怒地说：“无能的奴才！这是什么地方？你却跑来！国家的事情糟糕到如此地步，我老头子已经完了，你再轻生不明大义，国家的事谁能支撑？还不赶快离开，不要等坏人来了构成罪名陷害，我现在就打死你！”于是摸索着地上的刑具，做出要投击的姿势。于是史公强忍悲愤，退后快步走了出去。后来他常常流着眼泪把这件事告诉别人，说：“我老师的肺肝都是铁石铸成的啊。”

崇祯末年，流贼张献忠在蕲州、黄州、潜山、桐城一带出没，史公以凤庐道身份奉命守卫这一带地区。每当有了警报，(他)就几个月不睡觉，让将士们轮流休息，自己却坐在帐幕外，选择十几个健壮的士兵，让两个人蹲着，自己靠着他们的背，过一段时间再轮换。每当在寒冷的夜晚站起身来，抖动衣裳，战甲上的冰霜散落地上，发出清脆的响声。有人劝他稍加休息，史公说：“我上怕对不起朝廷，下怕对不起我的老师啊！”

史可法统率军队来往经过桐城，一定要亲自到左公家中，向左公的父母请安，到堂上拜见左夫人。

我的同族老前辈方涂山，是左公的外甥，与我父亲要好，(他说)关于狱中的一些话，是亲自听史公讲的。

【品读】

本文选自《方望溪先生全集》，是清朝初年桐城派古文家方苞的一篇著名文章。它通过明朝末年东林党成员左光斗生前逸事的记叙，颂扬了左光斗具有知人的卓识和不计较个人生死荣辱而以国事为重的可贵品质。同时，曲折地记叙了反抗清兵入侵的爱国英烈史可法的言行事迹，表达了敬佩和缅怀之情。

所谓逸事，就是正史所未收所未载、世人所不太知晓的事迹。左光斗与权势逼人的阉党头目魏忠贤作斗争，刚直敢言，惨死狱中，正气凛然。方苞泼墨褒扬其逸事，且借史可法之口，言其肺肝“皆铁石所铸造”，敬仰之情溢于言表。史可法督师扬州，与南下清兵血战到底，以身殉国，义薄云天，名震天下。处于满清威权下的方苞敢借为左氏补遗之机，为他纪事立言，虽不免曲笔隐约，也足见作者过人之胆识。

方苞为文，注重“义法”。作者先写左氏识才、爱才、育才的品格；次写史氏尊师重道、冒死探监，得左氏惨烈教诲；再写史氏严于治军，不负重托，无愧师恩；最后以史氏始终礼敬左氏家属收结。

文章虽题名为“左忠毅公逸事”，但却以左氏与史氏的关系为线索，始终将左氏与史氏的事迹交织叙写，明线、暗线双线并行，正写、侧写交互衬托，直笔、曲笔掩映为用。再通过描述京畿视学、狱中斥史、史可法治兵等动人事迹，多侧面地表现左光斗识才、选才、惜才的崇高品格，刻画他以国家利益为重，刚毅正直、临危不惧的英雄形象的同时，穿插了史可法苦学成才、冒死探监、严于治军、礼敬师亲等事迹言行的记叙。这样，既衬托了左光斗高尚人品和气节的巨大影响，又巧妙地将史可法的忠烈事迹载入史册，彪炳千秋。其用心可谓良苦，手法着实高明。

强学会序

康有为[1]

俄北瞰，英西睒，法南瞵，日东眈，处四强邻之中而为中国，岌岌哉[2]！况磨牙涎舌，思分其余者，尚十余国。辽台茫茫[3]，回变扰扰[4]，人心皇皇[5]，事势儳儳[6]，不可终日。

昔印度，亚洲之名国也，而守旧不变，乾隆时英以十二万金之公司，通商而墟五印矣[7]。昔土耳其，回部之大国也[8]，疆土跨亚、欧、非三洲，而守旧不变，为六国执其政，剖其地，废其君矣[9]。其余若安南，若缅甸，若高丽，若琉球，若暹罗，若波斯，若阿富汗，若俾路芝，及为国于太平洋群岛、非洲者，凡千数百计，今或削或亡[10]，举地球守旧之国，盖已无一瓦全者矣。

我中国孱卧于群雄之间，鼾寝于火薪之上[11]，政务防弊而不务兴利，吏知奉法而不知审时，士主考古而不主通今，民能守近而不能行远。孟子曰：“国必自伐，而后人伐之。”[12]蒙盟、奉吉、青海、新疆、卫藏土司圉徼之守，咸为异墟[13]；燕、齐、闽、浙、江、淮、楚、粤、川、黔、滇、桂膏腴之地，悉成盗粮[14]。吾为突厥、黑人不远矣[15]。

西人最严种族，仇视非类。法之得越南也，绝越人科举富贵之路，昔之达官，今作贸丝也[16]；英之得印度百年矣，光绪十五年而始举一印人以充议员，自余土著[17]，畜若牛马。若吾不早图，倏忽分裂[18]，则桀黠之辈[19]，王、谢沦为左衽[20]；忠愤之徒，原、郤夷为皂隶[21]。伊川之发[22],骈阗于万方[23];钟仪之冠[24],萧条于千里[25]。三州父子[26],分为异域之奴[27];杜陵弟妹[28],各衔乡关之感[29]。哭秦庭而无路[30],餐周粟而匪甘[31]。矢成梁之家丁,则螳臂易成沙虫[32];觅泉明之桃源[33],则寸埃更无净土。肝脑原野[34],衣冠涂炭[35]。嗟吾神明之种族,岂可言哉!岂可言哉!

夫中国之在大地也,神圣绳绳[36],国最有名,义理制度文物,驾于四溟[37],其地之广于万国等在三[38],其人之众等在一,其纬度处温带,其民聪而秀,其土腴而厚,盖大地万国未有能比者也。徒以风气未开,人才乏绝,坐受凌侮。昔曾文正与倭文端诸贤[39],讲学于京师;与江忠烈、罗忠节诸公[40],讲练于湖湘[41],卒定拨乱之功[42]。普鲁士有强国之会[43],遂报法仇[44]。日本有尊攘之徒[45],用成维新[46]。盖学业以讲求而成,人才以摩厉而出[47],合众人之才力,则图书易庀(pǐ)[48];合众人之心思,则闻见易通。《易》曰:"君子以朋友讲习。"[49]《论语》曰:"百工居肆以成其事,君子学以致其道。"[50]

海水沸腾,耳中梦中,炮声隆隆。凡百君子,岂能无沦胥非类之悲乎[51]?图避谤乎?闭户之士哉!有能来言尊攘乎[52]?岂惟圣清,二帝、三王、孔子之教[53],四万万之人将有托耶!

【注释】

[1] 康有为(1858—1927):原名祖诒,字广厦。广东南海人。思想家、政治家、教育家,中国近代改良主义的代表人物,清末"戊戌变法"的主要发起者。存世有《康有为全集》。

[2] 瞰(kàn):俯视。睒(shǎn):窥视。瞵(lín):瞪着眼睛看。眈(dān):垂视。岌岌:十分危险的样子。

[3] 辽台:辽东半岛和台湾。根据《马关条约》,中国将把辽东半岛和台湾割让给日本。

[4] 回变:指1864年新疆回族和其他少数民族的反清行动。扰扰:纷乱的样子。

[5] 皇皇:即"惶惶",不安的样子

[6] 儳(chán)儳:纷乱而危急的样子。

[7] 乾隆时……墟五印矣:18世纪中叶,英国人设立东印度公司,逐步控制印度的经济命脉。至19世纪中叶,英正式吞并印度。印度地分东、西、南、北、中五部,故称"五印度",简称"五印"。

[8] 回部:指信奉伊斯兰教的国家或地区。

[9] 为六国……废其君矣:指英、俄、法、意、德、奥六国。清光绪三年(1877),俄国攻陷土耳其的首都君士坦丁堡,强迫土耳其接受丧权辱国的和约。英国不满,联合法、意、德、奥进行干涉,最后六国与土耳其在柏林重新签订条约,瓜分了土耳其。

[10] 其余若安南……今或削或亡:安南,今越南,根据1858年中法《天津条约》,越南沦为法国的殖民地。缅甸,1886年,英国并吞缅甸。高丽,今朝鲜,甲午中日战争后,被日本统治。琉球,即琉球群岛,1879年被日本吞并,改名冲绳县。暹罗,今泰国,1885年,根据《英暹条约》,沦为英国的半殖民地。波斯,今伊朗,19世纪后半叶,英、俄分别将其南、北部划为各自的势力范围。阿富汗,1878年,英国入侵阿富汗,次年沦为英国的附属国。俾路芝,今译"俾路支",属于巴基斯坦,1880年被英国侵占。

[11] 鼾(hān)寝于火薪之上:汉代贾谊《新书·数宁》云"夫抱火厝(放置)之积薪之下,而寝其上,火未及燃,因谓之安,偷安者也"。这里化用其意,指安卧于柴火之上,只图

苟且偷安。鼾寝，熟睡。薪，柴火。

[12] 国必自伐，而后人伐之：语出《孟子·离娄上》，此指一个国家必定先有自取讨伐的原因，别人才会讨伐他。

[13] 蒙盟：即喀尔喀蒙古和内蒙古地区。奉吉：即奉天（今辽宁）和吉林两省，泛指中国的东北地区。卫藏：西藏旧时分为阿里、藏、卫、康四部，这里泛指西藏地区。土司：元、明两朝在西南、西北少数民族地区设置的官职，由当地人世袭。这里泛指其他边疆地区。圉徼（yǔ jiào）：边塞，边疆。咸：都。异墟：异国的土地。

[14] 悉成盗粮：指富饶的国土为强盗所占据。

[15] 突厥、黑人：借指为亡国奴。突厥，我国古代少数民族，游牧在阿尔泰山一带。6 世纪中叶开始强盛，吞并了邻近的部落。7 世纪中叶，其政权为唐所灭。

[16] 贸丝：贩卖布帛的平民百姓。《诗经·卫风·氓》："氓之蚩蚩，抱布贸丝。"

[17] 土著：在当地世代居住的人。

[18] 倏（shū）忽：突然之间。

[19] 桀黠（jié xiá）：凶狠，狡黠。

[20] 王、谢沦为左衽（rèn）：王、谢指东晋时两大望族，这里泛指高门世族。左衽即衣襟向左掩，系少数民族服式，这里借指受异族统治。

[21] 原、郤（xì）：指春秋时晋国的两个大族，这里也是泛指官僚统治阶层。夷：降低，贬低。皂隶：下等奴隶。作者用以揭示中国被瓜分后，清廷贵族也逃不脱沦为下等奴隶的厄运。

[22] 伊川之发：《左传·僖公二十二年》载，周平王东迁后，大夫辛有事去伊川地区，看见有人像戎人那样披发而野祭，便感叹道："不及百年，此其戎乎！"此处意为担忧中国将沦为列强殖民地。

[23] 骈阗（pián tián）：聚集，充斥。万方：各地。

[24] 钟仪之冠：典出《左传·成公九年》，"晋侯观于军府，见钟仪，问之曰：'南冠而系者谁也？'有司对曰：'郑人所献楚囚也。'"。钟仪为春秋时楚国的乐官，被晋人俘虏之后仍然戴着楚国的帽子，表示他不忘故国。

[25] 萧条于千里：此指在国内十分少见。萧条，稀少，缺乏。

[26] 三州：指荆州、益州、郢州，泛指中国。庾信《哀江南赋》："三州则父子离别。"

[27] 异域：外国。

[28] 杜陵弟妹：杜甫曾在杜陵居住，自号杜陵布衣。安史之乱时，杜甫与弟妹离散，写下《乾元中寓居同谷县作七首》诗记其事。

[29] 慼（qī）：忧愁，悲哀。

[30] 哭秦庭而无路：公元前 505 年，吴国攻陷楚国首都，楚国贵族申包胥至秦国求援，在秦宫廷痛哭七日七夜，终于感动秦王，发兵救楚。这里表示欲向外国求兵而无门路。

[31] 餐周粟而匪甘：指周武王灭殷商后，伯夷、叔齐不愿吃周朝土地生长的粮食，而饿死于首阳山。事载《史记·伯夷列传》。匪，同"非"。甘，甘愿。这里借指不甘心在新的统治下生活。

[32] 矢：发誓。成梁：指明代辽东总兵李成梁，其麾下家丁大多勇猛善战。螳臂：《庄子·天地》云"犹螳螂之怒臂以当车轶"，比喻在强敌面前弱小一方的徒然抵抗。沙虫：

《抱朴子·释滞》云"周穆王南征,一军尽化,君子为猿为鹤,小人为虫为沙",比喻战死的士卒。

[33] 泉明:东晋诗人陶渊明,曾作《桃花源记》,描绘自己理想中的完美社会。

[34] 肝脑原野:人民死于原野。

[35] 衣冠涂炭:文明遭到玷污。衣冠,指代文明。涂炭,比喻污浊。

[36] 绳绳:绵延不绝。

[37] 四溟:四海。

[38] 等在三:位居第三。等,等第。

[39] 曾文正:即曾国藩,卒谥"文正"。倭文端:即倭仁,清末文渊阁大学士,以顽固守旧著称,卒谥"文端"。

[40] 江忠烈:即江忠源,曾任安徽巡抚,在对抗太平天国起义军时阵亡于庐州三河镇,谥"忠烈"。罗忠节:即罗泽南,清末湘军将领,在对抗太平天国起义军时阵亡于武昌战役,谥"忠节"。

[41] 讲:指研究军事。练:指操练兵马。湖湘:湖南。

[42] 拨乱:指镇压太平天国起义。

[43] 普鲁士:德意志帝国的前身。强国之会:1848年,普鲁士各邦的资产阶级自由派组成法兰克福国民议会,为德意志统一创造了条件。

[44] 报法仇:指在1870—1871年普法战争中,普鲁士战胜了法国。

[45] 尊攘(rǎng)之徒:日本明治维新前提出"尊王攘夷"口号的改革派人士。攘,抵抗。

[46] 维新:即明治维新,是日本明治天皇在位期间的政治改革运动。

[47] 摩厉:同"磨砺"。

[48] 图书:图籍。指疆域版图与户籍等簿册。庀:具备,备办。

[49] 君子以朋友讲习:语出《易经·兑卦》。

[50] 百工居……致其道:语出《论语·子张》。指各种工人居住在制造场所完成他们的工作,君子则用学习获得其道。肆,工场。

[51] 沦胥:相继沦丧。非类:异类。此指成为外国的奴隶。

[52] 有能来言尊攘乎:此指应讲究保国保种、变法图强的道理。尊攘,即"尊夏攘夷"的省语。

[53] 二帝:唐尧、虞舜。三王:夏禹、商汤、周文王。

【译文】

俄国从北瞰视,英国于西窥觑(qù),法国从南注目,日本在东虎视眈眈,处在四方强大邻国之中的中国,岌岌可危啊!况且磨牙垂涎,想要瓜分的,还有十几个国家。辽东半岛和台湾远隔茫茫,新疆回族和其他少数民族的反清行动纷乱不息,人心不安,形势危急,不可终日。

从前的印度,是亚洲著名国家,因为守旧不变,在乾隆年间,被英国人以十二万金币创立的东印度公司强迫其通商而渐遭并吞。从前的土耳其,是信奉伊斯兰教的大国。其疆土横跨亚、欧、非三洲,因为守旧不变,被英、俄、法、意、德、奥六国夺取内政,瓜分土地,君主也遭到废除。其他如越南、缅甸、朝鲜、琉球群岛、泰国、伊朗、阿富汗、俾路支,以及太平洋群岛、非洲大陆众多的国家，如今或被瓜分或被灭亡，全世界守旧的国家，几乎没有一个可以瓦全的。

我们中国孱弱地睡在群雄之间，苟且偷安在火薪之上，政治上注重防备而不致力于振兴，官员只求奉公守法而不知审时度势，学者倾向于考究古代事物而不主张研究时局时政，老百姓只能够守着眼前日子而没有长远追求。孟子说："国家必定先自我挫败，而后再被别人挫败。"而今蒙盟、奉吉、青海、新疆、卫藏等边疆地区，都成了异国的土地；燕、齐、闽、浙、江、淮、楚、粤、川、黔、滇、桂等富庶之地，皆为强盗所利用。我们成为突厥、黑人那样的亡国奴已经不远了！

西方人种族思想最严重，仇视异类。法国得到越南后，断绝了越南人科举富贵的道路，昔日的达官显贵，如今都成为贩卖布帛的平民。英国得到印度一百多年了，光绪十五年才提拔一位印度人充当议员，其余的当地人，被迫当牛做马。如果我们不及早奋发图强，忽然之间分裂，那么凶狠狡黠之辈，就将如东晋王、谢两大世家一样，衣襟改向左掩；忠烈愤俗之人，就将如春秋时晋国原、郤两大贵族一样，被贬低为贱役。当年亡国后伊川人那样的头发，会充满各处；而钟仪那样的帽子，会千里少见。中国的百姓，被瓜分为外国的奴隶；像杜甫与弟妹离散一样，各怀思乡的忧愁。再哭秦庭却已经找不到地方了，虽然食周朝的饭又不甘愿。即使发誓如李成梁的家丁，在列强面前拼命抵抗，也只能让民众受到更惨的伤害；要寻找陶渊明的理想社会，也已经没有了安宁之地。人民死于原野，文明遭到玷污。我们神圣的民族，还能说什么？还能说什么？

中国在地球上，神圣而绵延不绝，国家最有声誉，义理制度文明，曾经驾于四海之上，它的土地在万国之中位列第三，它的人口位列第一，它的纬度处于温带，它的百姓聪明而美好，它的土地肥沃而优厚，世界上所有国家没有能够相比的，只是风气未能得到开导，人才匮乏荒废，因而坐受欺凌侮辱。昔日曾国藩和倭仁诸多贤士讲学于京师，与江忠源、罗泽南等英杰，研究军事、操练兵马在湖南，然后才建立了平定太平天国之乱的功劳。普鲁士有了由普鲁士各邦的资产阶级自由派组成的法兰克福国民议会，然后才在普法战争中向法国报了仇；日本有了"尊王攘夷"的改革派，才成功施行了明治维新。学业在探究中成熟，人才在磨炼中产生。会聚众人的才华智力，国家的疆域版图容易备办；结合众人的心思主意，救国的知识见解容易明了。《易》说："君子在朋友之间研讨学习。"《论语》说："百工居住工场来成就他的工作，君子通过学习来实现他的志向。"

海水沸腾，耳中梦中，炮声隆隆。列位君子，难道没有沦为外国奴隶的忧虑悲痛吗？想逃避责备吗？关门自居的学者官员啊！有能够一起来倡导保国保种、变法图强、抵抗外侮的道理的吗？这岂止是尊崇圣清，倡导二帝、三王、孔子的教诲的事情吗？这是四万万同胞将来命运的托付啊！

【品读】

本文又称《京师强学会序》，实际上是康有为为强学会所拟的政治宣言。当时，清政府在中日甲午战争中惨败，签订《马关条约》，将台湾和辽东半岛割让给日本，激起了全国人民的强烈反对。康有为满怀忧愤，写下了这篇发起强学会的宣言。文章痛陈帝国主义列强侵略下中国的危迫形势，预言亡国后将会出现的各种悲惨恐怖的状况，并用中国地大物博、人口众多、人民聪敏颖慧，以及古老文明的历史等有利条件来激励人们的民族自豪感和自信心，号召人们振作精神，开启新风，增进知识，磨砺人才，寻求御侮强国之道；同时批判了那些自私怯懦、对国家命运漠不关心的人,表现了强烈的爱国主义感情。

文章视野开阔,见解深刻,叙议结合,将中西古今的事例糅合一起来论证自己的观点,并运用排偶、设问、感叹等句式来增强文章的气势,感情强烈,词锋锐利,文笔恣肆,具有较强的说服力。故梁启超读其文有"热血震荡,民气渐伸"的评价。

与妻书

林觉民[1]

意映卿卿如晤[2]:

吾今以此书与汝永别矣!吾作此书时,尚是世中一人;汝看此书时,吾已成为阴间一鬼。吾作此书,泪珠和笔墨齐下,不能竟书而欲搁笔,又恐汝不察吾衷[3],谓吾忍舍汝而死[4],谓吾不知汝之不欲吾死也,故遂忍悲为汝言之。

吾至爱汝,即此爱汝一念,使吾勇于就死也。吾自遇汝以来,常愿天下有情人都成眷属[5];然遍地腥云,满街狼犬[6],称心快意,几家能彀[7]?司马春衫[8],吾不能学太上之忘情也[9]。语云[10]:仁者"老吾老,以及人之老;幼吾幼,以及人之幼[11]"。吾充吾爱汝之心[12],助天下人爱其所爱,所以敢先汝而死,不顾汝也。汝体吾此心[13],于啼(tí)泣之余,亦以天下人为念,当亦乐牺牲吾身与汝身之福利,为天下人谋永福也。汝其勿悲!

汝忆否?四五年前某夕,吾尝语曰:"与使吾先死也,无宁汝先吾而死。"汝初闻言而怒,后经吾婉解[14],虽不谓吾言为是,而亦无词相答。吾之意盖谓以汝之弱,必不能禁失吾之悲,吾先死留苦与汝,吾心不忍,故宁请汝先死,吾担悲也。嗟夫!谁知吾卒(cù)先汝而死乎[15]?吾真真不能忘汝也。回忆后街之屋,入门穿廊,过前后厅,又三四折,有小厅,厅旁一室,为吾与汝双栖之所[16]。初婚三四个月,适冬之望日前后[17],窗外疏梅筛月影,依稀掩映,吾与(汝)并肩携手[18],低低切切,何事不语?何情不诉?及今思之,空余泪痕。又回忆六七年前,吾之逃家复归也,汝泣告我:"望今后有远行,必以告妾,妾愿随君行。"吾亦既许汝矣。前十余日回家,即欲乘便以此行之事语汝,及与汝相对,又不能启口,且以汝之有身也[19],更恐不胜悲,故惟日日呼酒买醉。嗟夫!当时余心之悲,盖不能以寸管形容之[20]。

吾诚愿与汝相守以死。第以今日事势观之[21],天灾可以死,盗贼可以死,瓜分之日可以死,奸官污吏虐民可以死,吾辈处今日之中国,国中无地无时不可以死,到那时使吾眼睁睁看汝死,或使汝眼睁睁看我死,吾能之乎?抑汝能之乎[22]?即可不死,而离散不相见,徒使两地眼成穿而骨化石[23],试问古来几曾见破镜能重圆[24]?则较死为苦也[25],将奈之何?今日吾与汝幸双健。天下人之不当死而死与不愿离而离者,不可数计,钟情如我辈者,能忍之乎?此吾所以敢率性就死不顾汝也。吾今死无余憾,国事成不成,自有同志者在。依新已五岁[26],转眼成人,汝其善抚之,使之肖我[27]。汝腹中之物,吾疑其女也,女必像汝,吾心甚慰。或又是男,则亦教其以父志为志,则我死后尚有二意洞在也。甚幸,甚幸!吾家后日当甚贫,贫无所苦,清静过日而已。

吾今与汝无言矣。吾居九泉之下[28],遥闻汝哭声,当哭相和也。吾平日不信有鬼,今则又望其真有。今人又言心电感应有道[29],吾亦望其言是实,则吾之死,吾灵尚依依旁汝也，汝不必以无侣悲。

吾平生未尝以吾所志语汝，是吾不是处；然语之，又恐汝日日为吾担忧。吾牺牲百死而不辞，而使汝担忧，的的非吾所忍[30]。吾爱汝至，所以为汝谋者惟恐未尽。汝幸而偶我，又何不幸而生今日之中国！吾幸而得汝，又何不幸而生今日之中国！卒不忍独善其身。嗟夫！巾短情长，所未尽者，尚有万千，汝可以模拟得之[31]。吾今不能见汝矣！汝不能舍吾，其时时于梦中得我乎！一恸(tòng)！

辛未三月廿六夜四鼓[32]，意洞手书。

家中诸母皆通文[33]，有不解处，望请其指教，当尽吾意为幸。

【注释】

[1] 林觉民(1886—1911)：字意洞，号抖飞，又号天外生，福建闽县(今福州)人。近代民主革命者。1902年考入福州全闽大学堂文科学习，曾数次领导学生运动。1907年留学日本，攻读政治学。不久加入同盟会。1911年春，得知黄兴、赵声将发动广州起义，即归国邀集福建同志响应广州起义。起义时，率先袭击总督衙门，负伤被捕，后英勇就义。为"黄花岗七十二烈士"之一。

[2] 意映：作者妻子的名字。卿卿：旧时夫妻之间的爱称。如晤：旧式书信用语，有"见字如面"的意思。

[3] 竟：终，完成。衷：心情。

[4] 忍：忍心。

[5] 眷属：指夫妻。

[6] 遍地腥云，满街狼犬：比喻清朝血腥凶残的统治。

[7] 彀(gòu)：同"够"。

[8] 司马春衫："春衫"应为"青衫"，参见白居易《琵琶行》。后世常用"司马青衫"借喻心生悲悯、同情落泪的样子。

[9] 太上之忘情：古人有"太上忘情"之说，意思是修养最高的人，忘了喜怒哀乐之情。

[10] 语云：古语说。

[11] 老吾老……以及人之幼：见《孟子·梁惠王上》。意思是尊敬我家里的长辈，从而推广到尊敬别人家里的长辈；爱护我家里的儿女，从而推广到爱护别人家里的儿女。第一个"老"字用作动词，作"敬爱"讲；第一个"幼"字也用作动词，作"爱护"讲。

[12] 充：扩充。

[13] 体：体察，理解。

[14] 婉解：婉言解释。

[15] 卒：最终，究竟。

[16] 双栖：指夫妻同宿共处。

[17] 望日：阴历每月十五日。

[18] "汝"字原缺，据文意补。

[19] 有身：怀孕。

[20] 寸管：毛笔的代称。

[21] 第：只。

[22] 抑：还是，或者，表示选择。

[23] 骨化石：古代传说，有一女子，丈夫外出未归，盼他回来，天天登山远望，变成一块石头。后人称它为“望夫石”。

[24] 破镜能重圆：比喻夫妻失散或决裂后重新团聚。

[25] 较死为苦：比死还要痛苦。

[26] 依新：林觉民儿子的名字。

[27] 肖：像。

[28] 九泉之下：指地下。

[29] 心电感应：这是近代的一些唯心主义者的说法，谓人死后心灵还有知觉，可以和生者的精神、感情相通相应。道：术，方法。

[30] 的的：实在，的确。

[31] 模拟：想象，揣摩。

[32] 辛未：原文如此。应为“辛亥”，当是作者一时笔误。廿(niàn)六：二十六日。

[33] 诸母：指伯母、叔母等。

【译文】

意映爱妻，见字如面：

我现在用这封信跟你永远分别了！我写这封信时，还是人世间一个人；你看这封信时，我已经成为阴间一鬼了。我写这封信，泪珠和笔墨一齐落下，不能够写完信就想放下笔，又怕你不体察我的心思，说我忍心抛弃你去死，说我不知道你不想让我死，所以就强忍着悲痛给你说这些话。

我非常爱你，也就是爱你的这一意念，促使我勇敢地去死呀。我自从结识你以来，常希望天下的有情人都能结为夫妇；然而遍地血腥阴云，满街凶狼恶犬，有几家能称心满意呢？江州司马同情琵琶女的遭遇而泪湿青衫，我不能学习那种思想境界高的圣人而忘掉感情啊。古语说：仁爱的人“尊敬自己的老人，从而推及尊敬别人的老人；爱护自己的儿女，从而推及爱护别人的儿女”。

我扩充我爱你的心情，帮助天下人爱他们所爱的人，所以我才敢在你之前死而不顾你呀。你能体谅我这种心情，在哭泣之后，也把天下的人作为自己思念的人，应该也乐意牺牲我一生和你一生的福利，替天下人谋求永久的幸福了。你不要悲伤啊！

你还记得不？四五年前的一个晚上，我曾经对你说：“与其让我先死，不如让你先死。”你刚听这话就很生气，后来经过我委婉地解释，你虽然不说我的话是对的，但也无话可答。我的意思是说凭你的瘦弱身体，一定经受不住失去我的悲痛，我先死，把痛苦留给你，我内心不忍，所以宁愿希望你先死，让我来承担悲痛吧。唉！谁知道我终究比你先死呢？我实在是不能忘记你啊！回忆后街我们的家，进入大门，穿过走廊，经过前厅和后厅，又转三四个弯，有一个小厅，小厅旁有一间房，那是我和你共同居住的地方。刚结婚三四个月，正赶上冬月十五日前后，窗外稀疏的梅枝筛下月影掩映；我和你并肩携手，低声私语，什么事不说？什么感情不倾诉呢？到现在回想起当时的情景，只剩下泪痕。又回忆起六七年前，我背着家里人出走又回到家时，你小声哭着告诉我：“希望今后要远走，一定把这事告诉我，我愿随着你远行。”我也已经答应你了。十几天前回家，就想顺便把这次远行的事告诉你，等到跟你面对时，又开不了口，况且因你怀孕了，更怕你不能承受悲伤，所以只天天喝酒求得一醉。唉！当时我内心的悲痛，是不能用笔墨来形容的。

我确实愿意和你相依为命直到老死，但根据现在的局势来看，天灾可以使人死亡，盗贼可以使人死亡，列强瓜分中国的时候可以使人死亡，贪官污吏虐待百姓可以使人死亡，我们这辈人生在今天的中国，国家内无时无地不可以使人死亡。到那时让我眼睁睁看你死，或者让你眼睁睁看我死，我能够这样做呢？还是你能这样做呢？即使能不死，但是夫妻离别分散不能相见，白白地使我们两地双眼望穿，尸骨化为石头，试问自古以来什么时候曾见过破镜能重圆的？那么这种离散比死要痛苦啊，这将怎么办呢？今天我和你幸好双双健在，天下的不应当死却死了和不愿意分离却分离了的人，不能用数字来计算，像我们这样爱情专一的人，能忍受这种事情吗？这是我敢于索性去死而不顾你的缘故啊！我现在死去没有什么遗憾，国家大事成功与不成功自有同志们在继续奋斗。依新已经五岁了，转眼之间就要长大成人了，希望你好好地抚养他，使他像我。你腹中的胎儿，我猜她是个女孩，是女孩一定像你，我心里非常欣慰。或许又是个男孩，你就也教育他以父亲的志向作为志向，那么我死后还有两个意洞在呀。太高兴啦，太高兴啦！我们家以后的生活该会很贫困，但贫困没有什么痛苦，清清静静过日子罢了。

我现在跟你再没有什么话说了。我在九泉之下远远地听到你的哭声，应当也用哭声相应和。我平时不相信有鬼，现在却又希望它真有。现在又有人说心电感应有道，我也希望这话是真的。那么我死了，我的灵魂还能依依不舍地伴着你，你不必因为失去伴侣而悲伤了。

我平素不曾把我的志向告诉你，这是我的不对；可是告诉你，又怕你天天为我担忧。我为国牺牲，死一百次也不推辞，可是让你担忧，的确不是我能忍受的。我爱你到了极点，所以替你打算的事情只怕不周全。你有幸嫁给了我，可又如此不幸地生在今天的中国！我有幸娶到你，可又如此不幸地生在今天的中国！我终究不忍心只完善自己。唉！方巾短小，情义深长，没有写完的心里话，还有成千上万，你可以凭方巾领会没写完的话。我现在不能见到你了，你又不能忘掉我，大概你会在梦中梦到我吧！写到这里太悲痛了！

辛未（亥）年三月二十六日深夜四更，意洞亲笔写。

家中各位伯母、叔母都通晓文字，有不理解的地方，希望请她们指教，以能够完全理解我的心意为好。

【品读】

本文是林觉民在广州黄花岗起义前三天（1911 年 4 月 24 日）的夜间写给妻子的绝笔信。作者以饱含深情的语言，向妻子叙述了自己“勇于就死”的原因，表达了作者对亲人和祖国人民的至爱深情，体现了作者牺牲自己、为全国同胞争取自由幸福的献身精神。

全文以感情为线索，通篇贯穿一个“爱”字，字里行间洋溢着对妻子的爱、对亲人的爱、对生活的爱。但作者并没有停留在儿女之情上，而是由此扩大到对天下人的爱。这种爱在文中得到了淋漓尽致的表达。正是这种爱促使作者“以天下人为念”“勇于就死”和“为天下人谋永福”。这封信，情词殷殷，既缠绵悱恻，又壮志满怀；是悲怆激越的爱情颂，更是惊天动地的正气歌，与明末少年英雄夏完淳的《狱中上母书》一样，都是中华民族先烈留下的爱国丰碑。

“少年强则国强。”读读这封家书，想想英烈遗愿，作为新中国新一代青少年，我们该以什么姿态来缅怀先烈，面对现实、走向未来呢？

为学与做人

梁启超[1]

诸君！我在南京讲学将近三个月了，这边苏州学界里，有好几回写信邀我，可惜我在南京是天天有功课的，不能分身前来。今天到这里，能够和全城各校诸君聚在一堂，令我感激得很，但有一件，还要请诸君原谅：因为我一个月以来，都带着些病，勉强支持，今天不能作很长的讲演，恐怕有负诸君期望哩。

问诸君“为什么进学校?”我想人人都会众口一词的答道:“为的是求学问。”再问:“你为什么要求学问?”“你想学些什么?”恐怕各人的答案就很不相同，或者竟自答不出来了。诸君啊！我替你们回答一句罢:“为的是学做人。”你在学校里头学的什么数学、几何、物理、化学、生理、心理、历史、地理、国文、英语，乃至什么哲学、文学、科学、政治、法律、经济、教育、农业、工业、商业，等等，不过是做人所需的一种手段，不能说专靠这些便达到做人的目的，任凭你把这些件件学得精通，你能够成个人不成个人还是个问题。

人类心理，有知、情、意三部分。这三部分圆满发达的状态，我们先哲名为“三达德”——智、仁、勇。为什么叫作“达德”呢？因为这三件事是人类普通道德的标准，总要三个具备，才能成一个人。三件的完成状态怎么样呢？孔子说:“知者不惑[2]，仁者不忧，勇者不惧。”所以教育应分为知育、情育、意育三方面，——现在讲的智育、德育、体育不对，德育范围太笼统，体育范围太狭隘——知育要教到人不惑，情育要教到人不忧，意育到教到人不惧。教育家教育学生，应该以这三件为究竟，我们自动地自己教育自己，也应该以这三件为究竟。

怎么样才能不惑呢？最要紧的是养成我们的判断力。想要养成判断力，第一步，最少须有相当的常识；进一步，对于自己要做的事须有专门智识；再进一步，还要有遇事能断的智慧。假如一个人连常识都没有，听见打雷，说是雷公发威；看见月食，说是蛤蟆贪嘴。那么，一定闹到什么事都没有主意，碰到一点疑难问题，就靠求神问卜看相算命去解决，真所谓“大惑不解”，成了最可怜的人了。学校里小学中学所教，就是要人有了许多基本的知识，免得凡事都暗中摸索。但仅仅有点常识还不够，我们做人，总要各有一件专门职业。这门职业，也并不是我一人破天荒去做，从前已经许多人做过，他们积累了无数经验，发现出好些原理原则，这就是专门学识。我打算做这项职业，就应该有这项专门的学识。例如我想做农吗，怎么地改良土壤，怎么地改良种子，怎么地防御水旱病虫，等等，都是前人经验有得成为学识的；我们有了这种学识，应用它来处置这些事，自然会不惑，反是则惑了。做工、做商，等等都各有他的专门学识，也是如此。我想做财政家吗，何种租税可以生出何样结果，何种公债可以生出何样结果，等等，都是前人经验有得成为学识的；我们有了这种学识，应用它来处置这些事，自然会不惑，反是则惑了。教育家、军事家，等等，都各有它的专门学说，也是如此。我们在高等以上学校所求的知识，就是这一类。但专靠这种常识和学识就够吗？还不能。宇宙和人生是活的不是呆的，我们每日碰见的事理是复杂的变化的，不是单纯的刻板的，倘若我们只是学过这一件，才懂这一件，那么，碰着一件没有学过的事来到跟前，便手忙脚乱了。所以还要养成总体的智慧，才能有根本的判断力。这种总的智慧如何才能养成呢？第一件，要把我们向来粗浮的脑筋着实磨炼它，叫它变成细密而且踏实。那么，无论遇着如何繁难的事，我都可以彻头彻尾想清楚它的条理，自然不至于惑了。第二件，要把我们向来浑浊的脑筋，着实将养它，叫它变成清明。那么，一件事理到跟前，我才能很从容很莹澈的去判断它，自然不至于惑了。以上所说常识学识和总体的智慧，都是知育的要件，目的是教人做到“知者不惑”。

怎么样才能不忧呢？为什么仁者便会不忧呢？想明白这个道理，先要知道中国先哲的人生观是怎么样。“仁”之一字，儒家人生观的全体大用都包在里头。“仁”到底是什么？很难用言语说明，勉强下个解释，可以说是“普遍人格之实现”。孔子说：“仁者，人也。”意思是说人格完成就叫作“仁”。但我们要知道，人格不是单独一个人可以表现的，要从人和人的关系上来看。所以“仁”字从二人，郑康成解他作“相人偶”[3]。总而言之，要彼此交感互发，成为一体，然后我的人格才能实现。所以我们若不讲人格主义，那便无话可说；讲到这个主义，当然归宿到普遍人格。换句话说，宇宙即是人生，人生即是宇宙，我们的人格，和宇宙无二区别，体验得这个道理，就叫作“仁者”。然则这种仁者为什么就会不忧呢？大凡忧之所从来，不外两端，一曰忧成败，二曰忧得失。我们得着“仁”的人生观，就不会忧成败。为什么呢？因为我们知道宇宙和人生是永远不会圆满的，所以《易经》六十四卦，始“乾”而终“未济”。正为在这永远不会圆满的宇宙中，才永远容得我们创造进化。我们所做的事，不过在宇宙进化几万万里的长途中，往前挪一寸两寸，哪里配说成功呢？然则不做怎么样呢？不做便连这一寸都不往前挪，那可真是失败了。“仁者”看透这种道理，信得过只有不做事才算失败，肯做事便不会失败。所以《易经》说：“君子以自强不息。”换一方面来看，他们又信得过凡事不会成功的几万万里路挪了一两寸，算成功吗？所以《论语》：“知其不可而为之。”你想，有这种人生观的人，还有什么成败可忧呢？再者，我们得着“仁”的人生观，便不会忧得失。为什么呢？因为认定这件东西是我的，才有得失之可言。连人格都不是单独存在，不能明确地画出这一部分是我的，那一部分是人家的，然则哪里有东西可以为我们所得？既已没有东西为我所得，当然也没有东西为我所失。我只是为学问而学问，为劳动而劳动，并不是拿学问劳动等做手段来达某种目的——可以为我们“所得”得。所以老子说：“生而不有，为而不恃。”“既以为人已愈有，既以与人已愈多。”[4]你想，有这种人生观的人，还有什么得失可忧呢？总而言之，有了这种人生观，自然会觉得“天地与我并生，而万物与我为一”，自然会“无人而不自得”。他的生活，纯然是趣味化艺术化。这是最高的情感教育，目的教人做到“仁者不忧”。

怎么样才能不惧呢？有了不惑不忧功夫，惧当然会减少许多了。但这是属于意志方面的事。一个人若是意志力薄弱，便会有丰富的智识，临时也会用不着；便有优美的情操，临时也会变了卦。然则意志怎么才会坚强呢？头一件须要心地光明，孟子说：“浩然之气，至大至刚。行有不慊于心，则馁矣。”又说：“自反而不缩，虽褐宽博，吾不惴焉；自反而缩，虽千万人，吾往矣。”[5]俗话说得好：“生平不作亏心事，夜半敲门心不惊。”一个人要保持勇气，须要从一切行为可以公开做起，这是第一着。第二件要不为劣等欲望之所牵制。《论语》记：“子曰：‘吾未见刚者。’或对曰：‘申枨。’子曰：‘枨也欲，焉得刚[6]？’”一被物质上无聊的嗜欲东拉西扯，那么百炼成刚也会变成绕指柔了。总之，一个人的意志，由刚强变为薄弱极易，由薄弱返到刚强极难。一个人有了意志薄弱的毛病，这个人可就完了。自己做不起自己的主，还有什么事可做？受别人压制，做别人奴隶，自己只要肯奋斗，终必能恢复自由。自己的意志做了自己情欲的奴隶，那么，真是万劫沉沦，永无恢复自由的余地，终身畏首畏尾，成了个可怜人了。孔子说："和而不流，强哉矫；中立而不倚，强哉矫。国有道，不变塞焉，强哉矫；国无道，至死不变，强哉矫。"[7]我老实告诉诸君说罢，做人不做到如此，决不会成一个人。但做到如此真是不容易，非时时刻刻做磨炼意志的功夫不可，意志磨炼得到家，自然是看着自己应做的事，一点不迟疑，扛起来便做，"虽千万人吾往矣。"这样才算顶天立地做一世人，绝不会有藏头躲尾左支右绌的丑态。这便是意育的目的，要教人做到"勇者不惧"。

我们拿这三件事作做人的标准，请诸君想想，我自己现时做到哪一件——哪一件稍微有一点把握。倘若连一件都不能做到，连一点把握都没有，嗳哟！那可真危险了，你将来做人恐怕做不成。讲到学校里的教育吗，第二层的情育，第三层的意育，可以说完全没有，剩下的只有第一层的知育。就算知育罢，又只有所谓常识和学识，至于我所讲的总体智慧靠来养成根本判断力的，却是一点儿也没有。这种"贩卖知识杂货店"的育，把它前途想下去，真令人不寒而栗！现在这种教育，一时又改革不来，我们可爱的青年，除了它更没有可以受教育的地方。诸君啊！你到底还要做人不要？你要知道危险呀，非你自己抖擞精神方法自救，没有人救你呀！

诸君啊！你千万别要以为得些断片的知识，就算是有学问呀。我老实不客气告诉你罢：你如果做成一个人，知识自然是越多越好；你如果做不成一个人，知识却是越多越坏。你不信吗？试想想全国人所唾骂的卖国贼某人某人，是有知识的呀，还是没有知识的呢？试想想全国人所痛恨的官僚政客——专门助军阀作恶鱼肉良民的人，是有知识的呀，还是没有知识的呢？诸君须知道啊，这些人当十几年前在学校的时代，意气横历，天真烂漫，何尝不和诸君一样？为什么就会堕落到这样的田地呀？屈原说："何昔日之芳草兮，今直为此萧艾也！岂其有他故兮，莫好修之害也。"[8]天下最伤心的事，莫过于看着一群好好的青年，一步一步地往坏路上走。诸君猛醒啊！现在你所厌所恨的人，就是你前车之鉴了。

诸君啊！你现在怀疑吗？沉闷吗？悲哀痛苦吗？觉得外边的压迫你不能抵抗吗？我告诉你：你怀疑和沉闷，便是你因不知才会惑；你悲哀痛苦，便是你因不仁才会忧；你觉得你不能抵抗外界的压迫，便是你因不勇才有惧。这都是你的知、情、意未经过修养磨炼，所以还未成个人。我盼望你有痛切的自觉啊！有了自觉，自然会成功。那么，学校之外，当然有许多学问，读一卷经，翻一本史，到处都可以发现诸君的良师呀！

诸君啊，醒醒罢！养足你的根本智慧，体验出你的人格人生观，保护好你的自由意志。你成人不成人，就看这几年哩！

1922年12月

【注释】

[1] 梁启超(1873—1929)：广东新会人，思想家、政治家、教育家、史学家、文学家。中国近代维新派代表人物。著述收入《饮冰室合集》。

[2] 知者不惑：有智慧的人不迷惑。知，"智"的古字。智慧，才智。

[3] 相人偶：出自郑康成(郑玄)对《礼记·中庸》"仁者，人也"一语做的注。原文："人也，读如相人偶之人。"读，抽释理解书的意义。相，同"像"。偶，仿人形制成的木偶。其意思是"仁即是人"，理解为"像有人的样子的人"。

[4] 生而不有，为而不恃：语出《道德经·五十一章》。生养了万物而不据为己有，推

动了万物，而不自恃有功。既以为人己愈有，既以与人己愈多：语出《道德经·八十一章》。既然一切都是为了世人，自己就愈发拥有了；既然一切都已给了世人，自己就愈发丰富了。

［5］行有不慊(qiè)于心，则馁矣：语出《孟子·公孙丑上》。意谓，行为有一点亏心之处，气就软弱无力了。慊，通“惬”，快心，满意。自反而不缩，虽褐宽博，吾不惴焉；自反而缩，虽千万人，吾往矣：语出《孟子·公孙丑上》。意谓，自我反省是问心有愧的，就是面对穿着粗陋的平民，怎能坦然自在？自我反省是正大光明的，即使有千万人，也可以勇敢面对。自反，自我反省。缩，直，理直。褐，指粗布或粗布衣。宽博，宽松，松弛。惴，忧愁恐惧。

［6］子曰：“吾未见刚者。”或对曰：“申枨(chéng)。”子曰：“枨也欲，焉得刚?”：语出《论语·公冶长第五》。意思是，孔子说：“我还没见过真正刚强的人啊!”有人就回答说：“申枨是位刚强的人。”孔子接着说：“申枨心中私欲太多，怎能算是刚强的人呢?”

［7］塞：阻隔；堵住。强哉矫：这才是真强啊！矫，坚强的样子。

［8］何昔日之芳草兮，今直为此萧艾也！岂其有他故兮，莫好修之害也：语出屈原《离骚》。意思是，为何先前的君子，今天蜕变为小人？岂有其他缘故吗，都是放弃自我修养造成的危害。萧艾，贱草。

【品读】

这是梁启超1922年12月在苏州向学界做演讲的记录。

教育对于个人乃立身之本，对于国家则为立国之本。教与学牵涉到许多问题，归根到底是价值取向的问题。梁启超先生以“为学与做人”为题在苏州学界的这个演讲，其中有不少精要独到的见解，比如：

问诸君“为什么进学校?”——“为的是学做人。”

“教育应分为知育、情育、意育三方面，——现在讲的智育、德育、体育不对，德育范围太笼统，体育范围太狭隘——知育要教到人不惑，情育要教到人不忧，意育到教到人不惧。教育家教育学生，应该以这三件为究竟，我们自动地自己教育自己，也应该以这三件为究竟。”

“怎么样才能不惑呢？最要紧的是养成我们的判断力。”

“怎么样才能不忧呢?”“仁者便会不忧”。

“怎么样才能不惧呢?”“意育的目的，要教人做到‘勇者不惧’。”

“讲到学校里的教育吗，第二层的情育，第三层的意育，可以说完全没有，剩下的只有第一层的知育。就算知育罢，又只有所谓常识和学识，至于我所讲的总体智慧靠来养成根本判断力的，却是一点儿也没有。这种‘贩卖知识杂货店’的育，把它前途想下去，真令人不寒而栗！现在这种教育，一时又改革不来，我们可爱的青年，除了它更没有可以受教育的地方。诸君啊！你到底还要做人不要？你要知道危险呀，非你自己抖擞精神方法自救，没有人救你呀！

“诸君啊！你千万别要以为得些断片的知识，就算是有学问呀。我老实不客气告诉你罢：你如果做成一个人，知识自然是越多越好；你如果做不成一个人，知识却是越多越坏。”

关于智育，他认为学习知识常识只是一个方面，开发智力则更重要。他说：“宇宙和人生是活的不是呆的,我们每日所碰见的事理,是复杂的变化的,不是单纯的刻板的,倘若我们只是学过这一件才懂这一件,那么,碰着一件没有学过的事来到跟前,便手忙脚乱了。所以还要养成总体的智慧,才能得有根本的判断力。”

关于德育,他认为其目标应该是“普遍人格之实现”。其论据为“孔子说:‘仁者,人也。’”意思说是人格完成就叫作‘仁’。并提出“宇宙即是人生,人生即是宇宙,我的人格和宇宙无二无别”。

关于意育,他说:“一个人若是意志力薄弱,便会有丰富的智识,临时也会用不着;便有优美的情操,临时也会变了卦。然则意志怎么才会坚强呢?头一件须要心地光明,孟子说:‘浩然之气,至大至刚。行有不慊于心,则馁矣。’又说:‘自反而不缩,虽褐宽博,吾不惴焉;自反而缩,虽千万人,吾往矣。’俗话说得好:‘生平不作亏心事,夜半敲门心不惊。’一个人要保持勇气,须要从一切行为可以公开做起,这是第一着。第二件要不为劣等欲望之所牵制。”

教育的本质是使人成为人而非工具。用梁启超先生所论来对照学校教育的现实,再反思自我教育的状况,我们该如何判断?有何感想,作何反应呢?

中编

——诗歌

提示

诗歌起源于上古的社会生活，是因劳动生产、两性相恋、原始宗教等而产生的一种有节奏、有韵律、有感情色彩的语言艺术形式，也是最古老、最基本的文学体裁。

早期，诗、歌与舞、乐是合为一体的。《礼记·乐记》说："诗，言其志也；歌，咏其声也；舞，动其容也；三者本于心，然后乐器从之。"后来诗、歌、舞、乐各自发展，独立成体，诗与歌统称"诗歌"。

诗歌按照表现形式大致可以分为古典诗歌、现代诗歌和对联三种类型。

古典诗歌有古体诗（又名古诗、古风）、近体诗（又名今体诗、格律诗）、词（又名诗余、长短句、曲词、曲子词）、曲等几种不同形式。

古体诗形式自由，不限篇幅，每句字数不定，不讲对仗，押韵自由。按每句字数，可分为四言古诗（最早出现于《诗经》）、五言古诗（成熟于汉，如《古诗十九首》）、七言古诗（成熟于唐代，如《长恨歌》）等形式。

近体诗鼎盛于唐代，除排律外，篇有定句，句有定字，字有定声，韵有定位。它有绝句和律诗两种类型，绝句分五言绝句（五绝）、七言绝句（七绝）两种，律诗分五言律诗（五律）、七言律诗（七律）、排律三种。

词鼎盛于宋代，按词牌填词，按字数多少，分为小令（58 字内）、中调（59—90 字）和长调（91 字以上）三种。词调有定格，句有定数，字有定声，韵有定位。

曲鼎盛于元代，有散曲和杂剧两种形式。散曲又有小令（短小的曲子）和套数（又名"套曲"）两种形式。

现代诗歌又叫新诗。新诗是指五四运动前后新文化运动提倡的用白话写的自由体诗。今人用文言写的格律诗称为"旧体诗"。现代诗歌不在本书选读之列。

对联，又叫楹联、门对、对子、联语、偶语、俪辞，是与文化习俗和书法艺术相结合的一种诗歌形式。它起源于先秦时期民间过年悬挂桃符的习俗。所谓桃符，即把传说中的降鬼大神"神荼"和"郁垒"的名字，分别书写在两块桃木板上，悬挂于左右门，以驱鬼压邪。到了五代，人们开始把联语题于桃木板上。据《宋史》记载，五代后蜀主孟昶"每岁除，命学士为词，题桃符，置寝门左右"。其所提写的"新年纳余庆，嘉节号长春"的联语，成为我国历史上记载的第一副春联。至宋代，民间新年悬挂春联已经相当普遍，王安石"千门万户曈曈日，总把新桃换旧符"的诗句，就是当时盛况的真实写照。

题写对联后来逐渐演变为反映生活、表达情感、传递信息的文化习俗。对联也作为“千秋天地无事不可对，古今情怀尽在雅联中”的一种文学体裁，迅速普及繁盛，成为中华民族无人不知、无处不用的大众文学。

对联从呈现形式看，大致可以分为题赠联、居室联、馆堂联、景观联、情趣联、应答联等几种类型。从表达对象看，主要有春联、寿联、婚联、挽联、言志联、装饰联等几种类型。

对联的写作取法古代律诗的对偶句，形式精致，讲究“形相对，意相联”的艺术美。“形相对”要求上下联对仗工整——字数相等，句式相同，词性对应，声韵协调——同句字词声韵要平仄相间，上下联对等字词的声韵要平仄相拗，联语末字要“上联仄落，下联平收”，即上联最后一字要用仄声字，下联最后一字要用平声字。“意相联”要求上下联的意思关联，主旨一致，相得益彰。

用于张贴、悬挂在门庭的对联，一般配有“横批”。横批多为四字句，是对联意义的点睛文字。竖着张贴对联时，上联贴在右边，下联贴在左边，横批贴在两联的上边。

对联蕴藏着中国人特有的智慧，它是精练的诗、浓缩的文、醇厚的酒、浓香的茶。隽永的题赠联警策温暖，开悟启智；优雅的居室联诗情画意，悦目赏心；恢宏的馆堂联荡气回肠，振聋发聩；精彩的景观联画龙点睛，感天动人。置身于充满书法神韵的对联点缀的人世间，仿佛穿行在苍茫的历史烟雨中。一副副对联就如一缕缕和煦的阳光，抚慰着炎黄儿女的灵魂，辉映着中华民族的前行之路。

对对子、写对联、贴对联作为一种习俗，是中华民族优秀传统文化的重要组成部分。2005 年，中国国务院把对联习俗列为第一批国家非物质文化遗产名录。对联习俗在华人乃至全球使用汉语的地区，以及与汉语汉字有文化渊源的民族中传承、流播，对于弘扬中华民族文化、促进人类文明具有重大价值。

孔子高度评价诗歌的抒情言志功能和娱情教化作用，认为：“诗，可以兴，可以观，可以群，可以怨。”(《论语・阳货》)“兴”是指通过诗歌可以激发表达兴致，引起类比联想，获得审美享受。“观”是说通过诗歌可以了解社会风貌，体悟生活智慧，感受作者情性。“群”是指通过诗歌可以交流沟通思想，传递分享信息，促进社会和谐。“怨”是指通过诗歌可以发泄心中情绪，议论生活问题，批评世道不端。

诵读中华优秀古典诗歌，对提高我们的语言表达能力、文学鉴赏品位和生活审美情趣，具有无可替代的作用。

第三章　先秦汉魏两晋南北朝诗歌

硕　鼠

《诗经·魏风》[1]

硕鼠硕鼠，无食我黍！
三岁贯女，莫我肯顾[2]。
逝将去女，适彼乐土[3]。
乐土乐土，爰得我所[4]。

硕鼠硕鼠，无食我麦！
三岁贯女，莫我肯德[5]。
逝将去女，适彼乐国。
乐国乐国，爰得我直[6]。

硕鼠硕鼠，无食我苗！
三岁贯女，莫我肯劳[7]。
逝将去女，适彼乐郊。
乐郊乐郊，谁之永号[8]？

【注释】

[1]《诗经》：中国古代最早的诗歌总集。大致产生于公元前11世纪到公元前6世纪五百多年间。原本叫《诗》，汇集诗歌共305首。相传为孔子编订。西汉时被尊为儒家经典。《诗经》以四言为主，兼有杂言。其内容分为“风”“雅”“颂”三个部分。“风”又叫“国风”，是各地的风土歌谣；“雅”是朝廷的乐歌；“颂”是宗庙祭祀的舞曲歌辞。“赋”“比”“兴”是《诗经》的表现手法。“赋”是铺陈，“比”是譬喻，“兴”是烘托。《诗经》反映现实的写作手法，对后世的诗歌创作产生了深远影响。

[2] 三岁：泛指多年。贯：事也，侍奉，养活的意思。女(rǔ)：同“汝”，你。肯：愿意。顾：顾及，照顾。莫我肯顾：“莫肯顾我”的倒装。

[3] 逝：通“誓”，发誓。去：离开。适：往，到。乐土：安乐的地方。下文“乐国”“乐郊”的意义与之相同。

[4] 爰(yuán)：乃，就。

[5] 德：感激。

[6] 直：同“值”，价值，代价，报酬。

[7] 劳：慰劳。

[8] 永号：长叹，叫苦。

【译文】

大老鼠呀大老鼠，不要再吃我的黍！多年辛苦养活你，我的生活你不顾。发誓从此离开你，去找理想新乐土。新乐土呀新乐土，才是安居好去处！

大老鼠呀大老鼠，不要再吃我的麦！多年辛苦养活你，我的恩德不感激。发誓从此离开你，去找理想新乐国。新乐国呀新乐国，劳动价值自己得！

大老鼠呀大老鼠，不要再吃我的苗！多年辛苦养活你，我的血汗不慰劳。发誓从此离开你，去找理想新乐郊。新乐郊呀新乐郊，谁还叹气长呼号？

【品读】

诗人通过比拟的手法，表达了民众对“硕鼠”统治的厌恶和对“乐土”社会的向往。

诗人直接将贪婪凶残、穷奢极侈、不顾百姓死活的统治者比作硕鼠，在艺术上是一种创造。情感表达质朴自然，先是呼告请求，继而斥责揭露，在失望、无奈之余，又产生对没有压迫、没有剥削的安乐生活的强烈向往。在诗人的想象中，如果能逃离“硕鼠”的统治，总可以找到一块劳有所值、永无悲号的“乐土”吧？内容三章连贯一气又变化明显，意蕴深厚而不晦涩，感情强烈又不直露，实为同类古诗中难得的佳作。

渔　父

屈　原[1]

屈原既放，游于江潭，行吟泽畔。颜色憔悴，形容枯槁[2]。

渔父见而问之，曰：“子非三闾大夫欤[3]？何故至于斯？”

屈原曰：“举世皆浊我独清，众人皆醉我独醒，是以见放[4]。”

渔父曰：“圣人不凝滞于物，而能与世推移。世人皆浊，何不淈其泥而扬其波？众人皆醉，何不餔其糟而歠其醨？何故深思高举，自令放为[5]？”

屈原曰：“吾闻之：新沐者必弹冠，新浴者必振衣。安能以身之察察，受物之汶汶者乎？宁赴湘流，葬身于江鱼之腹中。安能以皓皓之白，而蒙世俗之尘埃乎？[6]”

渔父莞尔而笑，鼓枻而去[7]。歌曰：“沧浪之水清兮，可以濯吾缨。沧浪之水浊兮，可以濯吾足。[8]”遂去，不复与言。

【注释】

[1] 屈原（约前340—前278）：中国战国时期的爱国主义诗人、政治家。生于楚国丹阳（今湖北宜昌），原姓芈（mǐ），名平，字原。早年受楚怀王信任，任左徒、三闾大夫。提倡“美政”，主张对内举贤任能，修明法度；对外联齐抗秦。因遭贵族排挤毁谤，被先后流放至汉北和沅湘流域。秦将白起攻破楚都郢（今湖北江陵）后，屈原自沉于汨罗江，以身殉国。屈原是“楚辞”的创立者，代表作有《离骚》《九歌》《九章》《天问》等。屈原的诗歌，对后世产生了深远影响。《渔父》选自《楚辞》。刘向将这篇作品归到屈原名下。

[2] 放：指屈原被楚襄王放逐。游于江潭：指在江边漫游。潭，原指深渊，这里指江边。行吟泽畔：指在大泽边上一边行走，一边吟唱。颜色：指脸色。形容：指体态容貌。

枯槁(gǎo):枯瘦。

[3] 三闾大夫:楚国官名,掌管楚国屈、景、昭三姓贵族谱牒等事务。屈原曾任此职。

[4] 见放:被放逐。

[5] 凝滞于物:凝固停滞受外物的束缚。与世推移:跟从世俗改变自己。淈(gǔ)其泥:搅动泥沙。淈,搅乱。扬其波:扬起水波,意为推波助澜。餔(bū)其糟:吃酒糟。歠(chuò)其醨(lí):喝酒。醨,薄酒。深思:指思虑深远。高举:行为高尚,不同于一般人。自令放为:让自己遭放逐呢?为,疑问语助词。

[6] 新沐者:刚刚洗过头发的人。弹冠:掸去帽子上的灰尘。新浴者:刚刚洗过澡的人。振衣:抖落掉衣服上的灰尘。察察:洁净的样子。汶(mén)汶:污浊的样子。赴湘流:指投江自杀。湘流,湘水,流经今湖南。皓皓之白:指纯洁高尚的品格。

[7] 莞(wǎn)尔:微笑的样子。鼓枻(yì):敲击船桨。枻,船桨。

[8] 沧浪:水名,在今湖南境内,也指水色。濯(zhuó):洗。缨:系结帽子的丝带。《沧浪歌》又见于《孟子·离娄》,可能是流传于江湘一带的民歌。

【译文】

屈原被放逐之后,在江岸边漫游,在大泽边吟唱。脸色憔悴,身体枯瘦。

渔父看了,便问他说:"您不就是三闾大夫吗?为什么会落到这地步?"

屈原答道:"整个世上都污浊不堪,只有我洁白无染;众人都喝得醉醺醺的,只有我头脑清醒,因此被放逐。"

渔父说:"圣人不拘泥于事物,而能随着世道变化。既然世上的人一片污浊,您何不也搅浑那泥水,推波助澜?众人个个沉醉不醒,您何不也趁机吃喝些薄酒?何苦深思高举,使自己被放逐呢?"

屈原说:"我听说刚洗过头的人,定要掸去帽子上的泥灰;刚洗过澡的人,定要抖落掉衣服上的尘土。哪能让自己洁净的身躯,沾染肮脏的东西?我宁肯跳入湘水,葬身江鱼的腹中。怎能让洁白的美玉,蒙受世俗尘埃的玷污呢?"

渔父听了莞尔一笑,用桨敲击着船舷,划船离去。顺口唱道:"沧浪之水清啊,可以用来洗我的帽缨;沧浪之水浊啊,可以用来洗我的双足。"于是竟自远去,不再和屈原说话。

【品读】

《渔父》以屈原遭到放逐为背景,通过对话的形式,表现了屈原志尚高洁、不随流俗、忠贞为国、至死不渝的高尚品德。渔父是一位消极避世、钓鱼江滨的隐士,他劝屈原与世俗同流,不必独醒高举,而诗人则强调"宁赴湘流,葬身于江鱼之腹中",也要保持自己清白的节操,这种精神与《离骚》中"虽体解吾犹未变"的精神是一致的。对比反衬手法的运用,使主人公的高尚品格更为突出。

长 歌 行

汉乐府[1]

青青园中葵,朝露待日晞[2]。
阳春布德泽,万物生光辉。

常恐秋节至，焜黄华叶衰[3]。
百川东到海，何时复西归？
少壮不努力，老大徒伤悲[4]！

【注释】

[1] 长歌行：汉乐府诗，作者不详。

[2] 葵：一年生草本植物，有秋葵，蜀葵等，均夏天开花，秋天枯萎。晞：晒干。

[3] 焜(kūn)黄：一作“辉煌”，形容花叶缤纷灿烂。华(huā)：同“花”。衰(cuī)：减少。

[4] 徒：徒然，白白地。

【品读】

这是一首劝勉青少年珍惜时光、努力上进的汉乐府诗歌。

诗十句，八句用比兴。生动地揭示了生命的规律和时节的宝贵。从青春到衰败，似乎人也是自然界的一株植物，和园葵、朝露一样受季节支配，在春阳、秋节中循环。全诗充满对生命的思考和对时间的珍惜之情。“少壮不努力，老大徒伤悲”的因果推论可谓言简意赅，振聋发聩。

蒿 里 行

曹 操[1]

关东有义士，兴兵讨群凶[2]。
初期会盟津，乃心在咸阳[3]。
军合力不齐，踌躇而雁行[4]。
势利使人争，嗣还自相戕[5]。
淮南弟称号，刻玺于北方[6]。
铠甲生虮虱，万姓以死亡[7]。
白骨露于野，千里无鸡鸣。
生民百遗一，念之断人肠[8]。

【注释】

[1] 曹操(155—220)：字孟德，沛国谯县(今安徽亳州)人。东汉末年的政治家、军事家、文学家、书法家。三国中曹魏政权的缔造者，其子曹丕称帝后，追尊为武皇帝，庙号太祖。善用诗歌抒发自己的政治抱负，反映汉末人民的苦难生活，其诗歌气魄雄伟，慷慨悲凉。

[2] 关东：函谷关(今河南灵宝西南)以东。义士：指起兵讨伐董卓的诸州郡将领。讨群凶：指讨伐董卓及其党羽。

[3] 初期：本来期望。盟津：即孟津(今河南孟州南)。相传周武王伐纣时曾在此大会八百诸侯，此处借指本来期望关东诸将也能像武王伐纣会合的八百诸侯那样同心协力。乃心：其心，指上文“义士”之心。咸阳：秦时的都城。此处借指长安，当时献帝被董卓挟持到长安。

[4] 力不齐：指讨伐董卓的诸州郡将领各有打算，力量不集中。齐，一致。踌躇：犹豫不前。雁行(háng)：飞雁的行列，形容诸军列阵后观望不前的样子。此句倒装，正常语序当为“雁行而踌躇”。

[5] 嗣：后来。还：同“旋”，不久。自相戕(qiāng)：自相残杀。当时盟军中的袁绍、公孙瓒等发生了内部的攻杀。

[6] 淮南弟称号：指袁绍的异母弟袁术于建安二年(197)在淮南寿春(今安徽寿县)自立为帝。刻玺于北方：指初平二年(191)袁绍谋废献帝，想立幽州牧刘虞为皇帝，并刻制印玺。玺，印，秦以后专指皇帝用的印章。

[7] 铠甲生虮虱：由于长年战争，战士们不脱战服，铠甲上都生了虱子。铠甲，古代的护身战服。铠，就是甲。虮，虱卵。万姓：百姓。以：因此。

[8] 生民：百姓。遗：剩下。

【品读】

《蒿里行》本是古代送葬时唱的挽歌，曹操此作是以古题写时事，描述了东汉末年关东州郡将领讨伐董卓时的互斗乱象，以及给人民造成的巨大灾难，表达了一种深沉的忧国忧民之情。全诗采用了简洁明了的白描手法，无意于词句的雕琢粉饰，语言质朴简洁，明快有力，堪称佳作。

咏　史

左　思[1]

主父宦不达，骨肉还相薄[2]。
买臣困樵採，伉俪不安宅[3]。
陈平无产业，归来翳负郭[4]。
长卿还成都，壁立何寥廓[5]。
四贤岂不伟，遗烈光篇籍。
当其未遇时，忧在填沟壑[6]。
英雄有迍邅，由来自古昔[7]。
何世无奇才，遗之在草泽[8]。

【注释】

[1] 左思(约250—约305)：字太冲，齐国临淄(今属山东)人，西晋文学家。他的《三都赋》颇受当时称颂，据说《三都赋》写成后，人们竞相抄写，使得洛阳的纸都因此涨价，造成了“洛阳纸贵”。本首诗选自其《咏史诗》的第七首。

[2] 主父：复姓，这里指主父偃，西汉时纵横家。宦不达：仕途坎坷。据《史记·平津侯主父列传》记载，主父偃曾游学四十余年，也没有做官的机会，以至穷困于燕、赵。骨肉还相薄：指主父偃没有能做官，他父母不把他当儿子看待，兄弟也鄙弃他。骨肉，指父母兄弟。薄，轻鄙。

[3] 买臣：即朱买臣，汉武帝时人。樵：柴。伉俪(kàng lì)：配偶，夫妻。据《汉书·朱买臣传》记载，朱买臣未做官时，家里很穷，以打柴维持生计，但好读书，一边担柴，一边

诵书，他的妻子引以为耻，遂改嫁而去。

［4］陈平：汉高祖的功臣。据《史记·陈丞相世家》记载，陈平少年时家里很穷，喜好读书，住的地方是背着城郭的偏僻小巷，用席做门。翳（yì）负郭：以背靠城郭的破房子蔽身。翳，蔽。负，背。郭，外城。

［5］长卿：即司马相如，字长卿，成都人。据《史记·司马相如列传》记载，司马相如游临邛（今四川邛崃），在富人卓王孙家喝酒，卓氏女文君见了，心悦而好之，夜间私奔相如。相如和她同归成都，家中空无所有。壁立：即家里只有四壁。寥廓：空洞。

［6］未遇时：穷困的时期。忧填沟壑：有身死沟壑的忧虑。沟壑，溪谷。

［7］迍邅（zhún zhān）：困顿失意，处境艰难。

［8］草泽：指穷乡僻巷。

【品读】

此诗通过对主父偃、朱买臣、陈平和司马相如四人的坎坷际遇的描写，感叹历来贤才多历困顿、常被埋没的史实，借以抒发自己心中的愤慨和不平，表达了对用人不公、扼杀贤才的世道的不满和声讨。

杂　诗

陶渊明[1]

人生无根蒂，飘如陌上尘。
分散逐风转，此已非常身[2]。
落地为兄弟，何必骨肉亲！
得欢当作乐，斗酒聚比邻[3]。
盛年不重来，一日难再晨。
及时当勉励，岁月不待人。

【注释】

［1］陶渊明（约365—427）：一名潜，字元亮，号五柳先生，浔阳柴桑（今江西九江）人。东晋文学家。曾做过几年小官，因厌烦官场生活、“不为五斗米折腰”而辞官，隐居田园。作品有《饮酒》《归园田居》《桃花源记》《五柳先生传》《归去来兮辞》等。

［2］陌：田间东西方向的小路。也泛指田间小路。此：指此身。非常身：不是经久不变的身，即不再是盛年、壮年之身。

［3］斗：酒器。比邻：近邻。

【品读】

陶渊明《杂诗》共有十二首，此为第一首，是他晚年的作品。本诗由抒发命运之不可把握的慨叹开端，继而转向对人世友情的赞美，结尾慷慨激越，发出了人生苦短、要有所作为须及时勉励的呼吁，发人深省，使人感奋。全诗用语平实，质如璞玉，内涵却极为丰富。短短六十个字，体现了陶渊明对人生意义、人世友情、个人命运等方面的深刻理解。

拟行路难

鲍 照[1]

对案不能食,拔剑击柱长叹息[2]。
丈夫生世会几时? 安能蹀躞垂羽翼[3]!
弃置罢官去,还家自休息。
朝出与亲辞,暮还在亲侧。
弄儿床前戏,看妇机中织[4]。
自古圣贤尽贫贱,何况我辈孤且直[5]!

【注释】

[1] 鲍照(约414—466):字明远,东海(今江苏涟水)人。南朝宋代诗人。出身贫寒。因向宋临川王刘义庆献诗而受到赏识,被任为国侍郎。文帝时迁中书舍人。因临海王子顼(xū)镇荆州时任他为前军参军,所以世称“鲍参军”。后子顼谋反,鲍照死于乱军之中。他生活在南北中国分裂、门阀士族当权的时代,一生关心国家命运,写了大量反映民生、批评时政和抒发心志的诗歌。他长于乐府诗,其七言诗对唐代诗歌的发展产生了重要影响。有《鲍参军集》传世。

[2] 案:一种放食器的小几。

[3] 蹀躞(dié xié):小步行走的样子。

[4] 弄儿:逗小孩。戏:玩耍。

[5] 孤且直:孤高并且耿直。

【品读】

这是作者《拟行路难》乐府诗的第六首,抒发了在门阀制度下有志不能遂的愤慨之情。

全诗分三层。前四句描述自己对倍受压抑的仕宦生活的厌恶。“不能食”“拔剑击柱”“长叹息”三个行为描写句和两个反问句连用,使内心的愤懑跃然纸上。中间六句抒写自己辞官归家的生活场景,反衬了官场生活的苦恼。末尾两句直抒胸臆,表达了诗人对官场黑暗的揭露和抗争。“孤且直”三个字,揭露了志士才人际遇坎坷的社会根源——仕进之路被世族大家垄断,像鲍照这样孤高而耿直的寒门士子,哪有前途可言。从而将诗篇的主旨由抒写官场失意,推升到了控诉门阀制度邪恶和追求圣贤精神境界的高度,凸显了其“慷慨任气,磊落使才”的诗作特点。

晚登三山还望京邑

谢 朓[1]

灞涘望长安,河阳视京县[2]。
白日丽飞甍,参差皆可见[3]。
余霞散成绮,澄江静如练[4]。

喧鸟覆春洲，杂英满芳甸[5]。
去矣方滞淫，怀哉罢欢宴[6]。
佳期怅何许，泪下如流霰[7]。
有情知望乡，谁能鬒不变[8]？

【注释】

[1] 谢朓(464—499)：字玄晖，陈郡阳夏(今河南太康)人。南朝齐国的山水诗人。三山：山名，在今南京市西南。还望：回头眺望。京邑：指南齐都城建康，即今南京市。

[2] 灞(bà)涘(sì)望长安：借用汉末王粲《七哀诗》“南登霸陵岸，回首望长安”诗意。灞，水名，源出陕西蓝田，流经长安城东。河阳：故城在今河南孟州西。京县：指西晋都城洛阳。两句意为，我怀着眷恋之情，傍晚登上三山，回头眺望都城建康。

[3] 丽：使动用法，这里有“照射使……色彩绚丽”的意思。飞甍(méng)：上翘如飞翼的屋脊。甍，屋脊。参差：高下不齐的样子。

[4] 绮：有花纹的丝织品，锦缎。澄江：清澈的江水。练：洁白的绸子。

[5] 喧鸟覆春洲：形容鸟儿众多。覆，盖。杂英：各色的花。甸：郊野。

[6] 方：将。滞淫：久留，淹留。怀：想念。

[7] 佳期：指归来的日期。怅：惆怅。霰(xiàn)：小雪珠。

[8] 鬒(zhěn)：黑发。变：这里指变白。两句意为，怀着望乡之情的人，又有谁能不白了头发呢？

【品读】

本诗抒写作者登上三山时遥望京城勾起的山水之爱和家国之恋。全诗十四句，前两句交代离京的原因和路程，引出赏景望乡之意；中六句写景，描绘登山所见景色与山水之爱；后六句写情，抒发人生感慨与家国之恋。写景，色调绚烂，满目彩绘，有“余霞散成绮，澄江静如练”的壮丽；写情，真诚温婉，纯粹自然，有“佳期怅何许，泪下如流霰”的深沉。格调清新，韵致高雅，堪称山水诗的经典。

第四章 唐代诗歌

感 遇

陈子昂[1]

圣人不利己，忧济在元元[2]。
黄屋非尧意，瑶台安可论[3]？
吾闻西方化，清净道弥敦[4]。
奈何穷金玉，雕刻以为尊？
云构山林尽，瑶图珠翠烦。
鬼工尚未可，人力安能存？
夸愚适增累，矜智道逾昏[5]。

【注释】

[1] 陈子昂(659—700)：字伯玉，梓州射洪(今四川射洪)人。唐代文学家。因曾任右拾遗，后世称“陈拾遗”。有《陈伯玉集》传世。本诗是《感遇》诗三十八首中的第十九首。

[2] 济：接济。元元：百姓。

[3] 黄屋：车名，古帝王所乘，车盖用黄缯作里子。瑶台：用玉石装饰的台子。

[4] 西方化：指佛教的教化。弥：更。敦：敦厚，淳厚。

[5] 夸愚：夸耀如此劳民伤财的行为实际上很愚蠢。矜(jīn)智：自作聪明，倒行逆施。道逾昏：使朝政更加昏聩、混乱。

【品读】

这首诗从仁政爱民的思想出发，表达了作者对武则天滥用皇权、放纵私欲，不顾民生艰难而广建寺庙、大造佛像、耗财事佛的愚蠢行为的讽劝和批评。全篇以三个反问句贯穿意义：第一个反问带有劝导成分，第二个反问含有批评意味，第三个反问则难掩心中的愤懑，转为厌恶和申斥了，进而顺势发出了“夸愚适增累，矜智道逾昏”的警告。结尾正面着笔，慷慨陈词，以批判昏乱之“道”来呼应开头所歌颂的古圣人之“道”，使得篇章结构严密，说理透辟，具有很强的批判性和说服力。

望洞庭湖赠张丞相

孟浩然[1]

八月湖水平，涵虚混太清[2]。

气蒸云梦泽，波撼岳阳城[3]。
欲济无舟楫，端居耻圣明[4]。
坐观垂钓者，徒有羡鱼情[5]。

【注释】

[1] 张丞相(678—740)：指张九龄，唐玄宗时宰相，后贬为荆州长史。孟浩然(689—740)：名浩，字浩然，襄州襄阳(现湖北襄阳)人，世称“孟襄阳”。因他未曾入仕，又被称为“孟山人”。唐代山水田园派诗人。

[2] 涵虚：包含天空，指天倒映在水中。涵，包容。虚，虚空，空间。混太清：与天混成一体。清，指天空。

[3] 云梦泽：古时云泽和梦泽指湖北南部、湖南北部一代低洼地区。洞庭湖是它南部的一角。岳阳城：在洞庭湖东岸。

[4] 济：渡。楫(jí)：划船用具，船桨。端居：安居。耻圣明：有愧于圣明之世。

[5] 徒：只能。

【品读】

此诗是孟浩然(45岁)西游长安时投赠丞相张九龄，希望得到引荐、为国效力的诗。作者借描述游览洞庭湖感受的描写，委婉地抒发了有心报国、苦无机会、希望对方引荐的心情。诗风稳沉端庄，温藉得体，既不卑不亢地表达了心中诉求，又顾全了人格尊严，独标风韵，为人传诵。

把酒问月

李　白[1]

青天有月来几时？我今停杯一问之：
人攀明月不可得，月行却与人相随？
皎如飞镜临丹阙，绿烟灭尽清辉发[2]？
但见宵从海上来，宁知晓向云间没[3]？
白兔捣药秋复春，嫦娥孤栖与谁邻[4]？
今人不见古时月，今月曾经照古人。
古人今人若流水，共看明月皆如此。
唯愿当歌对酒时，月光长照金樽里。

【注释】

[1] 李白(701—762)：字太白，号青莲居士，祖籍陇西成纪(今甘肃天水)，生长在绵州所属彰明县(今四川江油)，唐代诗人。著有诗文千余篇，其诗歌颂祖国大好河山，表现个人理想与现实的矛盾，感情奔放炽烈，手法浪漫夸张，风格豪放飘逸，被后世誉为“诗仙”。有《李太白集》传世。

[2] 丹阙(què)：朱红色的宫门。绿烟：指遮蔽月光的浓重的云雾。

[3] 宵：夜晚。宁知：怎知。晓：天明。没：隐没。

[4] 嫦娥：又作“姮娥”。传说中唐尧时的射师后羿的妻子，后从人间抱着白兔飞升

入月亮生活。《搜神记》说,羿请不死之药于西王母,嫦娥窃之以奔月。

【品读】

《把酒问月》这诗题就是作者绝妙的自我造像。题下原注“故人贾淳令予问之”,彼不自问而“令予问之”,一种风流自赏之意溢于言表。

全诗以一问摄起全篇,极富气势感。以下大抵两句换境换意,从酒写到月,从月归到酒;从空间感受写到时间感受。通过将人与月反反复复加以对照,穿插以景物描绘和神话传说的方式,塑造了一个崇高、永恒、美好而又神秘的月的形象,显露出一个超凡脱俗的诗人形象。虽然意绪多端,随兴挥洒,但潜气内转,脉络贯通,极回环错综之致,浑成自然之妙;加之四句转韵,平仄相间,抑扬顿挫,更觉一气呵成。本诗可谓音情理趣俱佳,堪称借月抒情的奇诗。

行路难

李白

金樽清酒斗十千,玉盘珍羞直万钱[1]。
停杯投箸不能食,拔剑四顾心茫然[2]。
欲渡黄河冰塞川,将登太行雪满山。
闲来垂钓碧溪上,忽复乘舟梦日边[3]。
行路难！行路难！多歧路,今安在?
长风破浪会有时,直挂云帆济沧海[4]！

【注释】

[1] 金樽:古代盛酒的器具,以金为饰。十千:一斗值十千钱(即万钱),形容酒美价高。珍羞(xiū):珍贵的菜肴。羞,同“馐”,美味的食物。直:通“值”。

[2] 投箸:丢下筷子。

[3] 闲来垂钓碧溪上,忽复乘舟梦日边:姜太公吕尚曾在渭水的磻(pán)溪上钓鱼,得遇周文王,助周灭商;伊尹曾梦见自己乘船从日月旁边经过,后被商汤聘请,助商灭夏。诗人借此表明自己对前途充满了信心。

[4] 长风破浪:典出《南史·宗悫(què)传》:宗悫少时,叔父宗炳问其志。答曰:“愿乘长风破万里浪。”喻宏大的抱负得以舒展。也比喻趁着有利的时机和条件,不怕困难,勇往直前地去实现远大的志向。会:当。云帆:指航行大海里的船只。因天水相连,船帆如出没在云雾之中。

【品读】

《行路难》为乐府旧题。李白的《行路难》共三首,本篇为第一首。是天宝三年(744)李白离开长安后所作。

诗中写世路艰难,充满政治上遭遇挫折的抑郁不平之感。结尾处“长风破浪会有时,直挂云帆济沧海”两句忽开异境,气势非凡,是诗人坚持理想、乐观自信精神的突出表现。

全诗运用多种艺术表现手法来抒写情怀,感情起伏,变化急遽,诗风跳荡奔放,极富浪漫主义色彩。

兵　车　行

杜　甫[1]

车辚辚，马萧萧，行人弓箭各在腰[2]。
耶娘妻子走相送，尘埃不见咸阳桥[3]。
牵衣顿足拦道哭，哭声直上干云霄[4]。
道旁过者问行人，行人但云点行频[5]。
或从十五北防河，便至四十西营田[6]。
去时里正与裹头，归来头白还戍边[7]。
边庭流血成海水，武皇开边意未已[8]。
君不闻汉家山东二百州，千村万落生荆杞[9]。
纵有健妇把锄犁，禾生陇亩无东西[10]。
况复秦兵耐苦战，被驱不异犬与鸡[11]。
长者虽有问，役夫敢申恨[12]？
且如今年冬，未休关西卒[13]。
县官急索租，租税从何出[14]？
信知生男恶，反是生女好[15]。
生女犹得嫁比邻，生男埋没随百草[16]。
君不见，青海头，古来白骨无人收[17]。
新鬼烦冤旧鬼哭，天阴雨湿声啾啾[18]！

【注释】

[1] 杜甫(712—770)：字子美，生于河南巩县，自号少陵野老，唐代诗人。曾任检校工部员外郎，故世称“杜少陵”或“杜工部”。著有诗歌约 1 500 首，收入《杜少陵集》，代表作有《新安吏》《石壕吏》《潼关吏》《新婚别》《无家别》《垂老别》等。杜甫的诗歌忧国忧民，集中反映了唐王朝由盛转衰的一系列重大事件，感情内在深沉，风格沉郁顿挫，被尊为“诗史”。《兵车行》是作者的一首乐府诗。大约作于天宝年代的中后期。

[2] 辚(lín)辚：车轮声。《诗经·秦风·车辚》：“有车辚辚。”萧萧：马嘶叫声。《诗经·小雅·车攻》：“萧萧马鸣。”行(xíng)人：指被征出发的士兵。

[3] 耶：通假字，同“爷”，父亲。走：奔跑。咸阳桥：指西渭桥，也称便桥。汉武帝建元三年(前 138)始建，故址在今陕西咸阳西南，为长安通往西北的必经之路。

[4] 干(gān)云霄：冲犯云霄。干，冲。

[5] 过者：过路的人，这里是杜甫自称。但云：只说。点行(xíng)频：频繁地点名征调壮丁。

[6] 或：不定指代词，有的，有的人。防河：当时常与吐蕃发生战争，曾征召陇右、关中、朔方诸军集结河西一带防御。因其地在长安以北，所以说“北防河”。西营田：古时实行屯田制，军队无战事即种田，有战事即作战。“西营田”也是防备吐蕃的。

[7] 里正：唐制，每百户设一里正，负责管理户口、检查民事、催促赋役等。裹头：男

子成丁,就裹头巾,犹古之加冠。古时以皂罗(黑绸)三尺裹头,曰“头巾”。新兵因为年纪小,所以需要里正给他裹头。

[8] 边庭:边疆。武皇:汉武帝刘彻。唐诗中常有以汉指唐的委婉避讳方式。这里借武皇代指唐玄宗。唐人诗歌中好以“汉”代“唐”,下文“汉家”也是指唐王朝。开边:用武力开拓边疆。

[9] 山东:崤山以东。古代秦居西方,秦地以外,统称“山东”。荆杞(qǐ):荆棘与杞柳,都是野生灌木。

[10] 陇(lǒng)亩:田地。陇,通“垄”,在耕地上培成一行的土埂、田埂,中间种植农作物。无东西:不分东西,意思是行列不整齐。

[11] 况复:更何况。秦兵:指关中一带的士兵。耐苦战:能顽强作战。被驱不异犬与鸡:像鸡狗一样被赶上战场卖命。

[12] 长者:敬称,指杜甫。役夫:行役的人。敢:岂敢,怎么敢。反诘语气,表敢怒而不敢言。

[13] 且如:就如。关西:当时指函谷关以西的地方。这两句说,因对吐蕃的战争还未结束,所以关西的士兵都未能罢遣还家。

[14] 县官:官府。

[15] 恶(è):坏事情。

[16] 比邻:近邻。

[17] 青海头:即青海边。这里是自汉代以来,汉族经常与西北少数民族发生战争的地方。唐初也曾在这一带与突厥、吐蕃发生大规模的战争。

[18] 烦冤:愁烦冤屈。啾啾:象声词,形容凄厉的哭叫声。

【品读】

此诗是讽世伤时之作,也是为历代所推崇的杜诗名篇之一。诗旨在讽刺唐玄宗穷兵黩武给人民带来莫大的灾难,充满非战色彩。

诗的开头七句为第一段,写军人家属送别儿子、丈夫出征的悲惨情景,描绘了一幅震人心弦的送别图。“牵衣顿足拦道哭”,一句之中连续四个动作,又把送行者那种眷恋、悲怆、愤恨、绝望的动作神态,表现得细腻入微。

“道旁”十四句为第二段,通过设问,役人直诉从军后妇女代耕、农村萧条零落的境况。“点行频”的意思是频繁地征兵,是全篇的“诗眼”。它一针见血地点出了造成百姓妻离子散、万民无辜牺牲、全国田亩荒芜的根源。“武皇”,是以汉代唐,把矛头直接指向了最高统治者,表达了诗人怒不可遏的悲愤之情。

“长者”至结尾十四句为第三段,写征夫久不得息,连年征兵,百姓唯恐生男和青海战场尸骨遍野的恶果。末尾的“君不见”几句,表达了对唐王朝穷兵黩武、“开边未已”造成的惨祸的强烈声讨和控诉。

“行”是乐府歌曲的一种体裁。杜甫的《兵车行》没有沿用古题,而是缘事而发,自创新题,反映生活,表达情感。全诗寓情于叙事之中,张翕变化有序,前后呼应,严谨缜密。用字灵活错杂,韵脚平仄互换,声调抑扬顿挫,情意低昂起伏。既井井有条,又曲折多变,可谓“新乐府”诗写作的艺术典范。

闻官军收河南河北

杜 甫

剑外忽传收蓟北[1],初闻涕泪满衣裳。
却看妻子愁何在[2],漫卷诗书喜欲狂[3]。
白日放歌须纵酒[4],青春作伴好还乡[5]。
即从巴峡穿巫峡[6],便下襄阳向洛阳[7]。

【注释】

[1] 剑外：剑门关以南，这里指蜀地。蓟北：泛指唐代幽州、蓟州一带，今河北北部地区，是安史叛军的根据地。

[2] 却看：再看，还看。妻子：妻子和孩子。愁何在：哪还有一点的忧伤？愁已无影无踪。

[3] 漫卷：胡乱地卷起。喜欲狂：高兴得简直要发狂。

[4] 纵酒：开怀痛饮。

[5] 青春：指明丽的春天。作伴：与妻儿一同。

[6] 即：即刻。巴峡：按《太平御览》卷六五引《三巴记》云："阆、白二水合流，自汉中至始宁城下，入武陵，曲折三曲，有如巴字，亦曰巴江，经峻峡中，谓之巴峡。"阆、白二水，即嘉陵江上游，杜诗巴峡，盖指此。巫峡：长江三峡之一，因穿过巫山得名。

[7] 便：就的意思。襄阳：今属湖北。洛阳：今属河南。

【品读】

本诗写于763年，持续七年多的"安史之乱"宣告结束之时。杜甫当时流寓梓州(今四川三台)，过着漂泊的生活。听到这个胜利消息，他的内心无比激动，以饱含激情的笔墨，写下了这首脍炙人口的七律。这首诗除第一句叙事点题外，其余各句，都是抒发忽闻平息叛乱捷报之后，终于可以回到家乡的欣喜若狂的心情。意境俊朗，笔调明快，一气呵成，堪称即兴抒怀诗的典范。

酬乐天扬州初逢席上见赠

刘禹锡[1]

巴山楚水凄凉地，二十三年弃置身[2]。
怀旧空吟闻笛赋，到乡翻似烂柯人[3]。
沉舟侧畔千帆过，病树前头万木春[4]。
今日听君歌一曲，暂凭杯酒长精神[5]。

【注释】

[1] 刘禹锡(772—842)：字梦得，洛阳(今属河南)人，唐代诗人，有"诗豪"之誉。任监察御史期间，曾经参加了王叔文的"永贞革新"，反对宦官专权和藩镇割据。后来永贞革新失败被贬为朗州司马(今湖南常德)。其间，在扬州碰到白居易，白居易写了《醉赠刘二十八使君》相赠，刘禹锡写了此诗作答。

[2] 巴山楚水：古时四川东部属于巴国，湖南北部和湖北等地属于楚国。刘禹锡曾被贬到这些地方做官，所以用“巴山楚水”指诗人被贬到之地。弃置身：指遭受贬谪的诗人自己。弃置，贬低。置，放置。

[3] 闻笛赋：指西晋向秀的《思旧赋》。三国曹魏末年，向秀的朋友嵇康、吕安因不满司马氏篡权而被杀害。后来，向秀经过嵇康、吕安的旧居，听到邻人吹笛，不禁悲从中来，于是作《思旧赋》。翻似：倒好像。翻，副词，反而。烂柯人：指晋人王质。相传晋人王质上山砍柴，看见两个童子下棋，就停下观看。等棋局终了，手中的斧柄(柯)已经朽烂。回到村里，才知道已过了一百年。作者借此故事说明自己被贬离家之久。

[4] 侧畔：旁边。

[5] 长(zhǎng)精神：振奋精神。

【品读】

本诗是作者为酬答白居易赠诗所作，曲折地表达了遭受政敌打击、长期远贬异地的愤慨不平心情。诗人在诗中把自己比作“沉舟”和“病树”，意思是自己虽屡遭贬低，但看到新人辈出，却也觉得欣慰，表现了他豁达的胸襟。“沉舟侧畔千帆过，病树前头万木春”两句，是生动形象、富含理趣的诗歌名句。

剑　客

贾　岛[1]

十年磨一剑，霜刃未曾试[2]。
今日把示君，谁有不平事[3]？

【注释】

[1] 贾岛(779—843)：字浪仙(或阆仙)，幽州范阳(今河北涿州)人。唐代诗人。剑客：行侠仗义的人。

[2] 霜刃：形容剑风寒光闪闪，十分锋利。

[3] 示：给人看。

【品读】

本诗又题为“述剑”。诗人以剑客的口吻，展示了其十年如一日苦练本领欲除不平的毅力和志向，表达了希望有朝一日能发挥才干、兴利除弊的政治抱负。全诗短小精悍，率真健爽，生动形象，思想性与艺术性巧妙融合，毫无雕凿痕迹。问世以来，备受赞赏。

致酒行

李　贺[1]

零落栖迟一杯酒，主人奉觞客长寿[2]。
主父西游困不归，家人折断门前柳[3]。
吾闻马周昔作新丰客，天荒地老无人识[4]。

空将笺上两行书，直犯龙颜请恩泽[5]。
我有迷魂招不得，雄鸡一声天下白[6]。
少年心事当拏云，谁念幽寒坐呜呃[7]。

【注释】

[1] 李贺(790—816)：字长吉，福昌昌谷(今河南洛阳宜阳)人。唐代诗人。家居福昌昌谷，后世因此称他为“李昌谷”。致酒：劝酒。行：乐府诗的一种体裁。

[2] 零落栖迟：言自己潦倒闲居，漂泊落魄，寄人篱下。栖迟，游息，安息。奉觞：举杯敬酒。开头两句意谓在飘零落拓的客游之中，大家聚会宴饮，相互致意。以下六句，都是主人对诗人的祝勉之词。

[3] “主父西游”二句：指汉代主父偃西游不归，家人攀着门前的柳树望他，以致柳树都攀断了。主父偃，西汉人，西游长安求官，初无门，后上书汉武帝被采纳，在朝廷官任郎中(皇帝的侍从官)。

[4] 马周：唐太宗时人，家贫好学，初游长安时，曾在新丰(在今陕西临潼)的一家旅店投宿，店主对他很冷淡。后来马周得到唐太宗赏识，被授为监察御史，因为寄宿新丰这件事而被人称作“新丰客”。

[5] 龙颜：原指额头隆起似龙的长相。后世以喻皇帝的容貌，也用以指皇帝。

[6] 迷魂：魂魄像迷失在外一般，意思是暂时的穷困潦倒。

[7] 拏(ná)云：高举入云，此句是说少年人应有凌云壮志。拏，持拿，执取，后作“拿”。幽寒：阴暗凄凉，指政治上的事宜。呜呃：悲叹声。

【品读】

本诗写饮酒时的牢骚感慨，是作者客居长安求官不得之后，对困难处境和潦倒感伤心情的描写。通过几个历史人物穷通变化的事例，说明人生遭遇的无常。收尾四句，豪健警拔，表达了内心怀才不遇的苦闷和对为世所用、一展抱负的渴望。

凉州词

王　翰[1]

葡萄美酒夜光杯[2]，欲饮琵琶马上催[3]。
醉卧沙场君莫笑[4]，古来征战几人回？

【注释】

[1] 王翰(约687—726)：字子羽，并州晋阳(今山西太原)人。唐代诗人。凉州词：乐府曲名，一作《凉州曲》。凉州，今甘肃武威。

[2] 夜光杯：玉制的酒杯。这里指精美的酒杯。

[3] 欲饮琵琶马上催：正想饮酒的时候传来从马上弹奏出来的琵琶声，催我出发。“琵琶马上”即“马上琵琶”的倒装。

[4] 沙场：战场。

【品读】

本诗以饱蘸激情的笔触、豪放的笔调写出了出战之前设酒宴饮的情景，以反衬的手法表现出征战沙场前痛饮道别,决心为国效命,置生死于度外的豪爽气概。

从 军 行

王昌龄[1]

大漠风尘日色昏,红旗半卷出辕门[2]。
前军夜战洮河北,已报生擒吐谷浑[3]。

【注释】

[1] 王昌龄(? —约756):字少伯,京兆长安(今陕西西安)人。唐代边塞诗人。有“七绝圣手”之誉。《从军行》共七首,这里选的是第五首。从军行:乐府旧题,属《相和歌辞·平调曲》,多反映军旅的艰苦生活。

[2] 辕门:指军营的大门。

[3] 吐谷浑:中国古代少数民族名称,晋时鲜卑慕容氏的后裔。

【品读】

这是作者采用乐府旧题写的一首边塞诗。作者描写了奔赴前线的戍边将士听到前方部队传来捷报时的欣喜心情,反映了唐军的强大战斗力和将士为国戍边的英雄气概。

封 丘 作

高 适[1]

我本渔樵孟诸野,一生自是悠悠者[2]。
乍可狂歌草泽中,宁堪作吏风尘下[3]?
只言小邑无所为,公门百事皆有期[4]。
拜迎长官心欲碎,鞭挞黎庶令人悲[5]。
归来向家问妻子,举家尽笑今如此[6]。
生事应须南亩田,世情尽付东流水[7]。
梦想旧山安在哉,为衔君命且迟回[8]。
乃知梅福徒为尔,转忆陶潜归去来[9]。

【注释】

[1] 高适(704—765):沧州渤海(今河北景县)人。唐代诗人。出生穷困,曾沦为乞丐。其诗作多写自身遭遇,边塞诗以七言见长,风骨激昂雄健,备受世人赞赏。因官至左散骑常侍,世称“高常侍”。作品收录于《高常侍集》。《封丘作》一诗是其任封丘县尉时所作。天宝八载(749),高适经张九皋推荐,应举中第,授封丘尉。十一载,因不忍“鞭挞黎庶”和不甘“拜迎官长”而辞官。

[2] 孟诸:古泽薮名,故址在今河南商丘东北,这里泛指梁宋一带。悠悠者:混迹渔樵、自由自在的生活。

［3］乍可：只可。宁堪：哪堪。这两句，表现了醒悟追悔和愤激不平的心情。

［4］皆有期：都有期限。

［5］心欲碎：难以忍受，心力交瘁。

［6］举家尽笑今如此：全家都苦笑着说，现在的官场都是这样。

［7］“生事应须”两句：生计还是该以耕田为主，以上的遗憾都交付给东流之水吧。

［8］旧山：指故乡。为衔君命且迟回：言身奉君命，欲去却未去。衔，接受。

［9］梅福：汉代人，做南昌尉时，竭诚效忠，屡次上书议政，终究徒劳。陶潜：晋代诗人陶渊明。曾任彭泽令，因不满官场腐败而辞职，作《归去来兮辞》言志。

【品读】

此诗运用质朴自然的语言，扣紧出仕后理想与现实的矛盾，直抒胸臆，写出了诗人在任封丘县尉期间履行“拜迎官长”“鞭挞黎庶”等“公务”时的内心痛苦与矛盾，从一个侧面反映了安史之乱前夕唐朝官场的腐败状况。

诗的主题是“不堪作吏”。首段四句，自叙生平，说明不堪作吏的缘由，愤慨之情溢于言表。第二段从客观现实申述不堪作吏的实情，与第一段形成强烈的对照，感情转为沉痛压抑。第三段表明摆脱这种不堪的愿望，提出弃官归隐。第四段抒写因一时不能摆脱作吏的客观碍难，也就更加向往归隐的心情。全诗结构严整，波澜起伏，感情奔泻，气骨明朗，堪称高适诗歌的代表作。

劝　学

颜真卿[1]

三更灯火五更鸡[2]，正是男儿读书时。
黑发不知勤学早，白首方悔读书迟。

【注释】

［1］颜真卿(709—784)：京兆万年(今陕西西安)人，中唐名臣、书法家。他创立“颜体”楷书，与欧阳询、柳公权、赵孟頫并称“楷书四大家”。

［2］三更灯火：比喻晚睡。五更鸡：比喻早起。更(gēng)，量词。旧时夜间计时单位，一夜分为五更，每更约两小时。三更约在半夜十二时左右。

【品读】

本诗为七言绝句。“黑发不知勤学早，白首方悔读书迟”与汉乐府《长歌行》中“少壮不努力，老大徒伤悲”有异曲同工之妙，旨在强调青少年时期正是勤学用功的最佳时期，决定着前途，影响到命运，切不可任性贪玩，虚度光阴。

逢入京使

岑　参[1]

故园东望路漫漫[2]，双袖龙钟泪不干[3]。

马上相逢无纸笔,凭君传语报平安[4]。

【注释】

[1] 岑参(约715—770):南阳(今属河南新野)人,一谓江陵(今属湖北)人。唐代诗人。因曾任嘉州刺史(今四川乐山),世称“岑嘉州”。岑参诗歌的题材广泛,以“雄奇瑰丽”的边塞诗影响最大。有《岑嘉州诗集》等存世。

[2] 漫漫:形容路途十分遥远。

[3] 龙钟:涕泪淋漓的样子,这里是沾湿的意思。

[4] 凭:托,烦,请。传语:捎口信。

【品读】

这是一首边塞诗,描述了作者远涉边塞、路逢回京使者、托他带回平安口信以安慰悬望家人的典型场面,表达了深深的思乡之情。全诗语言自然质朴,清新隽永,耐人寻味。

塞上曲一首

戴叔伦[1]

汉家旌帜满阴山,不遣胡儿匹马还。
愿得此身长报国,何须生入玉门关[2]。

【注释】

[1] 戴叔伦(732—789):润州金坛(今江苏金坛)人,唐代诗人。官至容管经略使,其诗体裁多样、题材丰富,佳作颇多。

[2] 生入玉门关:出自《后汉书·班超传》,“臣不敢望到酒泉郡,但愿生入玉门关”。意为班超出使西域有30余年之久,到年老时因思念故土而上书皇帝请求归来,希望自己能够活着回到家乡。此处借班超思家之忧的典故,表达戍边将士守护国土的决心。

【品读】

本诗借战争场景的描绘,表达了戍边报国、义无反顾的壮志豪情。全诗意境开阔,用典精当,语句明快,情调豪迈,堪称边塞诗精品。

求　友

孟　郊[1]

北风临大海[2],坚冰临河面。
下有大波澜,对之无由见。
求友须在良,得良终相善[3]。
求友若非良,非良中道变[4]。
欲知求友心,先把黄金炼。

【注释】

[1] 孟郊(751—814)：湖州武康(今浙江德清)人，46 岁方中进士，清寒终身。唐代诗人。其诗以五言古诗居多，有“诗囚”之称。

[2] 北风：北方吹来的风，也指寒冷的风。

[3] 相善：彼此交好。

[4] 中道：半途，中途。

【品读】

全诗字句浅白但意义深刻，以坚冰之下的水波比喻人心的艰深叵测，劝人识友务深，择友求良，并付诸时间考验。

赠　　内

白居易[1]

生为同室亲，死为同穴尘。
他人尚相勉，而况我与君。
黔娄固穷士，妻贤忘其贫[2]。
冀缺一农夫，妻敬俨如宾[3]。
陶潜不营生，翟氏自爨薪[4]。
梁鸿不肯仕，孟光甘布裙[5]。
君虽不读书，此事耳亦闻。
至此千载后，传是何如人？
人生未死间，不能忘其身。
所须者衣食，不过饱与温。
蔬食足充饥，何必膏粱珍。
缯絮足御寒，何必锦绣文[6]。
君家有贻训，清白遗子孙[7]。
我亦贞苦士，与君新结婚。
庶保贫与素，偕老同欣欣。

【注释】

[1] 白居易(772—846)：字乐天，晚年又号称香山居士，河南郑州新郑人。唐代诗人，有《白氏长庆集》传世。代表诗作有《长恨歌》《卖炭翁》《琵琶行》等。

[2] 黔娄：春秋时齐国的贤士，齐、鲁国君都请他做官，他坚持不就。齐威王曾亲临其居住的窑洞请教，为了表示尊重，远远就下马脱靴，徒步进洞。黔娄死后，因家贫如洗，被子太短，有人建议其妻将被子斜盖以盖住全身，她说：“斜之有余，不如正之不足，先生生前不斜，死后斜者，不是先生之意。”

[3] 冀(jì)缺：即郤(xì)缺，郤成子，春秋时期晋国上卿。因其食邑在冀(今山西河津东北)，又称“冀缺”。因其父辅助过晋惠公而被归国的晋文公处死，受此牵连而罢官，躬耕于冀野。其妻贤惠，不离不弃，夫妻相敬如宾。俨：表示比喻，意近“仿佛”。

[4] 陶潜：陶渊明。爨(cuàn)薪：烧火煮饭，泛指料理家务。

[5] 梁鸿：字伯鸾，扶风平陵(今陕西咸阳)人，生卒年不详，约汉光武建武初年，至和帝永元末年间在世。少孤，家贫而重节操。娶同县孟女光，孟光貌丑而贤，二人共入霸陵山中，荆钗布裙，以耕织为业，咏诗书弹琴以自娱。章帝求之出仕不得。孟光：梁鸿之妻。成语"举案齐眉"就源自梁鸿和孟光的故事。

[6] 缯絮(zēng xù)：缯帛丝绵，亦指缯帛丝绵所制衣服。

[7] 贻(yí)：遗留，留下。

【品读】

这是元和三年(808)诗人37岁时，为祭奠去世的夫人杨氏而作的一首悼亡诗。全诗感情真挚，用典丰富，叙议融合，言辞恳切，表达了作者对夫人贤惠勤勉的由衷敬意和深切的思念。

新制绫袄成感而有咏

白居易

水波文袄造新成[1]，绫软绵匀温复轻。
晨兴好拥向阳坐，晚出宜披踏雪行。
鹤氅毳疏无实事[2]，木棉花冷得虚名。
宴安往往叹侵夜，卧稳昏昏睡到明。
百姓多寒无可救，一身独暖亦何情！
心中为念农桑苦[3]，耳里如闻饥冻声。
争得大裘长万丈[4]，与君都盖洛阳城！

【注释】

[1] 水波文：水波纹。

[2] 鹤氅(chǎng)：一种以鸟毛为原料的毛织物，大概样子像道袍，不缝袖，所以披在身上像一只鹤。毳(cuì)疏：鸟兽的细毛。

[3] 农桑：农业，农事。

[4] 争：怎么，如何(多见于诗、词、曲)。裘(qiú)：皮衣。

【品读】

本诗是作者任河南尹时所作。当时已是六十岁的老人。由于仕途上的多次挫折，诗人青壮年时的锐气逐渐消失，但他关心百姓疾苦的人道主义思想始终未变，这首诗就有所体现。

寒山诗一首

释寒山[1]

国以人为本，犹如树因地。

地厚树扶疏，地薄树憔悴[2]。
不得露其根，枝枯子先坠。
决陂以取鱼，是取一期利[3]。

【注释】

[1] 释寒山：生卒年不详，号寒山子，唐代诗僧。“寒山诗”是释寒山所作的诗，均为五言八句，因其文字浅显易懂、不求格律而被称为“通俗诗”“白话诗”，又因其说禅悟、叹无常、悯世情的特殊体裁而称“寒山体”。寒山诗长期流传于禅宗丛林，宋朝以后受到诗人文士的喜爱和模仿，近代以来还一度风靡日本和欧美。释，中国佛教用作释迦牟尼的简称，是佛陀的姓氏。自东晋以后，佛教出家人自称“释子”，对外人而言称“释氏”。

[2] 扶疏：树叶茂盛的样子。憔悴：草木凋零、枯萎。

[3] 决陂：决开池塘堤坝。陂(bēi)：池塘。一期利：一时之利。

【品读】

本诗将国与民的关系比喻为树与地的关系，旨在规劝当政者以民为本，体恤民情，切勿横征暴敛，侵扰民生。

题乌江亭

杜　牧[1]

胜败兵家事不期[2]，包羞忍耻是男儿[3]。
江东子弟多才俊[4]，卷土重来未可知。

【注释】

[1] 杜牧(803—853)：字牧之，号樊川居士，京兆万年(今陕西西安)人，唐代诗人。乌江亭：在今安徽和县东北的乌江浦。《史记·项羽本纪》载，项羽兵败，乌江亭长备好船劝他渡江回江东再图发展，他觉得无颜见江东父老，乃自刎于江边。

[2] 不期：难以预料。

[3] 包羞忍耻：意谓大丈夫能屈能伸，应有忍受屈耻的胸襟气度。

[4] 江东：指江南苏州一带，是项羽起兵的地方。

【品读】

这是杜牧于会昌元年(841)赴任池州刺史，路过乌江亭时写下的一首咏史诗。本诗借用“西楚霸王”项羽兵败后自刎乌江边的典故，阐释了面对失败男儿应该有能屈能伸的胸襟和气魄的道理。虽是咏史，却是励志之诗。

无　题

李商隐[1]

相见时难别亦难，东风无力百花残。
春蚕到死丝方尽[2]，蜡炬成灰泪始干[3]。

晓镜但愁云鬓改[4],夜吟应觉月光寒。
蓬山此去无多路[5],青鸟殷勤为探看[6]。

【注释】

[1] 李商隐(约 813—约 858):字义山,怀州河内(今河南沁阳)人,仕途坎坷,文学上诗文俱佳,与晚唐另一位著名诗人杜牧并称“小李杜”;又因其诗与温庭筠的诗一样色彩艳丽、笔调柔婉,两人合称“温李”。

[2] 丝:谐音“思”,表示思念的意思。

[3] 蜡炬:蜡烛,常用以象征别恨。

[4] 晓镜:清晨照镜。云鬓改:指头发由黑变白。

[5] 蓬山:蓬莱山,传说中的海上仙山,这里暗指恋人的居所。

[6] 青鸟:传说中西王母的神鸟,后人常以青鸟为信使。

【品读】

这是一首描写失恋悲哀的七言律诗,因不便写明而以“无题”为名。本诗最难得的是把“情”的“相思之苦”变成“诗”的“相思之美”。首句“相见时难别亦难,东风无力百花残”和次句“春蚕到死丝方尽,蜡炬成灰泪始干”因之成为流传千古的名句。

己亥岁一首

曹　松[1]

泽国江山入战图[2],生民何记乐樵苏[3]。
凭君莫话封侯事[4],一将功成万骨枯。

【注释】

[1] 曹松(828—903):舒州(今安徽潜山)人,唐代诗人。他一生飘零,生活在社会底层,71 岁方中进士,特授校书郎,不久谢世。己亥:唐僖宗乾符六年(879)。

[2] 泽国:泛指湖泽星罗棋布的江南各地。

[3] 生民:人民。樵苏:打柴割草。

[4] 凭君:请君。

【品读】

本诗表达了对当时无休止征战的控诉。“凭君莫话封侯事,一将功成万骨枯”点出主旨并成为千古流传的名句。意在说明:不要轻言打仗,打仗只能让极少数人封侯拜将,却会牺牲无数的战士,伤害所有的百姓。

焚书坑

章　碣[1]

竹帛烟销帝业虚[2],关河空锁祖龙居[3]。
坑灰未冷山东乱[4],刘项原来不读书[5]。

【注释】

[1] 章碣(836—905)：字丽山，唐乾符三年(876)进士。唐代诗人。

[2] 竹帛(bó)：指被焚烧的书籍。在造纸术发明之前，文字是写在竹简或布帛上的，故用“竹帛”指代书籍。销：同“消”，意为消失。

[3] 关河：指函谷关和黄河。祖龙：指秦始皇。

[4] 山东：崤山以东，亦指战国时秦以外的六国。

[5] 刘项：刘邦和项羽，他们分别作为两支兴师伐秦队伍的首领，灭掉了秦朝。

【品读】

这是一首讽喻诗，借讽咏秦始皇焚书坑儒却在数年后历二世而亡的历史故事，表达了作者“行暴政必速亡”的观点。“刘项原来不读书”一句是本诗的亮点：它直白地指出，用控制思想的方法来统治人民不可行，灭了秦朝的刘邦和项羽，恰恰就不是秦始皇千方百计想灭掉的读书人。

第五章　宋元诗歌

古　意

梅尧臣[1]

月缺不改光，剑折不改钢。
月缺魄易满，剑折铸复良[2]。
势利压山岳，难屈志士肠[3]。
男儿自有守，可杀不可苟[4]。

【注释】

[1] 梅尧臣(1002—1060)：字圣俞，安徽宣城人，官至尚书屯田都官员外郎，北宋初期诗人。其诗去浮靡之习，存古淡之风，反映现实，针砭时弊，颇具思想性。

[2] 魄：这里指月圆的白光。

[3] 肠：内心，情怀，志向。

[4] 守：节操，操守。

【品读】

本诗通过对“月缺不改光，剑折不改钢”的描写，抒发了诗人面对宋初浮靡奢华的世风，始终坚持志向抱负和人格操守的磊落情怀。全诗气势豪放，音韵铿锵，特别是后面四句，申理明志，掷地有声，为人所称颂。

秋日偶成

程　颢[1]

闲来无事不从容，睡觉东窗日已红[2]。
万物静观皆自得，四时佳兴与人同[3]。
道通天地有形外，思入风云变态中[4]。
富贵不淫贫贱乐，男儿到此是豪雄。

【注释】

[1] 程颢(hào，1032—1085)：字伯淳，洛阳(今属河南)人。神宗朝任太子中允监察御史里行。北宋哲学家、教育家、北宋理学的奠基者。程颢认为“仁者浑然与物同体，义礼知信皆仁也”。程颢的学说在理学发展史上占有重要地位，后来为朱熹所继承和发展，世称“程朱学派”。

［2］从容：不慌不忙，人不要太浮躁。觉：醒。

［3］“万物”两句：人与自然的和谐相处，人际关系亦和谐；我看天地万物各得其所，我自己也自得其乐；一年四季的景象变换，我有好的心情你也有好的心情，这就是人的精神的和谐。

［4］“道通”两句：读书人、为官者，要有思想，有担当，不能饱食终日无所用心。变态，指的是变幻。

【品读】

本诗表现了主体意识进入宇宙万物中达到的“物我一体”的精神境界，反映了北宋理学家开朗明快的心理氛围和浪漫情调。诗歌中情感体验的最高境界是生命体验，而理学家的生命体验包含着对心性本体的内在观照。在观照“生生之仁”的同时，从自家心性里体会出自得之乐，这是理学生趣盎然的诗意所在。

绝句·书当快意读易尽

陈师道[1]

书当快意读易尽，客有可人期不来[2]。
世事相违每如此，好怀百岁几回开。

【注释】

［1］陈师道(1053—1102)：字履常，号后山居士，彭城(今江苏徐州)人，官至秘书省正字。北宋诗人。有《后人先生集》《后山词》等。其《绝句》共四首，这里选第四首。

［2］可人：知心朋友，品行可取的人。期：等待。

【品读】

这首诗讲的是这样一种生活感受：合口味的好书，读起来饶有兴味、颇感惬意，但往往很快就读完了，掩卷之际，令人怅然。对脾气的朋友，谈起话来很投机，非常盼望这样的知心朋友多多前来，但偏偏不见踪影，久盼之后，尤感失望。人世间，希望和现实总是发生矛盾，不如意的事情太多，赏心开怀的时候太少，所以，对读好书和与好朋友相处的时光要倍加珍惜。

宋代文人多以冷静的态度来体察客观事物，善于把带哲理性的认识融入文学作品的字里行间，显得思想深刻和富有理趣，旨在宣扬一种正面、积极、理性的人生观。

病起书怀

陆　游[1]

病骨支离纱帽宽[2]，孤臣万里客江干[3]。
位卑未敢忘忧国[4]，事定犹须待阖棺[5]。
天地神灵扶庙社[6]，京华父老望和銮[7]。
出师一表通今古[8]，夜半挑灯更细看。

【注释】

[1] 陆游(1125—1210):字务观,号放翁,越州山阴(今浙江绍兴)人,官至宝章阁待制。南宋爱国诗人。陆游留下诗词九千多首,与王安石、苏轼、黄庭坚并称“宋代四大诗人”。

[2] 病骨支离:指陆游大病一月之后憔悴瘦弱的样子。

[3] 江干:江岸,此处指濯(zhuó)锦江边。

[4] 位卑:地位低下。陆游在这一年被免去官职,在家赋闲。

[5] 阖(hé)棺:盖棺。

[6] 庙社:宗庙和社稷,代指国家。

[7] 京华:指当时被金国占领的北宋京都汴京(今河南开封)。和銮(luán):皇帝的车驾。

[8] 通今古:此处指《出师表》也可古作今用,借之伐金。

【品读】

本诗以病中感怀引出对当时南宋偏安一隅、不思北伐的忧虑。“位卑未敢忘忧国,事定犹须待阖棺”与陆游的另一首诗《示儿》中的“王师北定中原日,家祭无忘告乃翁”一样,抒发的都是炽热的忧国忧民感情。

金错刀行

陆　游

黄金错刀白玉装,夜穿窗扉出光芒。
丈夫五十功未立,提刀独立顾八荒[1]。
京华结交尽奇士,意气相期共生死[2]。
千年史册耻无名,一片丹心报天子[3]。
尔来从军天汉滨,南山晓雪玉嶙峋[4]。
呜呼!楚虽三户能亡秦,岂有堂堂中国空无人[5]!

【注释】

[1] 丈夫:有志气的男子,此处为作者自称。八荒:四面八方边远的地方。

[2] 相期:互相勉励。

[3] 丹心:忠心。天子:皇帝,这里指国家。

[4] 天汉滨:汉水边,汉水为长江最大的支流,流经今陕西、湖北两地。南山:终南山。嶙峋:诗里是形容山势峻峭、重叠、突兀。

[5] 楚虽三户能亡秦:化用秦灭楚后所流传的复仇民谚“楚虽三户,亡秦必楚”。

【品读】

本诗作于陆游在南郑(今陕西汉中)担任宣抚使司干办公事兼检法官时期。当时宋、金争战,南郑位于前线,陆游的身份又是前敌指挥部中的负责人员,他到任后,曾多次奔走于前线视察军情,投身于收复失地的准备工作。这段从军生活,给陆游以深刻难忘的印象,他对满目疮痍的中国伤心欲绝,提笔写下了这首《金错刀行》,表达了北伐必胜的豪情壮志。本诗托物寄兴,在结构上具有由物及人、层层拓展的特点。

观书有感

朱　熹[1]

半亩方塘一鉴开，天光云影共徘徊[2]。
问渠哪得清如许，为有源头活水来[3]。

【注释】

[1] 朱熹(1130—1200)：字元晦，一字仲晦，号晦庵，晚称晦翁，谥“文”，南宋理学家、思想家、哲学家、教育家、诗人，儒学集大成者，被后世尊称为“朱子”。

[2] 方塘：又称半亩塘，在福建尤溪城南郑义斋馆舍(后为南溪书院)内。朱熹父亲与郑氏交好，故尝有《蝶恋花·醉宿郑氏别墅》词云：“清晓方塘开一境。落絮如飞，肯向春风定。”鉴：镜，古人以铜为镜。

[3] 源头活水：比喻知识是不断更新和发展的，要不断积累。只有在生活中不断学习运用探索，才能使自己永葆先进和活力，就像水有喷涌的源头一样。

【品读】

全诗以方塘作比喻，形象地表达了一种愉悦微妙的读书感受。池塘常有活水注入，因此像明镜一样清澈见底，映照着天光云影。这种情景，同一个人在读书中明晰问题、获得新知时的情形颇为相似。“问渠哪得清如许，为有源头活水来”两句为千古名句。其借水之清澈的原因是因为有源头活水不断注入，暗喻人要心灵澄明，就得认真读书，时时补充新知识的说理技巧，成为宋代诗歌中的典型。

读　书

陆九渊[1]

读书切戒在慌忙，涵泳工夫兴味长[2]。
未晓不妨权放过，切身须要急思量[3]。

【注释】

[1] 陆九渊(1139—1193)：字子静，号象山，金溪县人。书斋名“存”，世称“存斋先生”。南宋理学家、教育家，与朱熹齐名，史称“朱陆”。

[2] 涵泳：在水中潜行，沉浸，熏陶。引申为仔细读书、深入领会。兴味：兴趣，意味。

[3] 权：姑且，暂且。切身：切于身心，联系自身实际。切，靠近，贴近。

【品读】

本诗是一篇读书心得，诗人所提倡的“涵泳”的读书态度和“切身”的学习方法，很有见地，值得借鉴：虑人涵泳——要从作者的初衷去理解；切己省察——要用自身的感受来体会。

过 苕 溪

释文珦[1]

苕溪发源自天目，一磎东之漾寒渌[2]。
岸山续续相照映，原田每每资渗漉[3]。
只看后浪催前浪，当悟新人换旧人。
来往舟航谩如识，到头若个曾知津[4]。

【注释】

[1] 文珦：生卒年不详，字叔向，自号潜山老叟，于潜(今浙江临安西南)人，早岁出家，南宋诗僧。

[2] 苕溪：水名，发源于浙江天目山，注入太湖。天目：天目山，地处浙皖两省交界处。磎(xī)：同"溪"。渌(lù)：指清澈的水。

[3] 渗漉(shèn lù)：水透漏下滴。

[4] 谩(màn)：同"漫"，随意。识：佛教用语，指思维、认识、判断等精神活动的主体。若个：哪个。津：水。《水津注·河水》注："泛舟而渡者，皆为津也。"此句的大意为，随便问问来来往往航行溪上的人们，到头来有哪个真的懂得这流水的道理呢？

【品读】

本诗借景说理，构思精巧，用语生动，富含情趣。"只看后浪催前浪，当悟新人换旧人"是脍炙人口的名句，与朱熹的"源头活水"有异曲同工之妙。

正 气 歌

文天祥[1]

天地有正气，杂然赋流形[2]。
下则为河岳，上则为日星[3]。
于人曰浩然，沛乎塞苍冥[4]。
皇路当清夷，含和吐明庭[5]。
时穷节乃见，一一垂丹青[6]。
在齐太史简，在晋董狐笔[7]。
在秦张良椎，在汉苏武节[8]。
为严将军头，为嵇侍中血[9]。
为张睢阳齿，为颜常山舌[10]。
或为辽东帽，清操厉冰雪[11]。
或为出师表，鬼神泣壮烈[12]。
或为渡江楫，慷慨吞胡羯[13]。
或为击贼笏，逆竖头破裂[14]。

是气所磅礴，凛烈万古存[15]。
当其贯日月，生死安足论[16]。
地维赖以立，天柱赖以尊[17]。
三纲实系命，道义为之根[18]。
嗟予遘阳九，隶也实不力[19]。
楚囚缨其冠，传车送穷北[20]。
鼎镬甘如饴，求之不可得[21]。
阴房阒鬼火，春院閟天黑[22]。
牛骥同一皁，鸡栖凤凰食[23]。
一朝蒙雾露，分作沟中瘠[24]。
如此再寒暑，百疠自辟易[25]。
嗟哉沮洳场，为我安乐国[26]。
岂有他缪巧，阴阳不能贼[27]。
顾此耿耿在，仰视浮云白[28]。
悠悠我心悲，苍天曷有极[29]。
哲人日已远，典刑在夙昔[30]。
风檐展书读，古道照颜色[31]。

【注释】

[1] 文天祥(1236—1283)：初名云孙，字宋瑞，一字履善。自号文山、浮休道人。江西吉州庐陵(今属江西吉安)人，南宋末军事家、爱国诗人，与陆秀夫、张世杰并称为“宋末三杰”。

[2] 正气：正直的精神。流形：各种不同的形体。

[3] 河岳：河流和山岭。

[4] 浩然：浩然之气，正大刚毅的意志。典出《孟子·公孙丑上》：“我善养吾浩然之气。”苍冥：天空，这里指宇宙。

[5] 皇路：政治局面。明庭：好朝廷，全句有“在朝廷里不卑不亢地发挥才能”的意思。

[6] 时穷：国家形势艰难。一一：一个个。垂丹青：名垂青史。丹青，史籍。

[7] 太史简：《左传·襄公二十五年》载，齐大夫崔杼杀齐庄公后，太史因书“崔杼弑(shì)其君”，被崔杼杀了。太史的两个弟弟坚持写“崔杼弑君”，又相继被杀；另一个弟弟还是这样写，崔杼无法可想，只得不管了。太史，古代的史官。简，史册。董狐笔：《左传·宣公二年》载，晋灵公作恶，赵盾进谏，灵公欲杀赵盾，赵盾族人赵穿杀晋灵公，时赵盾逃亡在外，未出国境，闻讯而返。太史董狐记录说：“赵盾弑其君。”以示于朝。赵盾说不符实际。董狐回答说：“你是正卿，逃亡还未出国境，回来还不声讨赵穿，‘弑君’罪名不是你承担，难道该别人承担？”孔子评论此事说：“董狐，古之良史也，书法不隐。”这里用董狐事歌颂史官不隐过的笔法。

[8] 张良椎(zhuī)：《史记·留侯世家》载，秦灭韩后，张良变卖家产图为韩报仇，得力士，为铁椎重一百二十斤，狙击秦始皇于博浪沙(在今河南阳武东南)道中，仅误中副车。秦始皇大怒，下令在全国搜索，但终未捉到张良。这里借张良事歌颂见义勇为的行动。

椎,捶击的工具,后亦为兵器。苏武节:《汉书·苏武传》载,汉武帝天汉元年(前100),苏武以中郎将使持节出使匈奴,匈奴借故将苏武扣留,软硬兼施劝降,不从,自杀未遂,乃被押往北海(今俄罗斯西伯利亚南部贝加尔湖)荒野牧羊。其间,苏武始终保持气节尊严,牧羊也手持汉使符节。直到汉昭帝始元六年(前81),才被释放返国。节,符节,古代使者所持以作凭证。这里举苏武事例赞扬民族气节。

[9] 严将军:指严颜。《三国志·蜀书·张飞传》载,刘备进军西川时,严颜在巴郡(今重庆地区)抵御张飞的进攻,后被张飞生擒。张飞大声呵斥严颜为何不降,严颜厉声拒绝,并称"我州但有断头将军,无有降将军也!"这里举严颜事称颂威武不屈、大义凛然的气节。嵇(jī)侍中:指嵇绍。《晋书·忠义传·嵇绍》载,晋惠帝永兴元年(304),侍中嵇绍在讨伐成都王司马颖时,军败,百官及侍卫皆溃散,飞箭雨集,嵇绍以身体遮蔽惠帝,血溅惠帝衣袍。事后有人要把血衣洗净。惠帝说:"此嵇侍中血,勿去。"这里举嵇绍事赞扬以身殉职、忠贞不屈的精神。

[10] 张睢(suī)阳:指张巡。《旧唐书·张巡传》载,唐代安禄山反,睢阳守张巡誓死守城,每战大呼,"眼角破裂,嚼齿粉碎";被俘后,敌人撬开他的嘴,口中只剩下三四颗牙齿。这里举张巡事歌颂坚持抗敌、誓死不屈的精神。颜常山:指颜杲(gǎo)卿。《新唐书·颜杲卿传》载,唐代安禄山叛乱,常山太守颜杲卿因城陷被俘,骂不绝口,安禄山割其舌,颜杲卿乃不屈而死。这里引颜杲卿事赞扬宁死不屈的骨气。

[11] 辽东帽:三国时魏的高士管宁,在汉末黄巾起义时期避居辽东,平常喜欢戴一顶黑帽子。"辽东帽"本此。

[12] 出师表:指蜀汉丞相诸葛亮上表后主出兵讨伐曹魏事。这两句与前两句联系起来,意谓或隐或仕,都坚持正气。隐则高尚其志,仕则鞠躬尽瘁。

[13] 渡江楫:《晋书·祖逖传》载,东晋元帝时祖逖力主北伐,恢复国土,被元帝用为奋威将军、豫州刺史。他率军渡江,至江心,击楫发誓说:"祖逖不能清中原而复济者,有如大江!"慷慨激昂,全军为之感动。渡江之后,征讨石勒,收复了黄河以南的土地。这里引祖逖事称颂誓死收复国土的爱国主义精神。胡羯(jié):羯是匈奴的一个种族,五胡之一,这里指当年石勒等异族侵略者。

[14] 击贼笏(hù):《旧唐书·段秀实传》载,唐德宗时,朱泚(cǐ)谋反,欲借重段秀实威望,引为同伙,乃招与议事。谈论中段秀实勃然怒起,以象笏击泚,为朱泚的党徒所害。这里举段秀实事宣扬忠贞不贰的思想。笏,古代大臣上朝拿着的手板,用玉、象牙或竹片制成,可以在笏上记事以备忘。逆竖:骂人愚弱无能称为竖子,逆竖有叛逆、反贼的意思。

[15] 磅礴:形容气势盛大,广大无边。

[16] 安:表示疑问,相当于"岂""怎么"。

[17] 地维:维系地的大绳。天柱:支撑天的立柱。《淮南子·天文训》中有"天柱折,地维绝"的说法。

[18] 三纲:中国古代的封建道德有"三纲五常"。"三纲"指君为臣纲,父为子纲,夫为妻纲。"五常"指仁、义、礼、智、信。

[19] 遘(gòu)阳九:遘,遭遇。阳九,即百六阳九,指不吉利的日子。古时候有所谓"九厄"的说法,都是不祥的日子。隶(lì):部下。

[20] 楚囚:本指春秋时被俘到晋国的楚国人钟仪,后用来借指被囚禁的人,也比喻

处境窘迫、无计可施的人。缨其冠：钟仪被俘后仍然把自己戴的楚人的帽子紧紧系在头上。这里以楚囚自喻兵败被俘。缨，系在脖子上的帽带。传(chuán)车：驿站的车辆。穷北：边远的北方。

[21] 鼎镬(huò)：古代的一种酷刑，用鼎镬烹人。镬指大锅。饴：用麦芽制成的糖浆。

[22] 阴房：暗房，指牢狱。阒(tián)：充满。閟(bì)：古同"闭"，掩蔽，遮盖。

[23] 骥：好马，良马。皁(zào)：同"皂"，马槽。栖：鸟禽歇息。

[24] 瘠(jí)：肉腐掉了只剩骨头，暗指瘦弱。

[25] 疠(lì)：致病邪气，这里指病。辟易：退避，惊避。

[26] 沮(jù)洳(rù)场：卑湿之地。

[27] 缪(miù)巧：智谋，机巧，诀窍。

[28] 耿耿：明净的光，这里指心地光明。浮云：《论语·述而》云，"不义而富贵，于我如浮云"。这里暗用其义表达心志。

[29] 苍天曷(hé)有极：《诗经·唐风·鸨羽》云，"悠悠苍天，曷其有极！"这里表示有无限的悲哀。曷，何。

[30] 哲人：圣人，贤人。典刑：受死刑。夙昔：早晚。夙，早晨。昔，通"夕"，夜晚。

[31] 古道照颜色：古人的道德范例，在前面照耀。

【品读】

宋末，帝赵昺(bǐng)祥兴元年(1278)，文天祥在广东海丰兵败被俘。次年被押解至元大都(今北京)。在狱中三年，受尽各种威逼利诱，始终坚贞不屈。至元十九年十二月初九(公元 1283 年 1 月 9 日)，在拒绝了元世祖忽必烈最后一次劝降和利诱之后，文天祥在刑场向南拜祭，从容就义。本诗是他死前一年所作。诗中热情歌颂了为正义而斗争的古代英烈，揭示出传统的民族气节，表现了在任何情况下都经得起考验的浩然正气和顽强意志。

墨梅图诗

王　冕[1]

吾家洗砚池头树，朵朵花开淡墨痕[2]。
不要人夸好颜色，只留清气满乾坤。

【注释】

[1] 王冕(1287—1359)：元代画家、诗人、书法家，尤工墨梅，亦擅竹石，著有《竹斋诗集》四卷传世。

[2] 吾家：既是作者自称，也泛指与作者同姓之人。洗砚池：东晋书法家王羲之曾有"临池学书，池水尽黑"的传说，故时至今日在其家乡浙江会稽仍有洗砚池遗迹。王冕与王羲之同姓，此处"吾家"双关之下，一方面强调了作者以淡墨绘梅，一方面也喻指了自己为绘画所下之功力和中正立身、不与世俗浮沉的节操。

【品读】

这是一首题画诗,墨梅即指作者所画水墨色的梅花,而非现实生活中真实存在墨色梅花。虽然字面上像是在介绍自家墨梅,实际却是借梅自喻,表明自己的立身之德,反映了作者淡泊名利的胸襟和不向权贵和世俗献媚的高尚操守。此诗题为"墨梅",意在述志,将画格、诗格、人格有机地融为一体的写法,深受后人传诵,获得了"画梅须具梅气骨,人与梅花一样清"的赞誉。

渔家傲·秋思

范仲淹[1]

塞下秋来风景异,衡阳雁去无留意[2]。四面边声连角起,千嶂里[3],长烟落日孤城闭。

浊酒一杯家万里,燕然未勒归无计[4]。羌管悠悠霜满地[5],人不寐,将军白发征夫泪。

【注释】

[1]《渔家傲》:词牌名。《词谱》卷十四云:"此调始自晏殊,因词'神仙一曲渔家傲'句,取以为名。"范仲淹(989—1052):字希文,江苏吴县人。北宋政治家、思想家、军事家、文学家,谥"文正",世称"范文正公",著有《范文正公文集》。

[2] 衡阳雁去:"雁去衡阳"的倒文。衡阳,即今湖南省衡阳市,其旧城南面有回雁峰,相传雁至此不再南飞。

[3] 嶂(zhàng):形容高险像屏障一样的山峰。

[4] 燕(yān)然未勒:谓没有建立破敌的大功。《后汉书·窦宪传》载窦宪追北单于,"登燕然山,去塞三千余里,刻石勒功而还"。勒,刻。

[5] 羌管:羌笛。出自古代西部羌族的簧管乐器,故名。

【品读】

本词是范仲淹担任陕西经略副使兼知延州时,身处军中的感怀之作。反映了边地生活的艰苦,表现了戍边报国、功业未立和思念家乡的复杂心情。意境苍凉,格调悲壮,读来令人震撼。

江城子·乙卯正月二十日夜记梦

苏　轼[1]

十年生死两茫茫,不思量,自难忘[2]。千里孤坟,无处话凄凉[3]。纵使相逢应不识,尘满面,鬓如霜[4]。

夜来幽梦忽还乡,小轩窗,正梳妆。相顾无言,惟有泪千行。料得年年肠断处,明月夜、短松冈[5]。

【注释】

[1] 江城子：词牌名，始见《花间集》韦庄词。乙卯：公元1075年，即北宋熙宁八年。

[2] 十年：指结发妻子王弗去世已十年。思量(liang)：想念。

[3] 千里：王弗葬于四川彭山安镇乡陇里，与苏轼当时的任所山东密州(今山东诸城)相隔遥远。

[4] 尘满面：形容年老憔悴。霜：比喻发白。

[5] 短松冈：苏轼葬妻之地。古人葬地多种松柏梧桐。

【品读】

本词为苏轼悼念亡妻之作，尽述对亡妻的缅怀、相思之情，写得婉约细腻，凄绝哀艳，如泣如诉，亦真亦幻。读来朗朗上口，意味深长，感人肺腑。

念奴娇·赤壁怀古[1]

苏 轼

大江东去，浪淘尽，千古风流人物。故垒西边，人道是，三国周郎赤壁[2]。乱石穿空，惊涛拍岸，卷起千堆雪。江山如画，一时多少豪杰！

遥想公瑾当年，小乔初嫁了，雄姿英发[3]。羽扇纶巾，谈笑间，樯橹灰飞烟灭[4]。故国神游，多情应笑我，早生华发[5]。人生如梦，一樽还酹江月[6]。

【注释】

[1] 念奴娇：词牌名。

[2] 故垒：过去营垒的遗迹。周郎：周瑜，字公瑾，三国时期东吴名将。赤壁：三国时周瑜火烧曹兵的赤壁在今湖北长江南岸的蒲圻西北。苏轼所游的“赤壁”，是今湖北黄冈的赤鼻矶，后来讹传为“赤壁”。故作者在词中特意点出“人道是，三国周郎赤壁”。

[3] 小乔：乔公的小女儿，是周瑜之妻。英发：神采焕发。

[4] 羽扇纶(guān)巾：手摇动羽扇、头戴纶巾是古代儒将的装束，此处形容周瑜从容娴雅。樯橹：指曹军船舰。

[5] 神游：心神向往，如亲游其境。华发：花白的头发。

[6] 酹(lèi)：指古人祭奠时以酒洒在地上。

【品读】

此词为宋神宗元丰五年(1082)苏轼谪居黄州游城外的赤鼻矶时写下的名篇。他深感年岁渐老，功名事业还没有成就，借周瑜在赤壁之战建立大功的往事以抒发自己的怀抱。词中描写战地的雄奇景色，塑造“雄姿英发”的英雄形象，风格豪放，给人以震撼心灵的艺术力量。虽然结尾处流露出因无法解决理想与现实的矛盾而感慨“人生如梦”的苦恼情绪，但并不影响其“大江东去”的豪迈气象，因之被誉为“古今绝唱”。

鹊　桥　仙

秦　观[1]

纤云弄巧，飞星传恨，银汉迢迢暗度[2]。金风玉露一相逢，便胜却人间无数[3]。

柔情似水，佳期如梦，忍顾鹊桥归路[4]。两情若是久长时，又岂在朝朝暮暮[5]！

【注释】

[1] 秦观(1049—1100)：字少游，北宋高邮(今江苏高邮)人，官至国史馆编修。宋代词人，被尊为婉约派一代词宗。鹊桥仙：词牌名，又名"鹊桥仙令""金风玉露相逢曲""广寒秋"。

[2] 纤云弄巧：指云彩在空中幻化成各种巧妙的花样，暗喻七夕。飞星传恨：流星飞越银河，似乎在为牛郎织女传达离别之恨。暗度：传说中牛郎织女每年七夕渡过银河相会。

[3] 金风玉露：指秋风白露。出自李商隐《辛未七夕》："由来碧落银河畔，可要金风玉露时。"

[4] 忍顾：怎忍回顾。鹊桥：相传牛郎织女相会时，群鹊在银河上衔接为桥。

[5] 朝朝暮暮：指朝夕相聚。语出宋玉《高唐赋》："朝朝暮暮，阳台之下。"

【品读】

本词描写传说中的七夕时节牛郎织女相会的故事，不落俗套，自出机杼，意境优美，情调高雅。最后一句"两情若是久长时，又岂在朝朝暮暮"，道出了对待爱情的态度，千古流传。

满　江　红

岳　飞[1]

怒发冲冠[2]，凭栏处、潇潇雨歇[3]。抬望眼，仰天长啸[4]，壮怀激烈。三十功名尘与土[5]，八千里路云和月[6]。莫等闲[7]、白了少年头，空悲切。

靖康耻[8]，犹未雪。臣子恨，何时灭！驾长车，踏破贺兰山缺[9]。壮志饥餐胡虏肉，笑谈渴饮匈奴血。待从头、收拾旧山河，朝天阙[10]。

【注释】

[1] 岳飞(1103—1142)：字鹏举，宋相州汤阴县(今河南安阳汤阴)人，南宋爱国军事家、战略家。死后追谥"武穆"，后又追谥"忠武"，封鄂王，有《岳武穆集》存世。

[2] 怒发冲冠：气得头发竖起，以至于将帽子顶起，形容愤怒至极。冠，帽子。

[3] 潇潇：形容雨势急骤。

[4] 长啸：感情激动时撮口发出清而长的声音，一种抒情举动。

[5] 三十功名尘与土：年已三十，建立了一些功名，微不足道。

[6] 八千里路云和月：形容南征北战、路途遥远、披星戴月。

[7] 等闲：轻易，随便。

[8] 靖康耻：指宋钦宗靖康二年(1127)，金兵攻陷汴京，掳走徽、钦二帝一事。

[9] 贺兰山：贺兰山脉位于宁夏与内蒙交界处。

[10] 天阙(què)：原意为宫殿前的楼观，词中代指皇帝生活的地方。

【品读】

绍兴六年(1136)，岳飞出师北伐，攻占了伊阳、洛阳、商州和虢(guó)州，继而围攻陈、蔡地区。但由于孤军深入，既无援兵，又无粮草，不得不撤回鄂州(今湖北武昌)。此次北伐，岳飞壮志未酬，镇守鄂州时写下了千古名词《满江红》。上阕抒写面对祖国山河破碎、抗敌久战不胜的满腔激愤，下阕记述勇战沙场、雪耻报国的坚强信心。全篇情词慷慨，激昂悲壮，表现了作者不愿虚度年华、迫切要求建立功名事业、报仇雪耻、收复失地的雄心壮志和爱国情怀。

菩萨蛮·书江西造口壁

辛弃疾[1]

郁孤台下清江水[2]，中间多少行人泪。西北望长安[3]，可怜无数山[4]。

青山遮不住，毕竟东流去[5]。江晚正愁余[6]，山深闻鹧鸪[7]。

【注释】

[1]《菩萨蛮》：词牌名。造口：镇名。在今江西万安西南 60 里处。辛弃疾(1140—1207)：字幼安，号稼轩，山东历城人。南宋词人，与苏轼合称“苏辛”，与李清照并称“济南二安”。逝后追赠少师，谥“忠敏”，代表词集为《稼轩长短句》。

[2] 郁孤台：古台名，在今江西赣州西南的贺兰山上，因“隆阜郁然，孤起平地数丈”而得名。清江：赣江与袁江合流处旧称“清江”。

[3] 长安：今陕西西安，为汉唐故都。这里指沦于敌手的宋国都城。

[4] 可怜：可惜。无数山：这里可理解为北方沦陷的大片国土。

[5] 毕竟东流去：暗指力主抗金的时代潮流不可阻挡。

[6] 愁余：使我感到忧愁。

[7] 鹧(zhè)鸪(gū)：鸟名，传说它的啼声凄苦。

【品读】

此词为宋孝宗淳熙三年(1176)辛弃疾任江西提点刑狱，驻节赣州、途经造口时所作，反映了作者渴望恢复中原的热切愿望，以及羁留后方、抑塞不抒的苦闷心情。上阕追述中原沦陷、百姓涂炭的史实，下阕抒写克服艰难、收复失地的决心。“青山遮不住，毕竟东流去”是千古传诵的名句。全篇寓情于景，立意深邃，委婉含蓄，韵味悠长。

摸　鱼　儿

辛弃疾

淳熙己亥[1]，自湖北漕移湖南[2]，同官王正之置酒小山亭[3]，为赋。

更能消、几番风雨[4]，匆匆春又归去。惜春长怕花开早，何况落红无数！春且住。见说道[5],天涯芳草无归路。怨春不语。算只有殷勤[6],画檐蛛网[7],尽日惹飞絮。

长门事[8],准拟佳期又误。蛾眉曾有人妒[9]。千金纵买相如赋,脉脉此情谁诉[10]?君莫舞[11]。君不见,玉环飞燕皆尘土[12]!闲愁最苦。休去倚危栏[13],斜阳正在,烟柳断肠处。

【注释】

[1] 淳熙己亥:宋孝宗淳熙六年(1179)。

[2] 漕:转运使的简称。

[3] 同官王正之:据楼钥《攻媿集》卷九十九《王正之墓志铭》,王正之淳熙六年任湖北转运判官,故称“同官”。

[4] 消:经受。

[5] 见说道:听说。

[6] 算只有殷勤:想来只有檐下蛛网还殷勤地沾惹飞絮,留住春色。

[7] 画檐蛛网:喻小人误国。

[8] 长门:汉代宫名。汉武帝之陈皇后,失宠住在长门宫。曾送黄金百斤给司马相如,请他代写一篇赋送给汉武帝,陈皇后因而重新得宠。后世把“长门”作为失宠后妃居处的专用名词。

[9] 蛾眉:借指美人。

[10] 脉脉:绵长深厚貌。

[11] 君:指善妒之人。

[12] 玉环飞燕:杨玉环、赵飞燕,皆貌美善妒。玉环,唐玄宗贵妃杨氏的小字。飞燕,姓赵,汉成帝的皇后。

[13] 危栏:高楼上的栏杆。

【品读】

此词作于淳熙六年(1179)春。时辛弃疾四十岁,已南归十七年。作者满以为扶危救亡的壮志能得施展,然而却屡遭排挤。这次调官湖南,与他恢复失地的志愿相去愈远了。于是,他借此词抒发心中的苦闷。

上阕写暮春时节,几番风雨,落红无数,暗喻南宋朝廷衰败的政局,表达了作者收复中原的壮志不得实现的感慨。下阕用汉武帝时陈皇后失宠的典故,以及玉环、飞燕等几个宫廷女子的命运,书写了个人际遇的不幸和对南宋朝廷的不满之情。全词言此寓彼,摧刚为柔,笔调婉曲,寄托遥深,令人回味。

般涉调·哨遍·高祖还乡

睢景臣[1]

【哨遍】社长排门告示[2],但有的差使无推故[3],这差使不寻俗[4]。一壁厢纳草除根[5],一边又要差夫[6]:索应付[7]。又是言车驾,都说是銮舆[8],今日还乡故。王乡老执定瓦台盘[9],赵忙郎抱着酒胡芦[10]。新刷来的头巾,恰糨来的绸衫[11]:畅好是妆幺大户[12]。

【耍孩儿】瞎王留引定火乔男女[13]，胡踢蹬吹笛擂鼓[14]。见一彪人马到庄门[15]，匹头里几面旗舒[16]：一面旗白胡阑套住个迎霜兔[17]，一面旗红曲连打着个毕月乌[18]。一面旗鸡学舞[19]，一面旗狗生双翅[20]，一面旗蛇缠胡芦[21]。

【五煞】红漆了叉，银铮了斧[22]，甜瓜苦瓜黄金镀[23]，明晃晃马镫枪尖上挑[24]，白雪雪鹅毛扇上铺[25]。这几个乔人物，拿着些不曾见的器仗，穿着些大作怪的衣服。

【四煞】辕条上都是马，套顶上不见驴，黄罗伞柄天生曲[26]，车前八个天曹判[27]，车后若干递送夫。更几个多娇女，一般穿着，一样妆梳。

【三煞】那大汉下的车，众人施礼数，那大汉觑[28]得人如无物。众乡老展脚舒腰拜，那大汉挪身着手扶。猛可里抬头觑[29]，觑多时认得，险气破我胸脯。

【二煞】你身须姓刘，你妻须姓吕，把你两家儿根脚从头数：你本身做亭长耽几杯酒，你丈人教村学读几卷书。曾在俺庄东住；也曾与我喂牛切草，拽埧扶锄[30]。

【一煞】春采了桑，冬借了俺粟，零支了米麦无重数。换田契强秤了麻三秤[31]，还酒债偷量了豆几斛[32]，有甚胡突处[33]？明标着册历[34]，见放着文书。

【尾声】少我的钱，差发内旋拨还[35]；欠我的粟，税粮中私准除[36]。只道刘三[37]，谁肯把你揪捽住[38]？白甚么[39]改了姓、更了名唤做汉高祖！

【注释】

[1] 般涉调：这套元散曲共同的宫调名。哨遍：第一支曲子的曲牌名。以下【】中皆为曲牌名。高祖：指汉高祖刘邦。睢景臣：生卒年不详，元朝后期散曲家。其著作唯存散曲三套。《般涉调·高祖还乡》是其代表之作。

[2] 社：古时地方的基层单位，元代以五十家为一社，设社长加以管理。排门告示：挨家挨户通知。

[3] 但有的：但凡有的。无推故：不能借故推脱。

[4] 不寻俗：不寻常，不一般。

[5] 一壁厢：一边。纳草除根：供给马饲料，去掉料草的根部。

[6] 差夫：服劳役的人。

[7] 索：须，应，得。

[8] 銮舆(luán yú)：帝王乘的车子，因此常作为皇帝的代称。

[9] 乡老：乡村中的头面人物。瓦台盘：粗制的几案食桌。

[10] 忙郎：一般乡民的通称。

[11] 糨(jiàng)：浆好，刷洗。旧时洗衣常用薄面糊或薄米糊给洗净的衣服上浆，使其更加挺括。

[12] 畅好是：正好是。妆幺大户：装模作样地冒充阔人。

[13] 瞎：犹言坏，胡来的。王留：元曲中常用以指好出风头的年轻农人。火：同“伙”。乔：装模作样的，稀奇古怪的，常有丑、轻贱之义。

[14] 胡踢蹬：胡乱地，胡闹地。踢蹬，语助词，起强调作用。

[15] 一彪(biāo)：一大队。周密《癸辛杂识》中言：“虏中谓一聚马为彪，或三百匹，或五百匹。”

[16] 匹头里：劈头的，打头的。舒：旗帜招展。

[17] 此指仪仗队中的月旗。胡阑：“环”的合音，即圆圈。迎霜兔：指月中玉兔。由

于仪仗队中的这些旗帜都是乡下人没有看到过的,所以他们只能根据自己的生活经验随意加以解释,使得这套散曲更加生活化、平民化。

[18] 此指仪仗队中的日旗。红曲连:即为太阳的形状。曲连,“圈”的合音。毕月乌:古代传说日中有三足乌,后古人又多以七曜(日、月、火、水、木、金、土)及各种鸟兽配二十八宿,如“昴日鸡”“毕月乌”等。

[19] 鸡学舞:似飞凤,此指仪仗队中的舞凤旗。

[20] 狗生双翅:似飞虎,此指仪仗队中的飞虎旗。

[21] 蛇缠葫芦:似蟠龙戏珠,此指仪仗队中的蟠龙戏珠旗。

[22] 银铮(zhèng):镀银,使之铮亮。铮,光亮耀眼。

[23] “甜瓜”句:指仪仗队中的金瓜锤。

[24] “明晃晃”句:指仪仗队中的朝天镫(dèng)。

[25] “白雪雪”句:指仪仗队中的鹅毛宫扇。

[26] “黄罗伞”句:此指帝王仪仗中的“曲盖”。曲盖犹伞,柄是曲的。

[27] 天曹判:天上的判官。此处指威风凛凛的驾前侍从。

[28] 觑(qū):斜视,把眼睛合成一条细缝看,多含轻视之意。

[29] 猛可里:猛然间。觑(qù):偷看,窥探。

[30] 须:本是,本来。拽埧(zhuài jù)扶锄:泛指平整土地之类的农活。埧,亦作“具”,乡间以两牛并耕为一埧。

[31] 麻三秆:麻三十斤。乡间以十斤为一秆。

[32] 斛(hú):中国古时容量单位,一般一斛为十斗。

[33] 胡突:糊涂,含混不清。

[34] 标:记载。册历:账簿。

[35] 差(chāi)发:抵充徭役的款项。旋:立刻,马上。

[36] 私:暗地里。准除:抵偿,折算。

[37] 刘三:指刘邦,其排行当为第三,故有此称。

[38] 揪捽(zuó):抓,拉扯。

[39] 白甚么:平白无故地。质问刘邦为什么改名汉高祖,意含调侃、嘲讽。

【品读】

这套散曲,描述了汉高祖刘邦衣锦还乡的场景。其与一般正史记载及官场文人讴歌不同的是,它巧妙借助于曲中一位熟悉刘邦历史的乡民的调侃口吻,通过记述“迎驾”时的见闻和感叹,生动地勾画了“刘三”那个地痞流氓发迹称王后的傲慢神情,细数了刘邦微贱时的种种劣迹。作品形象鲜明,情节生动,用语鲜活、辛辣,很像一幕讽刺喜剧。

中吕·卖花声·怀古二首

张可久[1]

阿房舞殿翻罗袖[2],金谷名园起玉楼[3],隋堤古柳缆龙舟[4]。不堪回首,东风还又[5],野花开暮春时候。

美人自刎乌江岸[6]，战火曾烧赤壁山[7]，将军空老玉门关[8]。伤心秦汉，生民涂炭[9]，读书人一声长叹。

【注释】

[1] 中吕：宫调名。卖花声：曲牌名。张可久（1280—约1352）：字小山，元朝散曲家，与乔吉并称“曲中双璧”，又与张养浩合为元曲“二张”。现存小令800余首，为元曲作家中数量之冠。其作品风格多样，或咏自然风光，或述颓放生活，或为酬作，或写闺情，是元代散曲中“清丽派”的代表作家，有《小山乐府》行世。

[2] 阿（ē）房舞殿：公元前212年，秦始皇征发刑徒70余万修阿房宫及骊山皇陵。据《史记·秦始皇本纪》记载，阿房宫仅前殿即“东西五百步，南北五十丈；上可以坐万人，下可以建五丈旗；周驰为阁道，自殿下直抵南山”。

[3] 金谷名园：在河南洛阳西面，是西晋富豪将军石崇所建的极为奢华的别墅，唐代杜牧曾有《金谷园》诗咏史述志。

[4] 隋堤古柳：隋炀帝时开通济渠，沿河筑堤种柳，世称“隋堤”，即今江苏以北的运河堤。缆龙舟：指代隋炀帝沿运河巡游江都事。

[5] 东风还又：又吹起了东风，由于押韵的需要故将“又”放于文尾。

[6] 美人自刎乌江岸：此句实言楚汉相争时项羽战败自刎乌江事，因其有“霸王别姬”的故事传世，故此处有“美人自刎乌江”的说法。

[7] 战火曾烧赤壁山：此句言三国时孙刘联军大败曹操于赤壁事。

[8] 将军空老：《后汉书·班超传》记载，东汉时班超因久在边塞镇守，年老思归，故向皇帝上疏：“臣不敢望到酒泉郡（在今甘肃），但愿生入玉门关。”玉门关：由汉武帝所设，在今甘肃敦煌西北，是当时中原与西域的重要交通枢纽，后世则多以玉门关指代边关地区。

[9] 秦汉：代指中国历代统治者的暴虐历史。生民：即百姓，人民。涂炭：陷入泥沼、坠入火中，比喻身处极为困苦的境地。

【品读】

这两首曲子，借慨叹历史上那些荒唐行乐和发动战争的统治者，都给老百姓造成了深重灾难的史实，表达了作者同情人民疾苦和蔑视功名利禄的思想感情。

第一首用秦始皇建阿房宫行乐、石崇筑金谷园行乐、隋炀帝沿运河南巡江都行乐这三个典故，得出不顾民生、穷奢极欲、必然败亡的教训。

第二首用项羽称霸天下落得乌江自刎的结局、曹操征伐蜀吴落得赤壁惨败的结局和班超经营西域落得空老关外的结局这三个典故，得出所谓英雄功业英名都是以“生民涂炭”和伤人害己为代价的教训。联想到秦汉以来国家的兴衰史和个人不幸的命运，最后以“读书人一声长叹”作结，意味深长而厚重。

第六章　明清诗歌

石灰吟

于　谦[1]

千锤万凿出深山，烈火焚烧若等闲[2]。

粉身碎骨浑不怕，要留清白在人间[3]。

【注释】

[1] 于谦(1398—1457)：字廷益，号节庵，谥“忠肃”，在明英宗正统十四年(1449)土木堡之变中力挽狂澜，力排南迁之议，誓守京师，终击退瓦剌并迎回明英宗，后遭奸人陷害冤死。明代政治家、军事家，与岳飞、张煌言并称“西湖三杰”。有《于忠肃集》传世。

[2] 若：好像，好似。等闲：平常，轻松。

[3] 浑：全。清白：既指石灰本身洁白的颜色，又比喻高尚的节操。

【品读】

这是一首托物言志诗。前两句通过描写了石灰开采、烧炼的不易，暗指作者无论面临怎样严峻的考验，都从容不迫，视若等闲。而后两句则以石灰易碎、洁白的特质表达出了作者为国尽忠、不怕牺牲的意愿和坚守高洁情操的决心。

泛　海

王守仁[1]

险夷原不滞胸中，何异浮云过太空？

夜静海涛三万里，月明飞锡下天风[2]。

【注释】

[1] 王守仁(1472—1529)：浙江余姚人，字伯安，号阳明子，世称“阳明先生”。明代思想家、哲学家、文学家和军事家，宋明心学集大成者。其学术思想在中国、日本、朝鲜半岛有重要影响，与孔子、孟子、朱熹并称为“孔孟朱王”。

[2] 飞锡：据传，唐元和年间，高僧隐峰禅师拟登五台山，路出淮西，途中正好遇到官军与叛军互相残杀，白骨盈野，禅师顿生怜悯，叹道：“吾当解其患耳。”说完把手中的锡杖掷向空中，然后飞身而上，两军将士仰头观看，为眼前这一幕所震惊，于是再无争斗之心，由此罢战。

【品读】

王守仁当时受到刘瑾所派的锦衣卫的追杀，他制造投水假象逃脱。随后跟随商船，又遭遇暴风雨几乎丧命大海。在接连的生死打击之后，却通过此诗表达了对苦难的超脱：对于人世间的一切艰难挫折，自己原本就不放在心上，万物的变化只不过如同浮云掠过太空一样，在心中留不下任何痕迹。尽管这海上风云变色、巨浪滔天，只要我心不为所动，这大浪又算得了什么？这首诗充分表现了王守仁坚毅无畏的人格品质，同时也反映了他"戒慎不睹，恐惧不闻，养得此心纯是天理"的哲学思想和人生境界。

朝天子·咏喇叭

王　磐[1]

喇叭，唢呐，曲儿小，腔儿大。
官船往来乱如麻，全仗你抬身价。
军听了军愁，民听了民怕，哪里去辨什么真共假？
眼见的吹翻了这家，吹伤了那家，只吹的水尽鹅飞罢[2]！

【注释】

[1] 王磐(约1470—1530)：字鸿渐，自号西楼。高邮(今江苏高邮)人。明代诗人、画家。生于富家，终身不应试，纵情于山水诗画之间，其所作散曲，题材广泛，著有《王西楼乐府》《王西楼先生乐府》等。这首《朝天子·咏喇叭》为其代表之作，把正德年间擅权的宦官在运河沿岸鱼肉百姓的罪恶行径及其装腔作势的嘴脸揭露得淋漓尽致。朝天子：曲牌名。

[2] 水尽鹅飞罢：形容把百姓的财产搜刮干净。

【品读】

明朝正德年间，宦官当权，欺压百姓，行船时常用喇叭、唢呐吹起乐号来壮大声势，这支散曲就是为讽刺此事而作。诗中表面上写的是喇叭和唢呐，实则处处写的都是宦官。"曲儿小"比喻宦官的地位低下，"腔儿大"比喻他们的仗势欺人。"军愁""民怕"说明他们走到哪里，就给哪里带来灾难。"水尽鹅飞"则形容他们把百姓们欺压得倾家荡产。整首曲子虽然没有正面提到一个宦官的字样，却活画出了他们的丑态，在轻俏诙谐中充满了对宦官虐民行径的鄙视和愤慨。作者在对之进行揭露和声讨的同时，也向喜欢被奉承吹捧、沉醉歌舞升平的统治者们发出了警告，其批判锋芒十分尖锐，思想内涵丰富深刻，堪称一篇形神兼备的讽刺佳作。

此曲的警示价值至今犹在，它告诉我们，要警惕那些势利圆滑、没有原则，见了上司、权贵就阿谀奉承、歌功颂德的人，他们就是"吹翻了这家，吹伤了那家"的现实"喇叭"啊！

临　江　仙

杨　慎[1]

滚滚长江东逝水，浪花淘尽英雄。是非成败转头空。青山依旧在，几度夕阳红。

白发渔樵江渚上[2],惯看秋月春风。一壶浊酒喜相逢[3]。古今多少事,都付笑谈中。

【注释】

[1] 杨慎(1488—1559):号升庵,四川新都(今成都市新都区)人,明代宰辅杨廷和之子,正德年间状元,明代文学家。杨慎与解缙、徐渭并称"明代三大才子"。临江仙:词牌名。这首词是杨慎所著《廿(niàn)一史弹词》第三段《说秦汉》的开场词。

[2] 渔樵:并非实指渔翁、樵夫,联系前后文当用以指代隐居而不问世事之人。渚(zhǔ):水中的小块陆地,或指江岸边。

[3] 浊酒:指用糯米、黄米等酿制的米酒,杂质较多,颇为混浊,故称"浊酒"。

【品读】

词的上阕化用了杜甫的《登高》与苏轼的《浪淘沙·赤壁怀古》的意境,以一个"空"字写出了历史变迁、英雄迟暮的感伤。而下阕却为我们展现了一个任它惊涛骇浪、我自得意于春风秋月的白发渔樵的形象——其淡泊超脱的襟怀,也正是作者所追求的理想人格。这首词似怀古,似咏志,以英雄豪杰的成败得失抒发出了一种旷达超脱,甚至可说是"大彻大悟"的历史观与人生观。这首《临江仙》在清初毛宗岗父子评刻《三国演义》时被移置《三国演义》卷首,从此广为流传。

登舍身台

戚继光[1]

向来曾做舍身歌,今日登临意若何?
指点封疆余独感,萧疏鬓发为谁皤[2]!
剑分胡饼从人后,手掬流泉已自多。
回首朱门歌舞地,尊前列鼎问调和[3]。

【注释】

[1] 戚继光(1528—1588):字元敬,号南塘,登州(今山东蓬莱)人,明代抗倭名将。初在浙江、福建、广东等地抗击倭寇,战功卓著,后调往北方,镇守蓟州十六年,敌寇不敢犯边。著有《练兵实纪》《武备新书》《止止堂集》等。舍身台:在今河北遵化。

[2] 封疆:这里指边界。萧疏:稀疏。皤(pó):白。

[3] 朱门:朱红的大门,原指富贵人家,这里借指权贵们的府第。尊:酒器。列鼎:列鼎而食。调和:指菜肴的味道好不好。这里均是指权贵府第的豪侈生活。

【品读】

这首诗借登临舍身台之事,表达了诗人舍身为国的壮志,严厉斥责了那些只顾个人享乐、不顾国家前途命运的权贵们。诗的前两句表明作者一贯坚定的舍身之志;随后提及自己在镇守边关的军旅生涯中,发虽稀疏却仍愿身先士卒、与将士们同甘共苦,用渲染的手法将将士们风餐露宿的情景与贵族王孙们富丽堂皇、歌舞升平(品尝着山珍海味,甚至还在意调料放得全不全)的场景作对比,表现了诗人对"剑分胡饼"和"尊前列鼎"这种不合理现象的愤慨,曲折地反映出诗人内心对朝廷和权贵的不满,以及对国家命运的担忧。

别　云　间

夏完淳[1]

三年羁旅客，今日又南冠[2]。
无限山河泪，谁言天地宽。
已知泉路近，欲别故乡难[3]。
毅魄归来日，灵旗空际看[4]。

【注释】

[1] 夏完淳(1631—1647)：原名复，字存古，号小隐、灵首，明松江府华亭县(上海市松江)人。明末诗人。夏完淳为夏允彝子，七岁能诗文，十四岁从父及陈子龙参加抗清活动。鲁王监国授中书舍人。事败，明永历元年(1647)六月在家乡被捕，遗母与妻，就义于南京，年仅16岁。著有《南冠草》《续幸存录》《别云间》等。云间：旧时松江府的别称。西晋文学家陆云旧时为松江人，曾对客自称“云间陆士龙”，后人因此称松江为“云间”。松江府即今上海松江西部华亭，是作者夏完淳家乡。顺治四年(1647)，他在这里被逮捕。

[2] 三年羁旅客：指作者自顺治二年(1645)投身于抗清斗争起，至此时已远离家乡三年之久。南冠：南方楚人戴的帽子，常用于囚犯的代称，语出《左传》成公九年：“晋侯观于军府，见钟仪，问之曰：‘南冠而縶(zhí)者，谁也?’有司对曰：‘郑人所献楚囚也!’”此处指作者被清兵逮捕。

[3] 泉路：黄泉之路，代指死亡。

[4] 毅魄：坚毅不屈的魂魄，即英魂。灵旗：古代出兵征伐时所用的一种旗帜。此句为作者表示，哪怕自己死后变作鬼魂，也要归来继续看着后继者率领部队的抗清斗争。

【品读】

此诗收录于夏完淳遗著《南冠草》，是夏完淳被清廷逮捕后，在解往南京前临别松江时所作。在诗中，诗人将自己跟随父亲夏允彝和老师陈子龙起兵抗清这三年辗转飘零、艰苦卓绝的抗清斗争生活作了高度简洁的概括，抒发了壮志难酬、复国理想转眼成泡影的遗憾和眷恋故土、怀念亲人的深情。诗风沉郁顿挫，雄浑悲壮，表达了诗人誓死不屈的英雄气概。

海　　上

顾炎武[1]

日入空山海气侵，秋光千里自登临。
十年天地干戈老，四海苍生痛哭深[2]。
水涌神山来白鸟，云浮仙阙见黄金[3]。
此中何处无人世，只恐难酬烈士心[4]。

【注释】

[1] 顾炎武(1613—1682):原名绛,字忠清,明亡后改名炎武,字宁人,苏州府昆山(今江苏昆山)人。明末清初思想家、史学家、语言学家,著有《日知录》《音学五书》等。该诗是作者《海上》组诗四首中的第一首,作于顺治三年(1646)秋。其时,清军南下攻占浙江全境,并对明末唐王、鲁王展开追剿,迫使其流亡海上。顾炎武当时为避战祸退居乡间,故其诗盖为其闲居期间千里望海的感慨之作。

[2] 十年天地干戈老:自崇祯年间清兵入关至此诗写作时间,已逾十年,而作者的十年光阴皆在天地干戈中度过。此时的作者已过壮年,却又家国不存。

[3] 此句是作者望海时的想象,化用了《史记·封禅书》的记载:"自威、宣、燕昭使人入海求蓬莱、方丈、瀛洲,此三神山者,皆传在渤海中,去人不远,患且至,则船风引而去。盖尝有至者,诸仙人及不死之药在焉。其物禽兽皆白,黄金银为宫阙。未至,望之如云。"

[4] 烈士心:化用了曹操《龟虽寿》"烈士暮年,壮心不已"之语,既表明了当时艰难的局势,也写出了作者报国无望的苦闷。

【品读】

其时作者本欲奔赴福建支援抗清运动,却因丧母未能成行,故其在乡间登高望海,生发忧国忧民感慨而作此诗。表达了他对明王室既哀其衰败、嗟其失计,又望其渡过难关、恢复国祚的苦闷惆怅心情。

圆圆曲

吴伟业[1]

鼎湖当日弃人间[2],破敌收京下玉关。
恸哭六军俱缟素,冲冠一怒为红颜。
红颜流落非吾恋,逆贼天亡自荒宴。
电扫黄巾定黑山,哭罢君亲再相见。
相见初经田窦家,侯门歌舞出如花。
许将戚里空侯伎,等取将军油壁车。
家本姑苏浣花里,圆圆小字娇罗绮。
梦向夫差苑里游,宫娥拥入君王起。
前身合是采莲人,门前一片横塘水。
横塘双桨去如飞,何处豪家强载归?
此际岂知非薄命,此时只有泪沾衣。
熏天意气连宫掖,明眸皓齿无人惜。
夺归永巷闭良家,教就新声倾座客。
座客飞觞红日莫,一曲哀弦向谁诉?
白皙通侯最少年[3],拣取花枝屡回顾。
早携娇鸟出樊笼,待得银河几时渡?

恨杀军书抵死催，苦留后约将人误。
相约恩深相见难，一朝蚁贼满长安。
可怜思妇楼头柳，认作天边粉絮看。
便索绿珠围内第，强呼绛树出雕栏。
若非将士全师胜，争得蛾眉匹马还。
蛾眉马上传呼进，云鬟不整惊魂定。
蜡烛迎来在战场，啼妆满面残红印。
专征萧鼓向秦川，金牛道上车千乘[4]。
斜谷云深起画楼，散关月落开妆镜。
传来消息满江乡，乌桕红经十度霜。
教曲伎师怜尚在，浣沙女伴忆同行。
旧巢共是衔泥燕，飞上枝头变凤凰。
长向尊前悲老大，有人夫婿擅侯王。
当时只受声名累，贵戚名豪尽延致。
一斛珠连万斛愁，关山漂泊腰支细。
错怨狂风扬落花，无边春色来天地。
尝闻倾国与倾城[5]，翻使周郎受重名。
妻子岂应关大计，英雄无奈是多情。
全家白骨成灰土，一代红妆照汗青。
君不见馆娃初起鸳鸯宿，越女如花看不足。
香径尘生鸟自啼，屟廊人去苔空绿。
换羽移宫万里愁，珠歌翠舞古梁州。
为君别唱吴宫曲，汉水东南日夜流[6]。

【注释】

[1] 吴伟业(1609—1672)：字骏公，号梅村，明末清初诗人。初学白居易歌行，后自成一体，后人称之为“梅村体”。代表作有《永和宫词》《萧史青门曲》等。明亡后，吴伟业被迫事清，对此，他追悔半生，至死不能释怀。

[2] 鼎湖：典出《史记·封禅书》。传说黄帝铸鼎于荆山下，鼎成，有龙垂胡须下迎黄帝，黄帝即乘龙而去。后世因称此处为“鼎湖”。常用来比喻帝王去世。此指崇祯帝自缢于煤山(今景山)。

[3] 白皙通侯：面色白净的通侯，指吴三桂。

[4] 金牛道：从陕西沔县进入四川的古栈道。

[5] 倾城：形容极其美貌的女子。典出《汉书·李夫人传》：“北方有佳人，绝世而独立。一顾倾人城，再顾倾人国。”此用“倾城、倾国”的字面意，即明朝覆亡事。

[6] 汉水：发源于汉中，流入长江。此句语出李白《江上吟》诗：“功名富贵若长在，汉水亦应西北流。”暗寓吴三桂覆灭的必然性。

【品读】

此诗通过明末清初名妓陈圆圆与吴三桂的聚散离合，反映了明末清初一系列重大的历史事件，委婉曲折地谴责了吴三桂的叛变行为。诗篇笼罩了一种深沉的历史感。“恸哭六军俱缟素，冲冠一怒为红颜!”此联对仗工整，对比强烈，反差巨大，讥讽入骨。“妻子岂应关大计，英雄无奈是多情。全家白骨成灰土，一代红妆照汗青。”前两句直陈己见，“大计”实在是事关民族兴亡的抉择，岂能让色欲做主，何况是民族存亡关头，无奈吴三桂在这关键时刻被色欲牵着走了。“多情”用得妙，与“无奈”配合，看似风月情浓，却是针砭痛切。

甲辰八月辞故里

张煌言[1]

国亡家破欲何之？西子湖头有我师[2]。
日月双悬于氏墓，乾坤半壁岳家祠[3]。
惭将赤手分三席，敢为丹心借一枝[4]。
他日素车东浙路，怒涛岂必属鸱夷[5]！

【注释】

[1] 张煌言(1620—1664)：字玄著，号苍水，鄞县(今浙江宁波)人，南明儒将、诗人，抗清英雄。崇祯时举人，官至南明兵部尚书。南京失守后，坚持抗清斗争近20年，被俘殉国。其诗文多在战时写成，质朴悲壮，表现出强烈的爱国忧民之情。有《张苍水集》存世。

[2] 何之：到何处去。西子湖：杭州西湖。师：榜样，指岳飞和于谦。

[3] 这两句是说，于谦的功绩可以和日月同辉，岳飞因为保住了南宋半壁江山而在西湖留下了祠庙。岳家祠：这里指岳王庙。

[4] 这两句是说，自己抗清复明大业未成，却要和岳飞、于谦同葬于西湖，只是凭借一颗赤诚的心，实感惭愧。赤手：空手。三席：三个座位。枝：枝栖，喻托身之地、葬身之所。典出《庄子·逍遥游》：“鹪鹩巢于深林，不过一枝。”

[5] 这两句是说，自己抗清之志不灭，死后必效仿伍子胥化为浙东的钱塘江的怒涛。素车：即“素车白马”，指凶、丧之事所用的白车白马。后用为送葬之辞。东浙路：浙江东部地区。鸱(chī)夷：皮制的口袋。据载，春秋末期的吴国大夫伍子胥累谏吴王夫差戒骄思危，却被赐死。临终之际，嘱其子悬其首于南门，以观越兵入侵；用鸱夷裹其尸投于钱塘江，以便随着江潮起落看吴国之败。

【品读】

《甲辰八月辞故里》共两首，该诗为第二首。甲辰，指清康熙三年(1664)。是年七月，张煌言因抗清在其隐居处南田悬岙岛(今浙江象山南)被俘，押至鄞县；八月初，解往杭州。临行，数千民众洒泪相送，张煌言写下此诗作别，慷慨赴杭就义。

此歌表现了诗人在国亡家破后，矢志不渝的抗清精神和为国捐躯的决绝之心。首联点题，述及辞故里、向杭州之行，且表明欲效民族英雄于谦、岳飞，魂归西湖。二三两联承此而展开，既表达对于、岳二人的景仰之情，又为自己能够为国家利益献身而感到自豪。尾联为全诗情感发展的高潮，慷慨悲壮之气震撼人心。

墨竹图题诗

郑 燮[1]

衙斋卧听萧萧竹[2],疑是民间疾苦声。
些小吾曹州县吏[3],一枝一叶总关情[4]。

【注释】

[1] 郑燮(1693—1766):字克柔,号板桥,江苏兴化人。清代画家、文学家。曾任河南范县、山东潍县知县,有惠政。后客居扬州。其诗、书、画均旷世独立,世称"三绝"。

[2] 衙斋:官衙中供官员居住和休息之所。萧萧:拟声词,形容草木摇动声。

[3] 些小:很小,这里指官职卑微。吾曹:我们。

[4] 关情:牵动情怀。

【品读】

这是一首题画诗,描写了观看画中风摇疏竹的感受。借物抒怀,虚实相间,意味深长,表达了身为县官的诗人对民生疾苦的忧虑关切之情。全诗语言质朴,不用典故堆砌,而借一枝一叶抒情,既有明志自勉之心,又含相与为善之意。

杂 兴

顾嗣协[1]

骏马能历险,力田不如牛。
坚车能载重,渡河不如舟。
舍长以就短,智者难为谋。
生材贵适用,幸勿多苛求。

【注释】

[1] 顾嗣协:生卒年不详,字迂客,号依园,又号楞伽山人,江苏长洲(属苏州)人,清康熙四十六年(1707)任新会县令,著有《依园诗集》《漪园近草》等。其中《杂兴》系列小诗流传最广。

【品读】

这是一首讽喻诗。通过对马、牛、车、舟等功用长短的比较,生动地阐述了用人之长、避人之短是人才培养和使用的一大原则,寓朴素道理于博喻之中,给人耳目一新、情通理顺的感受。

赴戍登程口占示家人二首

林则徐[1]

出门一笑莫心哀,浩荡襟怀到处开。

时事难从无过立,达官非自有生来[2]。
风涛回首空三岛,尘壤从头数九垓[3]。
休信儿童轻薄语,嗤他赵老送灯台[4]。

力微任重久神疲,再竭衰庸定不支[5]。
苟利国家生死以,岂因祸福避趋之[6]!
谪居正是君恩厚,养拙刚于戍卒宜[7]。
戏与山妻谈故事,试吟断送老头皮[8]。

【注释】

[1] 林则徐(1785—1850):字元抚,又字少穆、石麟,福建侯官人,清代政治家、思想家和诗人。曾任湖广总督、陕甘总督和云贵总督,两次受命钦差大臣。因其主张严禁鸦片,有"民族英雄"之誉。戍:驻守。口占:即兴随口吟诵出来。

[2] 立:成。达官:受国家重用的高官。

[3] 三岛:指英伦三岛,即英国的英格兰、苏格兰、爱尔兰。此句回顾抗英经历,蔑视英国地少人空。九垓(gāi):九州,天下。化用古神话中"竖亥自东极步行至西极"的故事(见《山海经·海外东经》),表示自己将借此走遍各地观察形势。

[4] 儿童:指幼稚无知的人,代指对林则徐被贬幸灾乐祸的人。赵老送灯台:引用《归田录》中的"赵老送灯台,一去更不来"的俚语,轻薄那些诋毁他的小人。当时清廷中的投降派诅咒林则徐。说他被贬新疆是"赵老送灯台",永无回来之日。

[5] 衰庸:意近"衰朽",衰老而无能,这里是自谦之词。

[6] "苟利"二句:借用子产不畏诋毁、锐意改革的历史典故表明志向。典出《左传·昭公四年》:郑国大夫子产改革军赋,受到时人的诽谤,子产曰:"何害!苟利社稷,死生以之。"以,用,去做。

[7] 谪居:因有罪被遣戍远方。养拙:犹言"藏拙",有守本分、不显露自己的意思。刚:正好。戍卒宜:做一名戍卒为适当。这句诗谦恭中含有愤激不平。

[8] "戏与"二句:作者自注,宋真宗闻隐者杨朴能诗,召对问:"此来有人作诗送卿否?"对曰:"臣妻有一首,云'更休落魄耽杯酒,且莫猖狂爱咏诗。今日捉将官里去,这回断送老头皮'。"上大笑,放还山。东坡赴诏狱,妻子送出门皆哭。坡顾谓曰:"子独不能如杨处士妻作一首诗送我乎?"妻子失笑,坡乃出。这两句诗用此典故,表达他的旷达胸襟。山妻,对妻子的谦称。故事,旧事,典故。

【品读】

此诗作于道光二十二年(1842),共二首,是年夏历七月,林则徐因抗英禁烟被贬,远戍伊犁,临行时与家人告别之作。当时,诗人心中自有一股不平之气,但深恐家人担忧,于是写下了这首看似心平气和、含笑道别,却隐藏着万丈情感波澜的诗篇。作者抒情言志,既有抗英禁烟、横遭贬谪的剧痛,问心无愧、青史不污的自信,又有襟怀坦荡、四海为家的豪情。诗中虽有眷恋乡土亲人之意,却无儿女悲戚之态,雄健豪劲,尽显英雄本色。其"苟利国家生死以,岂因祸福避趋之"的精神,传颂至今,深为后人敬重。

咏　史

龚自珍[1]

金粉东南十五州，万重恩怨属名流[2]。
牢盆狎客操全算，团扇才人踞上游[3]。
避席畏闻文字狱，著书都为稻粱谋[4]。
田横五百人安在，难道归来尽列侯[5]？

【注释】

［1］龚自珍（1792—1841）：字瑟（sè）人，号定庵，仁和（今浙江杭州）人，清代思想家、文学家、诗人。其诗文主张“更法”“改图”、革除弊政，洋溢着爱国热情。有《定庵文集》存世。《己亥杂诗》系列为其代表之作。

［2］金粉：原为古代女子化妆用的水银铅粉，这里用来形容奢侈靡丽的江南风貌，明末吴伟业曾于其诗中称南京为“六朝金粉地”。东南十五州：泛指江南地区。

［3］牢盆：煮盐的器具，这里代指盐商或主管盐务的官吏。狎客：指这些盐商、盐官身边的帮闲清客。操全算：全局谋划。团扇才人：《宋书·乐志》曾记载，东晋贵族子弟王珉二十余岁时做了执掌机要的中书令，却因不通政事一无所长，镇日喜持白团扇与婢女游乐，故而此处用“团扇才人”来泛指流连声色的文人。

［4］避席：古人席地而坐，故而离席而起以示敬意，谓之“避席”。文字狱：指统治者从作者的诗文中摘取字句、罗织罪名而造成的冤狱。稻粱谋：混饭吃，只考虑维持生计，语出杜甫《同诸公登慈恩寺塔》诗：“君看随阳雁，各有稻粱谋。”

［5］田横：据《史记·田儋列传》记载，秦末田横自立为齐王，汉朝建立后，田横不肯称臣于刘邦，故率门客逃往海岛，后刘邦派人招抚，田横被迫赴洛阳，后在距洛阳三十里处自刎，其留驻于海岛上的门客部下也随之自杀。

【品读】

此诗名为“咏史”，实为“讽今”。诗中揭露了政治的黑暗，并对当时江南一带流连声色、醉心功名的一些所谓名流人物加以讽劝。尾联借汉初田横五百壮士杀身取义的故事表达了作者对革除“文字狱”等弊政的追求向往，以及对坚持气节操守者的赞赏。

赠梁任父同年

黄遵宪[1]

寸寸山河寸寸金，侉离分裂力谁任[2]。
杜鹃再拜忧天泪，精卫无穷填海心[3]。

【注释】

［1］黄遵宪（1848—1905）：字公度，别号人境庐主人。广东嘉应州（今梅州）人。清代诗人、外交家、政治家、教育家。戊戌变法期间，协助湖南巡抚陈宝箴推行新政，被誉为

“近代中国走向世界第一人”。梁任父：梁启超，号任公。父，旧时以“父”字加于男子名号后，以示对男子的尊称或美称。同年：明清乡试会试中，称同榜登科者为同年。

[2] 侉(kuǎ)离：分开，割裂。力：尽力，竭力。

[3] 杜鹃：传说为古蜀国望帝杜宇所化，以啼血来规劝其后帝王要以民为贵，历来诗人皆用其来表达忧国忧民之情。再拜：古代的一种礼节，先后礼拜两次，表示隆重。精卫：传说中炎帝的女儿，因游东海而遭不幸，死后化为精卫神鸟，衔来木石誓要填平东海。古时，人们常用“精卫填海”来形容力量虽微而不屈不挠的顽强精神。

【品读】

这首诗是1896年黄遵宪邀请梁启超到上海创办《时务报》时写给他的一首诗。诗中以“杜鹃啼血”“精卫填海”两个典故表达了作者为国献身、变法图存的坚强决心，以及对梁启超的热切邀请，希望他能够一起来为挽救国家民族的危亡而努力奋斗。

狱中题壁

谭嗣同[1]

望门投止思张俭[2]，忍死须臾待杜根[3]。
我自横刀向天笑，去留肝胆两昆仑[4]。

【注释】

[1] 谭嗣同(1865—1898)：湖南浏阳人，清末政治家、思想家，清末“百日维新”时为变法牺牲的“戊戌六君子”之一，著有《仁学》《莽苍苍斋诗》等。

[2] 投止：投宿。张俭：《后汉书·张俭传》记载，东汉末年时张俭因遭诬陷结党营私而被迫逃亡，时人敬仰其为人，皆冒险为其提供避难之所，故此处以张俭借指康有为等逃亡的维新派人士，希望他们会像张俭那样得到人们的保护。

[3] 须臾：不长的时间。杜根：《后汉书·杜根传》记载，东汉末年，杜根上书要求专权的邓太后还政于汉安帝，遭邓太后下命将其于殿上打死，但因行刑者敬其所为，手下留情，杜根也终得以逃脱，故此处借以勉励幸存的维新派人士暂避一时，以待东山再起。

[4] 肝胆：比喻豪情壮志。两昆仑：此处借指各维新志士不管命运如何，其行止均如昆仑山一般巍峨高大。

【品读】

1898年(农历戊戌年)，以康有为为首的改良派通过光绪皇帝进行政治改革的变法活动，史称“百日维新”，又称“戊戌变法”。其主要内容是学习西方，提倡科学文化，改革政治和教育制度，发展农工商业等。这次运动遭到以慈禧太后为首的守旧派的强烈反对。同年九月，慈禧太后等发动政变囚禁光绪，维新派或遭捕杀，或逃亡国外，历时一百零三天的变法陡然夭折。这首是戊戌变法失败后，谭嗣同写于狱中的绝命诗。其曾有言：“各国变法，无不以流血而成。今中国未闻有因变法而流血者，此国之所以不昌也。有之，请自嗣同始。”此诗写得极为壮烈，表现了作者对维新成功的热切期望和甘为变法流血牺牲的英雄气概。

第七章 对 联

一、题赠联

未出土时先有节[1]，
至凌云处尚虚心。

——古题画竹联[2]

【注释】

[1] 节：气节，志气和节操。

[2] 联语取自北宋诗人徐庭筠的《咏竹》诗，原为“未出土时先有节，便凌云去也无心”。徐庭筠：台州临海人，字季节，宋代诗人。有志行，事父兄甚孝友。尝赴试，时秦桧当国，试题问“中兴歌颂”，乃叹曰，今日非歌颂时，疏未足为中兴者五，忤主司意，黜归。为学以诚敬为主，居无惰容，喜无戏言。与其父俱隐遁，乡人敬称为“二徐先生”。卒年八十五。

【品读】

此联解说气节：以竹为参照，没有长出地面就先有节操的确立，即使高入云端也保持了谦虚的气度。注重气节，养至大至刚的浩然之气，有光明磊落的操守，有虚心谦让的度量，是中国学界的优良传统。因徐庭筠《咏竹》诗的此联立意高妙而一直为后人引用。

苟有恒，何必三更眠五更起；
最无益，就怕一日曝十日寒。

——明·胡居仁《自题联》[1]

【注释】

[1] 胡居仁(1434—1484)：江西余干人，明代理学家。传世名言：“一思尚存，此志不懈”“闻人之谤当自修，闻人之誉当自惧”。

【品读】

此联意在勉学：如果有恒心，没有必要三更才睡觉、五更就起床；最没有益处的，恐怕就是热一天冷十天了。告诉人们，做什么事情都要有恒心，不能三天打鱼，两天晒网。

两间东倒西歪屋，
一个千锤百炼人。

——清·郑燮《赠邻居打铁工人》

【品读】

此联夸赞人品：上联说作坊简陋，下联讲人品可敬。联语描写对象贴切，成语运用巧妙,堪称点石成金。

虚心竹有低头叶,
傲骨梅无仰面花。

——清·郑燮《自题联》

【品读】

此联借物写己:上联谓虽小有成就,仍应保持谦虚;下联讲尽管处世低调,却不会同流合污。整联意思可来用作者的另一联解读:“格超梅以上,品在竹之间。”郑公就是一竿青竹啊!

郑燮的自题格言联,立意新奇,富有魅力。广为流传的还有“室雅何须大,花香不在多”“除却诗书无可好,独有山水不能怜”“身无半亩,心通天下;读破万卷,神交古人”“书从疑处翻成悟,文到穷时自有神”“删繁就简三秋树,领异标新二月花”“隔靴搔痒赞何益,入木三分骂亦精”“富于笔墨穷于命,老在须眉志在心”,等等。

取人为善,与人为善;
乐以终身,忧以终身。

——清·曾国藩《自题联》

【品读】

此联书写心态:上联语出《孟子·公孙丑上》“取诸人以为善,是与人为善者也”,意思是要学习别人的优点,友善待人接物。下联语出作者的《圣哲画像记》,意为终身均有乐、忧处。要记住自己的忧处,切莫得意过头。

曾国藩的自题格言联简明扼要,意蕴深邃。还有“不为圣贤,便为禽兽;莫问收获,但问耕耘”“大处着眼,小处着手;群居守口,独居守心”“矫激近名,扬人之恶,有始无终,怠慢简脱;平易近人,乐道人善,慎终如始,修饰庄敬”等联语,也备受后人推崇。

文章真处性情见[1],
谈笑深时风雨来。

——清·翁同龢《自题联》[2]

【注释】

[1] 性情:人的禀性和气质,性格,脾气。

[2] 翁同龢(1830—1904):江苏常熟人,咸丰六年(1856)状元,晚清重臣。光绪帝之师。

【品读】

此联自我画像:上联说自己写文章,往往投入真情,流露本性,爱憎分明;下联说自己的谈吐,常常没有顾忌,深刻率性,舌卷风雨。是啊,写作不真诚,文章没灵魂;思想不深刻,说话没水平。此联所写的人格境界,真令人向往。

为人树起脊梁铁[1],
把卷撑开眼海银[2]。

——清·谭嗣同《自题联》

【注释】

[1] 脊梁铁：语本《景德传灯录·宣鉴禅师》，“老人一条脊梁骨硬似铁，拗不折”。以此比喻人的节操、胆量和意志。

[2] 眼海银：喻眼睛深邃如海，眼光明亮似银。

【品读】

此联意在自勉：为人要竖起铁一般的脊梁；读书要让眼睛更加明亮。

持身勿使白璧玷[1]，
立志直与青云齐[2]。

——古题赠联

【注释】

[1] 持身：对自身言行的把握和要求。璧：平而圆、中心有孔的玉。这里指代无瑕美玉。玷(diàn)：玷污。

[2] 直与：直接同。青云：青天白云。

【品读】

此联议论修身：上联讲品德，用“白璧”自诩，严于自律，拒绝污染；下联谈志向，以“青云”为范，努力上进，目标高远。

用联语相互题赠或者自励是古代读书人重要的文化生活方式。在民间广泛流传的语句精美、富含教益的题赠联语很多。诸如“鸟欲高飞先振翅，人求上进勤读书”“行千里路，读万卷书”“书到用时方恨少，事非经过不知难”“有关家国书常读，无益身心事莫为”“世事洞明皆学问，人情练达即文章”“与有肝胆人共事，于无字句处读书”“书有未曾经我读，事无不可对人言”“娶妻娶德不娶色，交友交心不交财”“天道酬勤，宁静致远”“源头既清，波澜自阔”“品若梅花香在骨，人如秋水玉为神”，等等，都值得鉴赏和学习。

二、居室联

有志者，事竟成，破釜沉舟，百二秦关终属楚[1]；
苦心人，天不负，卧薪尝胆，三千越甲可吞吴[2]。

——清·蒲松龄书斋联[3]

【注释】

[1] 破釜沉舟：《史记·项羽本纪》记载，项羽跟秦兵打仗，过河后即把釜(锅)都打破，船都弄沉，表示决不后退、战斗到底的态度。

[2] 卧薪尝胆：《吴越春秋》记载，越王勾践身卧柴薪，口尝苦胆，欲报吴王夫差灭国之仇的故事。比喻发奋磨砺、誓雪耻辱的精神。

[3] 蒲松龄(1640—1715)：山东淄川人。清代文学家。早岁即有文名，居乡以塾师终老。有短篇小说集《聊斋志异》传世。

【品读】

此联以典励志：志向坚定的人，事业必定成功，破釜沉舟的项羽，能把强秦一百二十座关隘一举攻下;心思专注的人,苍天特别眷顾,卧薪尝胆的勾践,仅靠越国三千甲士,就连入侵的吴国也被他并吞了。

事能知足心常惬[1],
人到无求品自高[2]。

——清·纪昀书斋联[3]

【注释】

[1] 事:职分,待遇。惬(qiè):快意,满足。

[2] 无求:没有私欲。品:人格,品质,官阶,等级。

[3] 纪昀(1724—1805):字晓岚,清代名臣,历雍正、乾隆、嘉庆三朝。因其"敏而好学可为文,授之以政无不达",故卒后谥号"文达"。

【品读】

此联谈论人格:做事尽到职分,知道满足,心情就保持愉悦;做人刚正廉明,没有私欲,品级就自然崇高。

爱半文不值半文,莫谓世无知者[1];
作一事须精一事,庶几心乃安然[2]。

——清·钱南园《官署自诫联》[3]

【注释】

[1] 文(wén):量词,用于旧时的铜钱,如一文钱(最小的货币)。

[2] 庶几(shù jī):或许可以,表示希望或推测。安然:心安,平安。

[3] 钱南园(1740—1795):云南昆明人,清代书法家。少年家贫,勤奋苦读,乾隆年间进士。

【品读】

此联自我警示:贪污了半文钱你就不值半文钱,不要以为世上无人知晓;每做过一件事就应该精通这类事,这样才可以平安顺利为官。同时,也告诫掌权者,廉洁、勤政,才是成功之道。

黄金非宝书为宝,
万事皆空善不空[1]。

——清·马立安家训联[2]

【注释】

[1] 万事皆空:佛家禅语。佛教认为贪欲是痛苦之根、万恶之源,劝人要有"万事皆空""放下一切"的智慧。

[2] 马立安(1868—1927):湖南湘潭士绅,因家教谨严、子孙成才而出名。

【品读】

此联宣示家训:金钱并不重要,书籍才是珍宝;万事皆为虚空,善行终有好报。"勤读诗书,行善积德"是世代兴盛的治家之道。

忠孝传家久，
诗书继世长。

——古家训联

【品读】

此联彰明家风：忠孝能保家族永久昌盛，诗书能保子孙长久兴旺。民间流传的家训联语还有“传家有道惟存孝，处世无奇但率真”“一等人忠臣孝子，两件事读书耕田”“国正天心顺，官清民自安”，等等。

一声爆竹庆民康国泰，
三杯春酒祝人寿年丰。

——古春联

【品读】

此联赞美年节：通过对过年时燃放爆竹、品尝春酒习俗意义的揭示，提醒人们一元复始之际，正是万象更新之时，民康国泰、人寿年丰的又一年从头开始，它的实现，有待大家的共同努力。

流传民间的春联，多以祈平安、求吉祥、寄愿望、述志向为主题，诸如“岁岁迎春年年如意，家家纳福事事吉祥”“一声爆竹除旧岁，梅花数点迎春风”“喜居宝地千年旺，福照家门万事兴”“寒尽桃花嫩，春归柳叶新”“黄莺鸣翠柳，紫燕剪春风”“春情寄语千条绿，世第流芳万卷书”“胸中有竹春秋茂，心底无私天地宽”“青山不老国增艳，碧水长流年更丰”，等等。

双飞永伴关雎鸟[1]，
并蒂常开连理枝[2]。

——古婚联

【注释】

[1] 关雎(jū)鸟：象征爱情。典出《诗经·关雎》。因其借雎鸠鸟雌雄相互应和求爱描写男女之情的美好而成了爱情的代名词。

[2] 连理枝：是指两棵树的枝干合生在一起的情状。连理枝又称相思树、夫妻树、生死树，比喻夫妻恩爱。

【品读】

此联祝贺新婚：夸赞和祝福一对有情人的美满结合，恩爱长久。流传民间的婚联大多表达这类情感，诸如“花好月圆今夕，诗情画意来年”“彩笔喜题红叶句，华堂欣颂鹊桥诗”“白首齐眉鸳鸯比翼，青阳启瑞桃李同心”“伴侣情深同日永，夫妻义重共长天”，等等。

学如逆水行舟，不进则退；
心似平原跑马，易放难收。

——古书斋联

【品读】

此联劝学励志：学习如同在逆水中行船，如果你不能努力前进，就会自然后退；心神就像是在平原上跑马，如果你不能专心致志，就会放荡难收。民间流传的这类联语很多，诸如“书中乾坤大，笔底天地宽”“万卷古今销永昼，一窗昏晓送流年”“书山有路勤为径，学海无涯苦作舟”“宝剑锋从磨砺出，梅花香自苦寒来”“为人但有真性情，传世岂无好文章”“胸藏文墨怀若谷，腹有诗书气自华”“书有未曾经我读，事无不可对人言”“事有研求皆学问，言堪持赠即文章”“友如作画须求淡，文似看山不喜平”“人能克己身无患，事不欺心睡自安”“知足是人生一乐，无为得天地自然”“宠辱不惊，闲看庭前花开花落；去留无意，漫观天外云卷云舒”，等等。

三、馆 堂 联

日月两轮天地眼，
诗书万卷圣贤心[1]。

——宋·朱熹《题庐山白鹿洞书院联》

【注释】

[1] 圣贤：道德才能极高之人。

【品读】

此联阐明学训：化用“天地因日月得光，君子靠诗书致圣”的意义，劝勉学生去除杂念，专心致志。上联将日月喻作天地时刻注视人的言行表现的两只清澈的眼睛，告诫学生顺应天理，远离贪欲，光明磊落处世；下联将诗书视为立德树人的智慧结晶，鼓励学生勤读诗书，神交圣贤，精益求精进取。

风声、雨声、读书声，声声入耳；
家事、国事、天下事，事事关心。

——明·顾宪成《题东林书院联》[1]

【注释】

[1] 顾宪成(1550—1612)：江苏无锡人，明代思想家。东林书院的创办者。

【品读】

此联倡导学风：上联要求“为学联系实际”，读书声应与自然的、社会的风声、雨声融为一体；下联强调“读书不忘家国”，心怀天下、匡时济世是莘莘学子的重大责任。联语主旨鲜明，意义深刻，文气贯通，声韵铿锵，叠字连用，对仗工整，极具表现力和感染力，对当时和后世的书院、学堂风尚都有积极影响。

精神到处文章老，
学问深时意气平。

——清·石韫玉《题书院联》[1]

【注释】

[1] 石韫(yùn)玉(1756—1837)：江苏省吴县人，清代文学家、杂剧作家、书画家。乾隆五十五年(1790)状元，官至山东按察使。引疾归，主讲苏州紫阳书院二十余年。著有

《独学庐诗文集》等。

【品读】

此联揭示学理：思虑成熟，文章自然深沉老到；学问精湛，意气自然优雅平和。书院是中国古代文化精粹的汇聚之地，士人学子在此研习经典，探求修身治国之道；学者大家在此传道讲学，阐发学术主张，教化礼仪道德。对联则是书院有形文化的重要部分，是办学思想的点睛之作。在古代书院，此类佳联琳琅满目，诸如“三载栖迟，洞古山深含至乐；一宵觉悟，文经武卫是全才。(湖南澧阳书院)”“考古证今，致用要关天下事；先忧后乐，存心须在秀才时。(湖南长沙书院)”“虽富贵不易其心，虽贫贱不移其行；以通经学古为高，以救时行道为贤。(广东广雅书院)”“求友须交真国士，通经还作济时人。(云南东陆书院)”，等等，都是中华人文思想和教育主张的积淀，用心品读，教益无穷。

政惟求于民便，
事皆可与人言。

——清・梁章钜《题荆州署厅联》[1]

【注释】

[1] 梁章钜(1775—1849)：字闳中，晚号退庵，福建长乐人，清代文学家。嘉庆进士，官至江苏巡抚。梁在楹联创作、研究方面的贡献颇丰，乃楹联学开山之祖。著有《楹联丛话》《楹联续话》《楹联三话》《楹联剩话》《巧对录》等，使许多名胜楹联及历代流传的巧联妙对，得以保存至今。

【品读】

此联宣示官道：上联基于“民本”思想，要求居官治政唯一应该追求的是“民便”，即使百姓安居乐业。下联言襟怀坦白，光明磊落，才能进入像司马光所说的那种“未尝有不可对人言者”的人格境界。此联表明了作者为官施政的进步观点，放到今天来读也仍有裨益。

海纳百川，有容乃大；
壁立千仞，无欲则刚[1]。

——清・林则徐《题总督府衙联》

【注释】

[1] “大”与“刚”出自《孟子・公孙丑上》，即“浩然之气，至大至刚”。“浩然之气”是充满正义、充满仁义道德的正气、骨气。

【品读】

此联警诫官德：海洋汇聚百川，有宽容才有浩大；高山峭壁千仞，无偏私才有刚强。告诫自己重任在肩，危机四伏，必须“有容”“无欲”，至大至刚，才能不辱使命，有所作为。

能攻心则反侧自消，从古知兵非好战[1]；
不审势即宽严皆误，后来治蜀要深思[2]。

——清・赵藩《题成都武侯祠联》[3]

【注释】

[1] 攻心：从心理上瓦解，使其心悦诚服。反侧：颠倒，倾覆。这里指谋反叛乱。自消：自然消解，消除。

[2] 审势：审察形势。

[3] 赵藩(1851—1927)：云南剑川人，清代学者、诗人、书法家。成都武侯祠：是纪念中国三国时期蜀汉丞相诸葛亮的祠宇。位于四川成都南门武侯祠大街，肇始于建兴元年(223)修建刘备惠陵时，它是中国唯一一座君臣合祀祠庙和最负盛名的诸葛亮、刘备及蜀汉英雄纪念地，也是全世界影响最大的三国遗迹博物馆。

【品读】

此联揭示政理：上联说，若能采用攻心战术处理反叛问题，以仁义服人，那么，怀有疑虑和二心的对立面便会自然消除，这是自古以来，懂得用兵之道却并不好战的政治家们的成功要诀；下联讲，如果不能顺应民心，审时度势地化解矛盾，那么，所行政令无论是宽是严，都会贻误大事，这是后来治理蜀地的人必须深思的问题。

作者借蜀相诸葛亮平叛安民的史实，用联语谈论国家稳定、社会和谐之道，字挟风霜，语重心长，精要警策，切中根本，问世之后，备受推崇。

异代不同时，问如此江山，龙蜷虎卧几诗客[1]；

先生亦流寓，有长留天地，月白风清一草堂[2]。

——清·顾复初《题成都杜甫草堂联》[3]

【注释】

[1] 异代：时代变异。龙蜷(quán)虎卧：喻杰出的人才。

[2] 杜甫安史之乱后于乾元二年(759)入川，流寓成都，在西郊浣花溪旁筑茅屋而居，四年间，写下了《茅屋为秋风所破歌》等1 400余首诗歌。

[3] 顾复初(1800—1893)：江苏苏州人，清代学者、诗人。咸丰末入蜀，流寓成都。成都杜甫草堂：位于四川成都西门外的浣花溪畔，是唐代诗人杜甫流寓成都时的故居。

【品读】

此联睹物怀人：时代变迁，新人旧人无法比较，试问祖国历史长河之中，真正名留千古的诗人，细数又有几个？先生不幸，遭遇乱世才流寓成都，却有长留天地的诗篇，月白风清的草堂，怎不教人追念！

联语立意新颖，手法奇异，既有对流传一时的赵翼诗句“李杜诗篇众口传，至今已觉不新鲜”的评议，亦有借题抒怀，自伤不遇的感叹。见解独到，意蕴深刻，用语精工，备受后人赞赏。

事在人为，休言万般皆是命；

境由心造，退后一步自然宽[1]。

——青城山道观联

【注释】

[1] 境由心造：意指环境的美好与恶劣是由心境的快乐与否而决定的。

【品读】

此联论道劝世：上联讲，事业的成败取决于人的作为，遭遇困难、挫折之时，不能以“时运不济”“命由天定”做沉沦的借口；下联说，处境的好坏取决于人的心态，境况困窘、为难之际，要有退后一步、换个想法的勇气，自然迎来海阔天空的局面。全联讲个人的事业、处境与其作为、心态之间的关系，谈笑玄机，点拨进退，富含哲理，发人深思。

做个好人心正身安魂梦稳[1]，
行些善事天知地鉴鬼神钦[2]。

——上海城隍庙大殿联

【注释】

[1] 魂梦：泛指心理精神。

[2] 鬼神：泛指神灵。

【品读】

此联劝善度人：上联说，若能做个好人，心就端正，身就安康，魂梦也就稳定；下联讲，若能行些善事，天必知道，地必鉴赏，鬼神也会钦敬。

四、景观联

四面湖山归眼底，
万家忧乐到心头。

——明·陈大纲《题岳阳楼联》[1]

【注释】

[1] 陈大纲：生卒年不详。明代嘉庆年间进士。其为湖南岳阳楼写的这副对联，意蕴特别，深受后人喜爱。

【品读】

此联借景抒情：作者应和范仲淹“先天下之忧而忧，后天下之乐而乐”的意思，抒写自己登临此楼的感慨。上联写登临斯楼，尽览湖光山色美景的喜悦；下联发触景生情，顿生忧国忧民情怀的感慨。

百千劫危楼尚存，问谁摘斗摩霄，目空今古；
五百年故侯安在？只我倚栏看剑，泪洒英雄[1]。

——清·彭玉麟《题广州镇海楼》[2]

【注释】

[1] 故侯：指的是明代官封永嘉侯的朱亮祖。在建了镇海楼后，即被召回，朝廷说他“使镇岭南，作为擅专，贪取尤重”，将他活活鞭死。

[2] 彭玉麟(1816—1890)：字雪琴，湖南衡阳人，清末湘军将领。1853 年随曾国藩创办湘军水师，任水师提督。1883 年任兵部尚书。中国近代海军奠基人。

【品读】

此联托物论人：清光绪年间，彭玉麟奉命管辖广州防务。中法战争爆发，他极力主战，朝廷则主和。目睹国运衰颓，彭玉麟心情愤懑。他登上广州越秀山镇海楼，抚今追昔，便写下这副对联。意思是，历经无数灾劫的镇海楼依然屹立，可有谁能摘下苍穹之上的满天星斗？登楼远眺，古今都看遍。五百年前建楼的侯爷在哪？只让我独倚栏杆，摩挲宝剑，英雄泪流。

上联赞扬镇海楼的历史悠久，赞扬先辈在这里拓土开疆，“摘斗摩霄，目空今古”的英雄气概。下联借建楼人朱亮祖的遭遇，抒发空怀报国之心，只能抚剑徘徊、临风洒泪的无尽伤感。联语沉雄慷慨，意韵深长，挂在镇海楼前，既恰切地描绘了该楼浑厚巍峨的风格，又象征着岭南人对无情历史的拷问，楼、联相映成趣，美不胜收，蔚为大观。

一楼何奇？杜少陵五言绝唱，范希文两字关情，滕子京百废俱兴，吕纯阳三过必醉，诗耶？吏耶？儒耶？仙耶？前不见古人，使我怆然涕下[1]；

诸君试看，洞庭湖南极潇湘，扬子江北通巫峡，巴陵山西来爽气，岳州城东道岩疆，渚者？流者？峙者？镇者？此中有真意，问谁领会得来[2]？

——清·窦序《题岳阳楼联》[3]

【注释】

[1] 杜少陵五言绝唱：指杜甫的《登岳阳楼》五言律诗。范希文两字关情：指范仲淹《岳阳楼记》“先天下之忧而忧，后天下之乐而乐”名句中的“忧”“乐”两字。滕子京百废俱兴：指主持重修岳阳楼的滕子京的政声。吕纯阳三过必醉：指“八仙”之一的吕洞宾。诗耶？儒耶？吏耶？仙耶？：诗人吗？儒家吗？官吏吗？神仙吗？前不见古人，使我怆然涕下：改用陈子昂《登幽州台歌》中的佳句。

[2] 南极潇湘：指南边直到潇水和湘水。巴陵山西来爽气：指巴陵山在岳阳西方。爽气即指明朗开豁的自然景象。岩(yán)疆：指山岩之边界。此中有真意，问谁领会得来：改用陶渊明《饮酒》诗中佳句“此中有真意，欲辨已忘言”。

[3] 窦序：云南罗平溆基村人，清道光年间官于湖南。

【品读】

此联托物抒怀：上联一开始就赞叹岳阳楼的奇伟，接着便历数典型史迹予以论述：点出了杜甫的五言绝唱、范仲淹的佳辞妙句、滕子京的出色政绩、吕洞宾的神话传说，然后化用陈子昂的诗句作结，借岳阳楼的奇伟美妙发出不见前代贤才而感伤时事的叹息；下联依据方位实写岳阳楼之奇之美：登楼远眺，南可望潇湘，北可及巫峡，西可至巴陵山，东可穷山岩的边界。那宏阔的湖水、滚滚奔腾的河流、耸立的群峰、雄镇一方的主峰均映入眼帘。至此，切景着墨，发出了“此中胜景真意，谁领会得来”的设问，真是言虽尽而意无穷。

楹联共102字，高度地概括了与岳阳楼有关的历史人物的事迹，绘形绘色地描写了岳阳楼所处的地理位置的神奇。意境壮美，含义深刻，用字精巧，令人叹为观止。

撼山抑可易，撼军抑何难，愿忠魂常镇荆湖，护持江汉雄风，大业先从三户起[1]；

文官不爱钱，武官不怕死，奉说论复兴国家，留得乾坤正气，新猷端自四维张[2]。

——武汉蛇山岳飞墓碑亭联

【注释】

[1]“撼山”“撼军”句：援引“撼山易，撼岳家军难”的典故，褒扬岳飞治军御敌的业绩。荆湖、江汉：均指代楚地。三户：亦代指楚地，且含有借“楚虽三户，亡秦必楚”的典故，怀念楚地忠魂雄风的意思。

[2]谠(dǎng)论：正直的议论。新猷(yóu)：新的谋划。四维：礼、义、廉、耻。

【品读】

此联说古论今：上联褒扬岳飞严谨治军、扬威震敌的英雄业绩，怀念楚地的忠魂雄风；下联激励人们抵制贪腐，伸张正气，通过尊奉四维来复兴国家。

两脚不离大道，吃紧关头，须要认清岔道；
一亭俯看群山，占高地步，自然赶上前人。

——贵阳图宁关联

【品读】

此联借景喻理：上联说，愈是登上高处，愈须小心谨慎，愈易误入歧途；下联讲，只有脚跟平稳，超出平庸，踏实前进，才会赶上前贤。

发上等愿，结中等缘，享下等福[1]；
择高处立，就平处坐，向宽处行。

——清·左宗棠《题无锡梅园联》[2]

【注释】

[1]发愿：发下心愿，表明愿望，确立志向，起誓。结中等缘：平易待人，平等交往，不趋炎附势，不巴结权贵。

[2]左宗棠(1812—1885)：湖南湘阴人。晚清军事家、政治家。

【品读】

此联托物言志：上联说，做人，志向要远大，待人要平易，生活要俭朴；下联讲，做事，目的要高尚，立场要平稳，胸怀要宽广。因其所赞扬的生活态度符合人道天理，结体端庄自然，用语典雅通俗而备受推崇，广为流传。

下编

——名言

提示

名言，专指出自文献典籍和前人著述中的经过实践检验和历史筛选而流传下来的著名言论。中华优秀传统文化经典中记载和流传下来的名言，是中华民族生活智慧的结晶，是中华文明的重要组成部分。

入选本书的名言，都是有益启智明理、立德树人，至今被人们引为真理、奉为圭臬、具有很强的教育意义和实践价值的著名言论，是中华传统文化经典"选读"的重要内容。按照其出处和年代，分别编录成了"先秦儒家名言""诸子百家名言""汉以来历代先贤名言"三个章节。

这些名言所论，涵盖了生活的各个方面，每一句都独立表意，简短明了，富含理趣，是我们学习、理解中华文明价值观念和进行自我教育的好助手、好老师。即使随意翻阅，也可增长知识，开阔胸襟，愉悦身心，是最方便的精神快餐。如果能够结合生活实际，将其中一些由衷喜爱的名言记在心里，挂在嘴边，作为人生格言和座右铭；特别是，在碰到了难事，陷入了困惑，遭受了挫折，陷入了危机，或者面对生活感到迷茫，感到精神空虚，需要心灵慰藉和可靠参谋的时候，把相关的名言找出来阅读比照，那么，不仅可以获得温暖的教益、博大的智慧、奋进的力量，而且，前行的道路也必将充满光明。

第八章　先秦儒家名言

先秦儒家是指春秋战国时期以孔子为代表的一个思想学说流派，也称儒学或儒教。因其注重人伦道义、贴近生活、体系完整而成为中国古代影响最大的思想流派。儒学是中华传统文化的主流，具有广泛的世界影响。

一、《论语》名言

子曰[1]："学而时习之，不亦说[2]乎？有朋[3]自远方来，不亦乐[4]乎？人不知，而不愠[5]，不亦君子乎？"(学而篇第一)

【注释】

[1] 子：中国古代对于有地位、有学问的男子的尊称，有时也泛称男子。《论语》书中"子曰"的"子"，都是指孔子。

[2] 说(yuè)：同"悦"，愉快、高兴的意思。

[3] 朋："同门曰朋"，即同在一位老师门下学习的叫朋，也就是志同道合的人。

[4] 乐：与悦有所区别。悦在内心，乐则见于外。

[5] 愠(yùn)：恼怒，怨恨。

【译文】

孔子说："对学到的知识经常温习，不是很愉悦吗？有朋友从远方来，不是很快乐吗？不因为人家不了解自己而烦恼怨怒，不也是君子的气度吗？"

曾子曰："吾日三省[1]吾身。为人谋而不忠[2]乎？与朋友交而不信[3]乎？传不习乎？"(学而篇第一)

【注释】

[1] 三省(xǐng)：多次检查。省，检查，察看。

[2] 忠：尽己之谓忠。

[3] 信：信者，诚也。

【译文】

曾子说："我每天用三问来反省自己：为别人办事，尽心了吗？与朋友交往，够诚实吗？老师传授的知识，温习过了吗？"

有子曰:“信近于义,言可复也[1];恭近于礼,远[2]耻辱也;因不失其亲,亦可宗也[3]。”(学而篇第一)

【注释】

[1] 近:接近,符合。义:正义。复:实践。

[2] 远(yuàn):使之远离、避免。

[3] 因:依靠,凭借。宗:主,可靠。

【译文】

有子说:“讲信用要符合正义,才能履行承诺;讲恭敬要符合礼节,才能免遭耻辱;接近的都是可靠的人,也就值得尊敬了。”

子曰:“君子食无求饱,居无求安,敏于事而慎于言,就有道而正焉[1],可谓好学也已。”(学而篇第一)

【注释】

[1] 就:靠近,看齐。有道:指有道德的人。正:匡正,端正。

【译文】

孔子说:“君子不追求饮食的饱足,不追求居住的安逸,做事勤勉,说话慎重,接近有德行的人来匡正自己,这可说是喜好学习了。”

子曰:“不患人之不己知[1],患不知人也。”(学而篇第一)

【注释】

[1] 患:忧虑,怕。不己知:不知己。

【译文】

孔子说:“不怕别人不了解自己,只怕自己不了解别人。”

子曰:“为政以[1]德,譬如北辰[2],居其所而众星共之[3]。”(为政篇第二)

【注释】

[1] 以:用的意思。

[2] 北辰:北极星。

[3] 所:处所,位置。共:同“拱”,环绕的意思。

【译文】

孔子说:“以德行来治理政事,就会像北极星那样,居于一定的方位、高度,群星都会环绕在它的周围。”

子曰:“吾十有[1]五而志于学,三十而立[2],四十而不惑[3],五十而知天命[4],六十而耳顺[5],七十而从心所欲不逾矩[6]。”(为政篇第二)

【注释】

[1] 有:同“又”。

[2] 立:站得住。

[3] 不惑:掌握了知识,不被外界事物迷惑。

[4] 天命：指不为人力所支配的事情。
[5] 耳顺：指对那些于己不利的意见也能正确对待。
[6] 从：遵从。逾：越过。矩：规矩。

【译文】

孔子说："我十五岁下定决心学习，三十岁建立起自我，四十岁不再迷惑，五十岁懂得了天道命运，六十岁能容受各种批评，七十岁随心所欲地做事而不违反礼仪规矩。"

子曰："温故而知新，可以为师矣。"（为政篇第二）

【译文】

孔子说："温习旧知识能有新体会，能解决新问题，就可以当老师了。"

子曰："君子不器。"（为政篇第二）

【译文】

孔子说："君子不是器具。"

子曰："学而不思则罔[1]，思而不学则殆[2]。"（为政篇第二）

【注释】

[1] 罔：迷惘，糊涂。
[2] 殆：疑惑，危险。

【译文】

孔子说："只学习而不思考就会迷惘；只空想而不学习就会危险。"

子曰："由[1]，诲汝知之乎！知之为知之，不知为不知，是知也。"（为政篇第二）

【注释】

[1] 由：指孔子的弟子子路。

【译文】

孔子说："子路啊，我告诉你什么叫求知吧：知道就是知道，不知道就是不知道，这才是真正的知道。"

子曰："人而无信，不知其可也。大车无輗[1]，小车无軏[2]，其何以行之哉？"（为政篇第二）

【注释】

[1] 輗(ní)：大车的车轴。
[2] 軏(yuè)：小车的车轴。

【译文】

孔子说："一个人不讲信用，那怎么可以呢？就好像大车小车没有车轴一样，靠什么行走呢？"

子曰："见义不为，无勇也。"（为政篇第二）

【译文】

孔子说:“见到正义的事情而不做,这是没勇气。”

子入太庙[1],每事问。(八佾篇第三)

【注释】

[1] 太庙:君主的祖庙。

【译文】

孔子走进太庙,每件事情都要向人请教。

子曰:“君子怀德[1],小人怀土[2];君子怀刑[3],小人怀惠。”(里仁篇第四)

【注释】

[1] 怀德:关怀德政。

[2] 怀土:关怀生活。

[3] 刑:法规。

【译文】

孔子说:“君子关怀德政,小人关怀生活;君子关怀法规,小人关怀利益。”

子曰:“不患无位,患所以立;不患莫己知,求为可知也。”(里仁篇第四)

【译文】

孔子说:“不愁没有职位,要愁有没有站得住脚的东西;不愁没人知道自己,只要努力做出成绩,别人就会知道的。”

子曰:“君子喻于义,小人喻于利。”(里仁篇第四)

【译文】

孔子说:“君子在乎道义,小人在乎利害。”

子曰:“见贤思齐焉,见不贤而内自省也。”(里仁篇第四)

【译文】

孔子说:“见到好的,就应该向之学习、看齐;见到不好的,就应该反省自己。”

子曰:“德不孤,必有邻。”(里仁篇第四)

【译文】

孔子说:“有道德的人不会孤立,必定有人来亲近。”

子曰:“敏而好学,不耻下问,是以谓之文也。”(公冶长篇第五)

【译文】

孔子说:“办事敏捷又喜欢学习,不以向人请教为耻,所以能够叫‘文’。”

子曰:“老者安之,朋友信之,少者怀之。”(公冶长篇第五)

【译文】

孔子说："使老一辈安心，朋友们信任，年轻人得到关怀。"

子曰："贤哉回也，一箪[1]食，一瓢饮，在陋巷[2]，人不堪其忧，回也不改其乐。贤哉回也。"（雍也篇第六）

【注释】

[1] 箪（dān）：古代盛饭用的竹器。

[2] 巷：此处指颜回的住处。

【译文】

孔子说："真有贤德啊，颜回！一盒饭，一瓢水，住在破巷子里，别人都忍受不了这种穷困清苦，颜回却没有改变他好学的乐趣。颜回真是贤德啊！"

子曰："知之者不如好之者，好之者不如乐之者。"（雍也篇第六）

【译文】

孔子说："懂得它的，不如爱好它的；爱好它的，又不如以它为快乐的。"

子曰："知[1]者乐水，仁者乐山；知者动，仁者静；知者乐，仁者寿。"（雍也篇第六）

【注释】

[1] 知（zhì）：同"智"。

【译文】

孔子说："聪明的人喜欢水，仁厚的人喜欢山；聪明的人活跃，仁厚的人沉静；聪明的人快乐，仁厚的人长寿。"

子曰："君子博学于文，约[1]之以礼，亦可以弗畔矣夫[2]。"（雍也篇第六）

【注释】

[1] 约：约束。

[2] 畔：同"叛"。矣夫：语气词，表感叹。

【译文】

孔子说："君子广泛地学习文化知识，又以礼节来约束自己，就可以不违背道义了。"

子曰："默而识[1]之，学而不厌，诲人不倦，何有于我哉？"（述而篇第七）

【注释】

[1] 识（zhì）：记住的意思。

【译文】

孔子说："知识默记在心，学习不觉厌烦，教人不知疲倦，我还有什么呢？"

子曰："德之不修，学之不讲，闻义不能徙[1]，不善不能改，是吾忧也。"（述而篇第七）

【注释】

[1] 徙（xǐ）：迁移。指靠近义，做到义。

【译文】

孔子说:“品德不修养,学问不探求,明白道理不去实行,有了过失不能改正,这是我所忧虑的。”

子曰:“志于道,据于德,依于仁,游于艺[1]。”(述而篇第七)

【注释】

[1] 艺:指孔子教授学生的礼、乐、射、御、书、数六艺。

【译文】

孔子说:“以道为志向,以德为根据,以仁为依托,娴熟地掌握各种技艺。”

子曰:“三人行,必有我师焉。择其善者而从之,其不善者而改之。”(述而篇第七)

【译文】

孔子说:“三个人一起走路,必定有我值得学习的老师。看到优点就向他学习,发现缺点就改正自己。”

子曰:“君子坦荡荡[1],小人长戚戚[2]。”(述而篇第七)

【注释】

[1] 坦荡荡:心胸坦诚宽容。

[2] 长戚戚:经常忧愁、烦恼的样子。

【译文】

孔子说:“君子心胸宽广,小人老是忧愁。”

子曰:“兴[1]于诗,立于礼,成于乐。”(泰伯篇第八)

【注释】

[1] 兴(xīng):开始。

【译文】

孔子说:“(人的修养)开始于学《诗》,自立于学礼,完成于学乐。”

子绝四:毋意[1],毋必[2],毋固[3],毋我[4]。(子罕篇第九)

【注释】

[1] 毋(wú):不要。意:同“臆”,瞎猜。

[2] 必:独断。

[3] 固:固执。

[4] 我:这里指自私之心。

【译文】

孔子杜绝了四种毛病:不瞎猜,不独断,不固执,不自私。

子曰:“后生可畏,焉知来者之不如今也?”(子罕篇第九)

【译文】
孔子说："年轻人是可敬畏的呀，怎么能认为后来者不如今天的人呢？"

子曰："三军可夺帅也，匹夫不可夺志也。"（子罕篇第九）
【译文】
孔子说："三军可以夺去主帅，个人不可夺去志向。"

子曰："岁寒，然后知松柏之后凋也。"（子罕篇第九）
【译文】
孔子说："到了寒冷的季节，才知道松柏不凋谢。"

子曰："过犹不及。"（先进篇第十一）
【译文】
孔子说："过头了就等于没达到。"

子曰："君子成人之美，不成人之恶。小人反是。"（颜渊篇第十二）
【译文】
孔子说："君子成全人做好事，不帮助人做坏事。小人则相反。"

季康子问政于孔子。孔子对曰："政者，正也。子帅以正，孰敢不正？"（颜渊篇第十二）
【译文】
季康子问孔子如何治理国家。孔子回答："政就是正的意思。你带头端正自己，谁敢不走正道呢？"

曾子曰："君子以文会友，以友辅仁。"（颜渊篇第十二）
【译文】
曾子说："君子以文章学问来结交朋友，通过朋友来辅助仁德成长。"

子曰："其身正，不令而行；其身不正，虽令不从。"（子路篇第十三）
【译文】
孔子说："自身行为正当，不发命令也行得通；自身行为不正当，发命令也没人服从。"

子曰："无欲速，无见小利。欲速则不达，见小利则大事不成。"（子路篇第十三）
【译文】
孔子说："不要图快，不要贪小利。图快反而达不到目的，贪小利就做不成大事情。"

子曰："居处恭，执事敬，与人忠。"（子路篇第十三）
【译文】
孔子说："生活起居要庄重谨慎，处理事务要严肃认真，与人交往要信实忠诚。"

子曰:“言必信,行必果。”(子路篇第十三)

【译文】

孔子说:“说话要守信用,做事必须实在。”

子曰:“不恒其德,或承之羞[1]。”(子路篇第十三)

【注释】

[1] 不恒其德,或承之羞:引自《易经·恒卦·爻辞》。

【译文】

孔子说:“不能恒久保持美德,就可能遭受羞辱。”

子曰:“君子泰而不骄,小人骄而不泰。”(子路篇第十三)

【译文】

孔子说:“君子自尊而不傲慢,小人傲慢而不自尊。”

子曰:“君子耻其言而过其行。”(宪问篇第十四)

【译文】

孔子说:“君子羞耻于说得多而做得少。”

子曰:“以直报怨,以德报德。”(宪问篇第十四)

【译文】

孔子说:“用公正来回报怨恨,用恩德来回报恩德。”

子曰:“不怨天,不尤人。”(宪问篇第十四)

【译文】

孔子说:“不埋怨老天,不怪罪别人。”

子曰:“志士仁人,无求生以害仁,有杀身以成仁。”(卫灵公篇第十五)

【译文】

孔子说:“志士仁人,没有为苟全性命而损害仁的,只有以牺牲自己来成全仁的。”

子曰:“工欲善其事,必先利其器。”(卫灵公篇第十五)

【译文】

孔子说:“做工的人想把活儿做好,必须首先使他的工具锋利。”

子曰:“人无远虑,必有近忧。”(卫灵公篇第十五)

【译文】

孔子说:“人没有长远的考虑,一定有眼前的忧患。”

子曰:“君子义以为质,礼以行之,孙以出之,信以成之。君子哉!”(卫灵公篇第十五)

【译文】

孔子说："君子以正义为本质，通过礼制实行它，用谦逊的语言表达它，守住信任完成它。这才是君子啊！"

子曰："君子求诸己，小人求诸人。"（卫灵公篇第十五）

【译文】

孔子说："君子要求自己，小人要求别人。"

子曰："君子不以言举人，不以人废言。"（卫灵公篇第十五）

【译文】

孔子说："君子不凭说的话来肯定人，也不因人不好而否定他的话。"

子曰："君子谋道不谋食。……君子忧道不忧贫。"（卫灵公篇第十五）

【译文】

孔子说："君子谋求事业而不谋求衣食。……君子担忧事业而不担忧贫穷。"

子曰："当仁，不让于师。"（卫灵公篇第十五）

【译文】

孔子说："面对仁的问题，对老师也不必谦让。"

子曰："道不同，不相为谋。"（卫灵公篇第十五）

【译文】

孔子说："所走道路不同，不必互相商议。"

子曰："益者三友，损者三友。友直，友谅[1]，友多闻，益矣。友便辟[2]，友善柔[3]，友便佞[4]，损矣。"（季氏篇第十六）

【注释】

[1] 谅：诚信。

[2] 便辟：惯于走邪道。

[3] 善柔：善于阿谀奉承、和颜悦色骗人。

[4] 便佞（nìng）：惯于花言巧语。

【译文】

孔子说："有益的交友有三种，有害的交友有三种。同正直的人交朋友，同诚信的人交朋友，同见闻广博的人交朋友，是有益的。同惯于走邪道的人交朋友，同善于阿谀奉承的人交朋友，同惯于花言巧语的人交朋友，是有害的。"

子曰："益者三乐，损者三乐。乐节礼乐[1]，乐道人之善，乐多贤友，益矣。乐骄乐[2]，乐佚[3]游，乐晏乐[4]，损矣。"（季氏篇第十六）

【注释】

[1] 节礼乐(yuè)：孔子主张用礼乐来节制人。

[2] 骄乐：骄纵不知节制的乐。

[3] 佚：同“逸”。

[4] 晏乐：沉溺于宴饮取乐。

【译文】

孔子说：“有益的喜好有三种，有害的喜好有三种。喜欢用礼乐调节自己，喜欢讲别人好处，喜欢多交好朋友，这是有益的。喜欢骄纵放肆，喜欢游荡闲逛，喜欢大吃大喝，这是有害的。”

子曰：“君子有三戒：少之时，血气未定，戒之在色；及其壮也，血气方刚，戒之在斗；及其老也，血气既衰，戒之在得。”（季氏篇第十六）

【译文】

孔子说：“君子有三种警惕戒备：青年时代，身心不成熟，要戒除放纵情欲；壮年时代，精力旺盛，要戒除逞强好斗；老年时代，精力衰退，要戒除保守贪婪。”

子曰：“君子有九思：视思明，听思聪，色思温，貌思恭，言思忠，事思敬，疑思问，忿(fèn)思难，见得思义。”（季氏篇第十六）

【译文】

孔子说：“君子有九种要用心思考的事：看，要考虑看清楚了没有；听，要考虑听明白了没有；脸色，要考虑是否温和；态度，要考虑是否谦恭；说话，要考虑是否诚实；办事，要考虑是否认真；有问题，要考虑向人请教；生气，要考虑不良后果；获利，要考虑是否正当。”

子曰：“乡愿，德之贼也。”（阳货篇第十七）

【译文】

孔子说：“八面讨好的乡愿先生，是道德的祸害。”

子夏曰：“博学而笃志，切问而近思，仁在其中矣。”（子张篇第十九）

【译文】

子夏说：“广泛学习而坚定志向，恳切提问而认真思考，仁德就在其中了。”

二、《孟子》名言

孟子曰：“天时不如地利，地利不如人和。”（公孙丑上）

【译文】

孟子说：“适宜作战的天气不如有利于作战的地形，有利于作战的地形不如人心归一、上下团结。”

孟子曰："得道者多助，失道者寡助。"（公孙丑下）

【译文】

孟子说："行仁政的帮助他的人就多，不行仁政的帮助他的人就少。"

孟子曰："民之为道也，有恒产[1]者有恒心[2]，无恒产者无恒心。苟无恒心，放辟邪侈，无不为已。及陷乎罪，然后从而刑之，是罔民[3]也。"（滕文公上）

【注释】

[1] 恒产：指家庭固定的产业，土地、田园、房屋等。

[2] 恒心：指人所常有的善良本心。

[3] 罔民：欺骗陷害百姓。

【译文】

孟子说："民情的基本状况：有固定产业稳定收入的人才有稳定的道德伦常观念，没有固定产业稳定收入的人便不会有稳定的道德伦常观念。假若没有稳定的道德伦常观念，就会胡作非为，什么事都干得出来。等到他们犯了罪，然后去处罚，就等于陷害百姓。"

孟子曰："富贵不能淫，贫贱不能移，威武不能屈，此之谓大丈夫。"（滕文公下）

【译文】

孟子说："富贵不能乱我之心，贫贱不能变我之志，威武不能屈我之节，这样才叫作大丈夫。"

孟子曰："离娄[1]之明、公输子[2]之巧，不以规矩，不能成方圆；师旷之聪[3]，不以六律[4]，不能正五音[5]；尧舜之道，不以仁政，不能平治天下。"（离娄上）

【注释】

[1] 离娄：相传为黄帝时人，目力极强，能于百步之外望见秋毫之末。

[2] 公输子：即公输班，鲁国人，所以又叫鲁班，古代著名的巧匠。

[3] 师旷：春秋时晋国的乐师，古代著名的音乐家。聪：听力好。

[4] 六律：中国古代将音律分为阴吕、阳律两部分，各有六种音，六律即阳律的六音，分别是黄钟、太簇、姑洗、蕤宾、夷则、无射。

[5] 五音：中国古代音阶名称，即宫、商、角、徵、羽，相当于简谱中的1、2、3、5、6这五音。

【译文】

孟子说："有离娄的眼神，有公输班的技巧，不使用圆规曲尺，就不能画出方、圆；有师旷的听力，不依据六律，就不能校正五音；有尧舜之道，不施行仁政，就不能治理好天下。"

孟子曰："天下之本在国，国之本在家，家之本在身。"（离娄上）

【译文】

孟子说："天下的基础是国，国的基础是家，而家的基础则是个人。"

孟子曰："存乎人者，莫良于眸[1]子。眸子不能掩其恶。胸中正，则眸子瞭[2]焉；胸中不正，则眸子眊[3]焉。听其言也，观其眸子，人焉廋[4]哉？"（离娄上）

【注释】

[1] 眸(móu)：瞳仁,眼珠。

[2] 瞭(liǎo)：眼珠明亮。

[3] 眊(mào)：眼睛失神,看不清楚。

[4] 廋(sōu)：藏匿,隐藏。

【译文】

孟子说:“观察一个人,没有比观察眼睛更可靠了。眼睛不能遮盖一个人的丑恶。心正,眼睛就明亮;心不正,眼睛就昏暗。听人说话,观察他的眼睛,这人的善恶又能往哪里隐藏呢?”

孟子曰:“恭者不侮人,俭者不夺人。”(离娄上)

【译文】

孟子说:“恭敬别人的人不会侮辱别人,自己节俭的人不会掠夺别人。”

《泰誓》[1]曰:“天视自我民视,天听自我民听。”(万章上)

【注释】

[1]《泰誓》:《尚书》中的一篇,记录的是周武王讨伐商纣王前的誓词。“誓”是《尚书》中的一种体例,大致相当于今天的动员演说。

【译文】

《泰誓》说过:“百姓的眼睛就是天的眼睛,百姓的耳朵就是天的耳朵。”

万章问曰:“敢问友。”孟子曰:“不挟[1]长,不挟贵,不挟兄弟而友。友也者,友其德也,不可以有挟也。”(万章下)

【注释】

[1] 挟(xié)：倚仗,依恃。

【译文】

万章问道:“请问交朋友的原则是什么?”孟子回答:“不倚仗年纪大,不倚仗地位高,不倚仗兄弟有权势。交朋友,交的是人的品德,不可以有任何倚仗的念头。”

孟子曰:“鱼,我所欲也,熊掌亦我所欲也;二者不可得兼,舍鱼而取熊掌者也。生亦我所欲也,义亦我所欲也;二者不可得兼,舍生而取义者也。”(告子上)

【译文】

孟子说:“鱼是我所喜欢的,熊掌也是我所喜欢的;如果两者不能并有,便牺牲鱼,而要熊掌。生命是我所喜欢的,正义也是我所喜欢的;如果两者不能并有,便牺牲生命,而要正义。”

曹交[1]问曰:“人皆可以为尧舜[2],有诸?”孟子曰:“然。”(告子下)

【注释】

[1] 曹交：人名。

[2] 尧舜：尧和舜。据说都是上古的贤明君主，泛指中华圣贤。

【译文】

曹交问孟子："每个人都可以成为尧和舜那样的伟人，有这可能吗?"孟子说："有。"

孟子曰："君子有三乐，而王天下不与存焉。父母俱存，兄弟无故，一乐也；仰不愧于天，俯不怍[1]于人，二乐也；得天下英才而教育之，三乐也。"(尽心上)

【注释】

[1] 怍(zuò)：惭愧。

【译文】

孟子说："君子有三种乐趣，但是以德服天下并不在其中。父母都健康，兄弟没灾患，是第一种乐趣；抬头无愧于天，低头无愧于人，是第二种乐趣；得到天下优秀人才而对他们进行教育，是第三种乐趣。"

孟子曰："鸡鸣而起，孳孳[1]为善者，舜[2]之徒也；鸡鸣而起，孳孳为利者，跖[3]之徒也。欲知舜与跖之分，无他，利与善之间也。"(尽心上)

【注释】

[1] 孳(zī)孳：通"孜孜"，执着认真貌。

[2] 舜(shùn)：传说是上古的贤明君主，后泛指圣人。

[3] 跖(zhí)：盗跖，传说中的古代盗贼头子。

【译文】

孟子说："鸡叫就起身，孜孜不倦地行善，是舜一类的人；鸡叫就起身，一刻不停地求利，是盗跖一类的人。要想知道舜和盗跖的区别，没有别的，只在行善和求利的不同罢了。"

孟子曰："有为者辟[1]若掘井，掘井九轫[2]而不及泉，犹为弃井也。"(尽心上)

【注释】

[1] 辟(pì)：同"譬"。

[2] 九轫：轫，同"仞"，古代量词，一仞六尺或八尺，九轫相当于六七丈。

【译文】

孟子说："做事情就像掘井一样，如果掘到六七丈深还不见泉水，那么它仍然是一口废井。"

孟子曰："君子之所以教者五：有如时雨化之者，有成德者，有达财[1]者，有答问者，有私淑艾[2]者。此五者，君子之所以教也。"(尽心上)

【注释】

[1] 财：通"材"。

[2] 私：窃，私下里。淑：善。艾(yì)：治，治理。

【译文】

孟子说："君子的教育方法有五种：有像及时雨那样灌溉培养的，有成全优良品德的，有引导发挥才能的,有启发解答疑难的,还有以自身影响使不能亲身受业的人获得教育的。这五种便是君子教育的基本方法。”

孟子曰:“尽信书,则不如无书。”(尽心下)

【译文】

孟子说:“如果完全迷信书,那不如没有书。”

孟子曰:“身不行道,不行于妻子;使人不以道,不能行于妻子。”(尽心下)

【译文】

孟子说:“自身不依道而行,在妻子儿女身上都行不通;使唤别人不合于道,连使唤妻子儿女也不可能。”

三、《大学》名言

富润屋,德润身。心广体胖[1],故君子必诚其意。(第六章)

【注释】

[1] 润屋:装饰房屋。润身:修养自身。胖(pán):安舒。

【译文】

财富可以装饰房屋,品德却可以修养身心。心无愧怍,则胸襟广大,体常舒泰,所以,君子修身进德必须真诚。

心诚求之,虽不中不远矣。(第九章)

【译文】

只要诚心追求,即使尚未达成目标,也不远了。

一家仁,一国兴仁;一家让,一国兴让;一人贪戾,一国作乱。其机[1]如此。此谓一言偾[2]事,一人定国。(第九章)

【注释】

[1] 机:本指弩箭上的发动机关,引申指关键。

[2] 偾(fèn):败,坏。

【译文】

一家仁爱,一国也会兴起仁爱;一家礼让,一国也会兴起礼让;一人贪婪暴戾,一国就会犯上作乱。其联系就是这样紧密,这就叫作:一句话就会坏事,一个人就能安定国家。

道善则得之,不善则失之矣。《楚书》曰:“楚国无以为宝,惟善以为宝[1]。”舅犯曰:“亡人无以为宝,仁亲以为宝[2]。”(第十章)

【注释】

[1] “《楚书》”句:《楚书》,楚昭王时史书。楚昭王派王孙圉出使晋国。晋国赵简子

问楚国珍宝美玉现在怎么样了。王孙圉答道，楚国从来没有把美玉当作珍宝，只是把善人如观射父（人名）这样的大臣看作珍宝。事见《国语·楚语》。汉代刘向的《新序》中也有类似的记载。

[2] “舅犯”句：舅犯，晋文公重耳的舅舅狐偃，字子犯。亡人，流亡的人，指重耳。晋僖公四年十二月，晋献公因受骊姬的谗言，逼迫太子申生自缢而死。重耳避难逃亡在狄国时，晋献公逝世。秦穆公派人劝重耳归国掌政。重耳将此事告子犯，子犯以为不可，对重耳说了这几句话。事见《礼记·檀弓下》。

【译文】

行善便会成功，不行善便会失败啊！《楚书》说：“楚国没有什么是宝，只是把善当作宝。”舅犯说：“流亡在外的人没有什么是宝，只是把仁爱当作宝。”

好人之所恶，恶人之所好，是谓拂[1]人之性，灾必逮夫[2]身。是故君子有大道：必忠信以得之，骄泰[3]以失之。（第十章）

【注释】

[1] 拂：逆，违背。

[2] 逮（dài）：及，到。夫（fú）：发语词。

[3] 骄泰：骄横放纵。

【译文】

喜欢众人所厌恶的，厌恶众人所喜欢的，这是违背人的本性，灾难必定要落到自己身上。所以，做国君的人有正确的途径：忠诚信义，便会获得一切；骄奢放纵，便会失去一切。

四、《中庸》名言

喜怒哀乐之未发，谓之中[1]；发而皆中节，谓之和[2]。中也者，天下之大本也；和也者，天下之达道也。致[3]中和，天地位焉，万物育焉。（第一章）

【注释】

[1] 中：蕴含内心。其未发，则性也，无所偏倚，故谓之中。

[2] 节：节度法度。发皆中（zhòng）节，情之正也，无所乖戾，故谓之和。

[3] 致：达到。

【译文】

喜怒哀乐蕴含内心没有表露，叫作“中”；表现出来符合节度，叫作“和”。中，是人人都有的本性；和，是大家遵循的原则，达到“中和”的境界，天地便各在其位了，万物便生长繁育了。

在上位，不陵[1]下；在下位，不援[2]上。正己而不求于人则无怨。上不怨天，下不尤[3]人。（第十四章）

【注释】

[1] 陵：欺侮。

[2] 援：攀援，本指抓着东西往上爬，引申为巴结投靠。

[3] 尤：抱怨。

【译文】

处于上位，不欺侮下属；处于下位，不攀援上司。端正自己而不苛求别人，这样就不会有什么抱怨了。上不抱怨天，下不抱怨人。

君子之道，譬如行远，必自迩；辟如登高，必自卑[1]。(第十五章)

【注释】

[1] 迩(ěr)：近。卑：低处。

【译文】

君子行中庸之道，就像走远路，必从近处开始；就像登高山，必从低处起步。

思修身，不可以不事亲；思事亲，不可以不知人；思知人，不可以不知天。(第二十章)

【译文】

要修养自己，不能不侍奉族亲；要侍奉族亲，不能不了解他人；要了解他人，不能不知道天理。

凡事豫则立，不豫则废。(第二十章)

【译文】

任何事情，事先预备好了就会成功，没有预备就会失败。

子曰："愚而好自用，贱而好自专[1]，生乎今之世返古之道。如此者，灾及其身者也。"(第二十八章)

【注释】

[1] 自用：自以为是。自专：独断专行。

【译文】

孔子说："愚昧却自以为是，卑贱却独断专行，生于今世却一心复古。这样做，灾祸一定会降临到自己身上。"

君子不动而敬，不言而信。(第三十三章)

【译文】

君子不必有所行动，人们都尊敬他；不必开口说话，人们都相信他。

五、《礼记》名言

敖[1]不可长，欲[2]不可从，志不可满，乐不可极[3]。(曲礼)

【注释】

[1] 敖：同“傲”，傲慢。

[2] 从：同“纵”，放纵。

[3] 极：达到顶点。

【译文】

傲慢不可滋长，欲望不可放纵，志向不可自满，享乐不可达到极点。

玉不琢，不成器。人不学，不知道。（学记）

【译文】

玉石不经过琢磨，就不能成为器物。人不通过学习，就不懂得道理。

虽有嘉肴[1]，弗食，不知其旨[2]也。虽有至道[3]，弗学，不知其善也。是故学然后知不足，教然后知困[4]。知不足，然后能自反[5]也；知困，然后能自强也。故曰：教学相长也。《兑命》[6]曰：“学学半[7]”，其此之谓乎！（学记）

【注释】

[1] 肴（yáo）：做熟的鱼肉等。

[2] 旨：甘美的味道。

[3] 至道：好到极点的道理。

[4] 困：困惑。

[5] 自反：反躬自省。

[6] 兑：说（yuè）。

[7] 学学半：前一个“学”，同“敩（xiào）”，即“教”。意思是，教人是学习的一半。

【译文】

即便有美味的饮食，不去品尝，就不知道它美在哪里。即便有最好的道理，不去学习，就不知道它好在何处。因此，学习之后才知道不足，教人之后才知道困惑，知道了不足，才能反躬自省；知道了困惑，才能奋发图强。所以说，教和学是相互促进的。《尚书·兑命》讲：“教人是学习的一半”，说的就是这个道理。

大学之法：禁于未发之谓豫[1]，当其可之谓时[2]，不陵节而施之谓孙[3]，相观而善之谓摩[4]。此四者，教之所由兴也。（学记）

【注释】

[1] 豫：同“预”，预防。

[2] 可：适当。时：及时。

[3] 陵：超过。节：限度。孙：同“逊”，顺。

[4] 摩：观摩。

【译文】

大学的教育方法：过错未发生就加以禁止，叫作预防；在适当时候加以教导，叫作及时；不超过接受能力进行教导，叫作顺应；使学生相互观摩而得到促进，叫作切磋。这四点是教育取得成功的原因。

发然后禁，则扞格而不胜[1]；时过然后学，则勤苦而难成；杂施而不孙，则坏乱而不修；独学而无友，则孤陋而寡闻；燕朋[2]逆其师；燕辟[3]废其学。此六者，教之所由废也。（学记）

【注释】

[1] 扞(hàn)格：抵触。胜：克服。

[2] 燕朋：轻浮散漫的朋友。

[3] 燕辟：轻浮邪辟的言行。

【译文】

过错发生才去禁止，就会遇到障碍而难以克服；时机过了才去学习，虽然勤勉努力，也难有成就；杂乱施教而没有顺序，就会使学生头脑混乱而无法补救；独自学习而没有朋友一起商量，就会孤陋寡闻；轻浮散漫的朋友会使人违背师长的教导；轻浮邪辟的言行会使人荒废学业。这六点是导致教育失败的原因。

君子之教喻[1]也，道而弗牵[2]，强而弗抑[3]，开而弗达[4]。道而弗牵则和，强而弗抑则易，开而弗达则思。和、易以思，可谓善喻矣。（学记）

【注释】

[1] 喻：启发，诱导。

[2] 道：同“导”，引导。牵：强拉。

[3] 强(qiáng)：使强，勉励。抑：压制。

[4] 开：启发。达：通达。

【译文】

君子教人的方法是诱导。引导而不强迫，勉励而不压制，启发而不全部解答。引导而不强迫，师生关系就会和谐；勉励而不压制，学习就容易成功；启发而不全部解答，学生就会善于思考。能使师生关系和谐，使学习容易成功，使学生善于思考，就可以说是善于诱导了。

学者有四失，教者必知之。人之学也，或失则多，或失则寡，或失则易，或失则止。此四者，心之莫同也。知其心，然后能救其失也。教也者，长[1]善而救其失者也。（学记）

【注释】

[1] 长(zhǎng)：助长。

【译文】

学生可能有四种过失，当教师的一定要知道。人的学习，可能错在贪多，可能错在求少，可能错在不专注，可能错在不求进取。这四种结果产生的原因，其心理状态是不同的。了解了心理状态，然后才能纠正他们的过失。教育的目的，就在于发扬学生的长处，纠正他们的过失。

善歌者，使人继其声。善教者，使人继其志。其言也，约而达，微而臧[1]，罕譬而喻，可谓继志矣。（学记）

【注释】

[1] 臧(zāng)：善。

【译文】

善于唱歌的人，使人继续他的歌声。善于教学的人，使人继承他的意愿。其言辞简约而通达，含蓄而美善，即使少用譬喻也能使人明了；这可以说是善于使学生继承其志向来学习了。

善学者，师逸而功倍[1]，又从而庸[2]之。不善学者，师勤而功半，又从而怨之。善问者如攻坚木[3]，先其易者，后其节目[4]，及其久也，相说[5]以解。不善问者反此。善待问者如撞钟，叩之以小者则小鸣，叩之以大者则大鸣，待其从容[6]，然后尽其声。不善答问者反此。此皆进学之道也。（学记）

【注释】

[1] 逸：安闲，这里指费力小。功：效果。

[2] 庸：功劳。

[3] 攻：治，攻木指加工处理木材。

[4] 节：树的枝干交接处。目：纹理不顺处。

[5] 说：同"悦"。

[6] 从容：同"舂容"，即撞钟。

【译文】

善于学习的人，老师费力小，而自己收获大，这要归功于老师教导有方。不善于学习的人，老师费力大，而自己却收获小，还因此埋怨老师。善于提问的人，就像加工处理坚硬的木材，先从容易的枝叶下手，再处理节疤和纹理不顺的地方，这样做久了，遇到问题就能愉快地解决了。不善于提问的人与此相反。善于回答问题的老师，就像撞钟一样，撞得轻钟声就小，撞得重钟声就大，撞了钟，就让钟声响完。不善于回答问题的老师与此相反。这些都是增进教学成效的要领。

夫子曰："小子识之焉[1]，苛政猛于虎也！"（檀弓）

【注释】

[1] 小子：长辈对晚辈的称呼。识(zhì)：同"志"，记住。

【译文】

孔子对子路说："你要好好记住呀，苛政比老虎还要凶猛啊！"

君子有三患：未之闻，患弗得闻也；既闻之，患弗得学也；既学之，患弗能行也。（杂记）

【译文】

君子有三种忧患：自己没有听说过的知识或道理，怕不能听到；听到之后怕不能学到手；学到之后怕不能做到。

君子有五耻：居其位，无其言，君子耻之；有其言，无其行，君子耻之；既得之而又失之，君子耻之；地有余而民不足，君子耻之；众寡而己倍焉，君子耻之。（杂记）

【译文】

以下五种情形，君子感到可耻：身居职位却不能发表应有的意见，君子感到可耻；发表了意见却不能实行,君子感到可耻;已获得的成功又失去了,君子感到可耻;土地有余而劳动力不足,君子感到可耻;老百姓平均分东西,而自己却多拿一份,君子感到可耻。

子曰:“君子不失足[1]于人,不失色[2]于人,不失口[3]于人。是故君子貌足畏也,色足惮[4]也,言足信也。”(表记)

【注释】

[1] 失足:指举止不得体。

[2] 失色:指仪表不庄重。

[3] 失口:指言语不慎重。

[4] 惮:威严。

【译文】

孔子说:“君子在人前的举止不失体统,仪表不失庄重,言语不失谨慎。所以,君子的外貌足以使人敬畏,脸色足以使人庄重,言语足以使人信服。”

子曰:“恭近礼,俭近仁,信近情。”(表记)

【译文】

孔子说:“谦恭接近于礼貌,俭朴接近于仁德,诚信接近于人情。”

子曰:“君子不以辞尽人[1]。故天下有道[2],则行有枝叶[3];天下无道,则辞有枝叶。”(表记)

【注释】

[1] 尽人:尽情于人。

[2] 有道:指政治清明。

[3] 枝叶:有枝有叶,这里是繁杂、琐碎的意思。

【译文】

孔子说:“君子不拿言辞来做人情。所以,政治清明,人们的行为就细致周到;政治昏暗,人们的言辞就华而不实。”

故君子之接如水,小人之接如醴[1]。君子淡以成,小人甘以坏[2]。(表记)

【注释】

[1] 醴(lǐ):甜酒。

[2] 坏:败坏。

【译文】

所以君子之交其淡如水,小人之交其浓如酒。君子之交虽然淡如水,却能够相辅相成;小人之交虽然甜如酒,但日子久了必然败坏。

子曰:“君子不以色亲人。情疏而貌亲,在小人则穿窬之盗[1]也与?”(表记)

【注释】

[1] 穿窬(yú)之盗:挖洞爬墙的贼。

【译文】

孔子说:“君子不用虚假的表情去讨好人。感情疏远而表面亲近,在小人方面那不就是挖洞翻墙的小偷吗?”

子曰:“情欲信,辞欲巧。”(表记)

【译文】

孔子说:“感情要追求真实,言辞要追求技巧。”

六、《尚书》《易经》等名言

满招损,谦受益。(《尚书·大禹谟》)

【译文】

骄傲自满会招致损害,谦虚谨慎能收获利益。

克勤于邦,克俭于家。(《尚书·大禹谟》)

【译文】

辛勤地为国效力,节俭地操持家务。

功崇惟志,业广为勤。(《尚书·周官》)

【译文】

功劳崇高是由于志向远大,业绩丰硕是因为勤奋辛劳。

终日乾乾,与时偕行。(《易经·乾》)

【译文】

整天谨慎做事,努力进取,和日月一起运转,永不停止。

劳谦君子,有终。吉。(《易经·谦》)

【译文】

勤劳谦逊的君子,将有好的结果。

天之所助者,顺也;人之所助者,信也。(《易经·系辞》)

【译文】

欲得到天助,定要顺应客观规律;欲得到人助,定要坚守诚信。

二人同心,其利断金;同心之言,其臭如兰。(《易经·系辞》)

【译文】

两人同心,那力量可以切断金属;同心之言,其香气如同兰花。

善不积,不足以成名;恶不积,不足以灭身。小人[1]以小善为无益而弗为也,以小恶为无伤而弗去也,故恶积而不可龠[2],罪大而不可解。《易》曰:“何校灭耳[3],凶。”(《易经·系辞》)

【注释】

[1] 小人:人格卑下的人。

[2] 不可龠(yuè):无法消除、掩盖。

[3] 何:表示惊讶。校(jiào):古代刑具。灭耳:消失、隐没了耳朵。

【译文】

善行不积累,不足以成就名誉;恶行不积累,不足以毁灭生命。小人认为小的善行没有好处而不去做,认为小的恶行没有害处而不消除,所以,恶行积累起来而无法掩盖,罪过大得无法消解。正如《易》说的:“而今刑具套在脖子上,遮住了耳朵,凶险啊!”

俭,德之共也;侈,恶之大也。(《左传·庄公二十四年》)

【译文】

节俭是道德中的大美德,奢侈是罪恶中的大罪恶。

祸福无门,唯人所召。(《左传·襄公二十三年》)

【译文】

祸福并无门径,都是自己招引来的。

国之兴也,视民如伤,是其福也;其亡也,以民为土芥[1],是其祸也。(《左传·哀公元年》)

【注释】

[1] 土芥(jiè):泥土,草芥。比喻微贱、无足轻重的东西。

【译文】

国家要兴盛,就把百姓当作有伤痛的人一样照顾,这是国君的福祉;国家要衰亡,就把百姓当作泥土草芥,这是国君的祸端。

动莫若敬,居莫若俭,德莫若让,事莫若咨。(《国语·周语》)

【译文】

最佳的举止是恭敬,最好的持家是节俭,最美的品德是谦让,最妥的办事是咨询。

人之有德于我也,不可忘也;吾有德于人也,不可不忘也。(《战国策·魏策》[1])

【注释】

[1]《战国策》:中国古代的一部国别体史书,又称《国策》。由西汉刘向所整理编写。记载了西周、东周及秦、齐、楚、赵、魏、韩、燕、宋、卫、中山各国之事,记事年代起于战国初年,止于秦灭六国,约有240年的历史。是研究战国历史的重要典籍。

【译文】

别人对我有恩德,不能忘记;我对别人有恩德,不能不忘记。

第九章 诸子百家名言

"诸子百家"是对先秦至汉初各学派及其代表人物的一种概称。诸子百家文化是中国传统思想文化的重要组成部分。诸子百家著述浩繁庞杂，内容博大精深，文辞朴丽兼备，影响空前绝后，是后人为学与做人的重要学习参考资料。

一、《道德经》名言

天下皆知美之为美，斯恶已[1]；皆知善之为善，斯不善已。故有无相生[2]，难易相成，长短相形[3]，高下相倾[4]，音声相和[5]，前后相随。(《道德经·第二章》)

【注释】

[1] 斯：这。恶(è)：丑陋。已：通"矣"。

[2] 相：互相。

[3] 形：比较，对照。

[4] 倾：偏侧。

[5] 音声：合奏出的乐音叫作"音"，单一发出的音响叫作"声"。

【译文】

天下人都知道美之所以为美，就知道什么是丑了。都知道善之所以为善，就知道什么是不善了。所以有与无互相转化，难与易互相形成，长与短互相显现，高与下互相充实，音与声互相谐和，前与后互相接随。

居善地，心善渊[1]，与善仁[2]，言善信，政善治[3]，事善能，动善时[4]。夫唯不争，故无尤[5]。(《道德经·第八章》)

【注释】

[1] 渊：沉静，深沉。

[2] 与：指与别人相交相接。

[3] 政善治：为政善于治理国家，从而取得治绩。

[4] 动善时：行为动作善于把握有利的时机。

[5] 尤：怨咎(jiù)，过失。

【译文】

最完善的人，居处善于择地，心胸善于沉静，交往善于爱人，言谈善于守信，为政善于治理,做事善于尽能,行动善于趁时。正是因为有不争的美德,所以才没有怨咎。

俗人昭昭[1],我独昏昏[2]。俗人察察[3],我独闷闷[4]。(《道德经·第二十章》)

【注释】

[1] 俗人:世人。昭昭:智巧光耀的样子。

[2] 昏昏:愚钝暗昧的样子。

[3] 察察:严厉苛刻的样子。

[4] 闷闷:纯朴诚实的样子。

【译文】

世人昭昭炫耀,我独昏昏昧昧;世人察察计较,我独闷闷宽宏。

曲则全,枉[1]则直;洼则盈,敝[2]则新;少则得,多则惑。是以圣人抱一[3]为天下式[4]。(《道德经·第二十二章》)

【注释】

[1] 枉:屈,弯曲。

[2] 敝:凋敝,陈旧。

[3] 抱:守。一:道。

[4] 式:范式。

【译文】

委曲便会保全,屈枉便会直伸;低洼便会充盈,陈旧便会更新;少取便会获得,贪多便会迷惑。所以有道的人坚守这一原则作为天下事理的范式。

不自见[1],故明[2];不自是,故彰;不自伐[3],故有功;不自矜[4],故长。(《道德经·第二十二章》)

【注释】

[1] 见(xiàn):同“现”。

[2] 明:彰明。

[3] 自伐:自夸,自吹自擂。

[4] 自矜(jīn):自恃,自大。

【译文】

不只看到自己,便能更明了世事;不自以为是,反而能更彰显自己;不自我夸耀,反而能成就功业;不自我矜持,所以能长久长进。

企[1]者不立,跨[2]者不行;自见者不明,自是者不彰;自伐者无功,自矜者不长。(《道德经·第二十四章》)

【注释】

[1] 企:举起脚跟,脚尖着地。

[2] 跨:跃,越过,阔步而行。

【译文】

踮起脚想要站得高,反而站不住;迈起大步想要走得快,反而行不远;自我表现,反而得不到彰显;自以为是,反而得不到表彰;自我夸耀者建不起功勋;自我矜持者不能有长久的长进。

轻则失根[1],躁则失君[2]。(《道德经·第二十六章》)

【注释】

[1] 根:根本。

[2] 躁:动。君:主宰,控制。

【译文】

轻率就会失去根本,急躁就会丧失主宰。

不贵其师,不爱其资,虽智大迷,是谓要妙[1]。(《道德经·第二十七章》)

【注释】

[1] 要妙:精要玄妙,深远奥秘。

【译文】

不尊重自己的老师,不爱惜他的借鉴作用,虽然自以为聪明,其实是大大的糊涂,这真是个精深微妙的道理。

知人者智,自知者明。胜人者有力,自胜者强[1]。知足者富。强行者有志。不失其所者久[2]。死而不亡者寿。(《道德经·第三十三章》)

【注释】

[1] 强:刚强,果决。

[2] 所:指心灵之所,即“道”。

【译文】

能够了解别人是智慧,能够了解自己才是圣明。能够战胜别人是有力量,能够战胜自己才是强大。知道满足的人就是富有。坚持不懈的人就是有志气。有“道”而不丧失的人才能长久。死亡而不被忘记的人才是长寿。

大丈夫处其厚[1],不居其薄[2];处其实,不居其华。(《道德经·第三十八章》)

【注释】

[1] 厚:敦厚。

[2] 薄:衰薄。

【译文】

大丈夫立身敦厚,不居于浅薄;存心朴实,不居于虚华。

贵以贱为本,高以下为基。(《道德经·第三十九章》)

【译文】

华贵以卑贱为根本,高尚以低下为基础。

大方无隅[1],大器晚成,大音希声,大象无形。(《道德经·第四十一章》)

【注释】

[1] 隅(yú):角落。

【译文】

最大的方正没有角隅,最大的器物最晚合成,最大的声响难闻其声,最大的形象不见其形。

甚爱必大费[1],多藏必厚亡[2]。(《道德经·第四十四章》)

【注释】

[1] 甚爱:过分地图名爱利。

[2] 多藏:过多地敛财藏富。

【译文】

过分地图名爱利,必定付出更多的代价;过多地敛财藏富,必然遭受更大的损失。

知足不辱,知止不殆,可以长久。(《道德经·第四十四章》)

【译文】

懂得满足,就不会招致屈辱;懂得停止,就不会遭遇危险,这样才可以保持长久平安。

大直若屈[1],大巧若拙,大辩若讷[2]。静胜躁,寒胜热。清静为天下正[3]。(《道德经·第四十五章》)

【注释】

[1] 屈:通"曲"。

[2] 讷(nè):言语迟钝。

[3] 正:通"政"。

【译文】

最正直的东西,好似有弯曲;最灵巧的东西,好似最笨拙;最卓越的辩才,好似不善言辞。清静克服躁动,寒冷克服暑热。清静无为才能使天下安宁。

祸莫大于不知足,咎莫大于欲得。(《道德经·第四十六章》)

【译文】

最大的祸害是不知满足,最大的过失是贪得无厌。

其政闷闷[1],其民淳淳[2];其政察察[3],其民缺缺[4]。(《道德经·第五十八章》)

【注释】

[1] 闷闷:昏昏昧昧的状态,有宽厚的意思。

[2] 淳(chún)淳:淳朴厚道。

[3] 察察:严厉,苛刻。

[4] 缺缺:狡黠,抱怨,不满足。

【译文】

政治宽厚清明,百姓就淳朴忠诚;政治苛酷黑暗,百姓就狡黠抱怨。

祸兮，福之所倚；福兮，祸之所伏。（《道德经·第五十八章》）

【译文】

灾祸啊，幸福就依傍在里面；幸福啊，灾祸就藏伏在里面。

治大国，若烹小鲜[1]。（《道德经·第六十章》）

【注释】

[1] 烹(pēng)小鲜：烹小鱼的时候往往小心翼翼，恐其碎烂。鲜，鱼。

【译文】

治理大国，就要像煎烹小鱼一样小心翼翼。

美言可以市尊[1]，美行可以加人[2]。（《道德经·第六十二章》）

【注释】

[1] 市：交易，交换。

[2] 加：增加，见重。

【译文】

美好的言辞可以赢得尊敬，美好的行为可以见重于人。

天下难事，必作于易；天下大事，必作于细。是以圣人终不为大[1]，故能成其大。（《道德经·第六十三章》）

【注释】

[1] 不为大：不自以为大。

【译文】

天下的难事，一定从简易的地方做起；天下的大事，一定从微细的部分开始。所以有道的人始终不贪图大功大利，因此才能成就大事。

合抱之木，生于毫末[1]；九层之台，起于累土[2]；千里之行，始于足下。（《道德经·第六十四章》）

【注释】

[1] 毫末：细小的萌芽。

[2] 累：重叠。

【译文】

合抱的大树，生长于细小的萌芽；九层的高台，筑起于一堆堆泥土；千里的远行，开始于自己的足下。

慎终如始，则无败事。（《道德经·第六十四章》）

【译文】

谨慎的结束一如谨慎的开始，就没有办不成的事情。

我有三宝[1]，持而保之：一曰慈，二曰俭[2]，三曰不敢为天下先。慈故能勇[3]；俭故

能广[4];不敢为天下先,故能成器长[5]。(《道德经·第六十七章》)

【注释】

[1] 三宝:三件法宝。

[2] 俭:啬,保守,有而不尽用。

[3] 勇:勇武。

[4] 广:宽广。

[5] 器长(zhǎng):万物之长。器,指万物。

【译文】

我有三件法宝,执守而且保全它:第一件叫作仁慈;第二件叫作俭啬;第三件是不敢居于天下人的前面。仁慈所以能勇武;俭啬所以能宽广;不敢居于天下人之先,所以能成为万物之长。

天道无亲[1],常与善人。(《道德经·第七十九章》)

【注释】

[1] 无亲:没有偏亲偏爱。

【译文】

自然规律没有偏亲偏爱,常常帮助积德行善的人。

甘其食,美其服,安其居,乐其俗。(《道德经·第八十章》)

【译文】

使人民有甜美的饮食、美丽的衣服、安定的居所、欢乐的习俗。

信言[1]不美,美言不信。善者[2]不辩[3],辩者不善。知者不博[4],博者不知。(《道德经·第八十一章》)

【注释】

[1] 信言:诚实可信的话。

[2] 善者:心地善良的人。

[3] 辩:巧辩。

[4] 不博:不贪图博。博,广泛。

【译文】

真诚的言辞不华美,华美的言辞不真诚。善良的人不巧辩,巧辩的人不善良。真正了解的人不广博,广博的人不能深入了解。

二、《庄子》名言

至人无己,神人无功,圣人无名。(《庄子·逍遥游》)

【译文】

修养高的人去我顺物,超凡的人不在乎功利,圣明的人不在乎名分。

大知闲闲[1]，小知间间[2]；大言炎炎[3]，小言詹詹[4]。(《庄子·齐物论》)

【注释】

[1] 闲闲：广博豁达的样子。

[2] 间间：明察细别的样子。

[3] 炎炎：猛烈，比喻说话时气焰盛人。

[4] 詹(zhān)詹：说话烦琐，喋喋不休的样子。

【译文】

大聪明的人广博豁达，小聪明的人斤斤计较；说大话的人盛气凌人，说小话的人烦琐啰唆。

大道不称，大辩不言，大仁不仁，大廉不嗛[1]，大勇不伎[2]。(《庄子·齐物论》)

【注释】

[1] 嗛(qiān)：通“谦”，谦虚。

[2] 伎(jì)：通“技”，技艺，本领。

【译文】

最根本的大道不可以称述清楚，最善辩的人不靠言辞取胜，最仁义的人不表现慈爱，最廉洁的人不故意谦让，最勇敢的人不赌狠逞强。

凡交，近则必相靡[1]以信，远则必忠之以言。(《庄子·人间世》)

【注释】

[1] 靡(mí)：摩擦，接触。

【译文】

交往之道，对离得近的必须真诚善待，对离得远的必须信守承诺。

自其异者视之，肝胆楚越也；自其同者视之，万物皆一也。(《庄子·德充符》)

【译文】

从相异的角度来看事物，肝与胆的距离就如楚国与越国那样遥远；从相同的角度来看事物，万物都是一样的。

小惑易[1]方，大惑易性。(《庄子·骈拇》)

【注释】

[1] 易：改变，更改。

【译文】

小迷惑错乱方位，大迷惑错乱本性。

以富为是者，不能让禄；以显为是者，不能让名；亲权者，不能与人柄。(《庄子·天运》)

【译文】

看重财富的人，不会把利禄让给别人；看重荣耀的人，不会把名声让给别人；看重权势的人，不会将权柄让给别人。

众人重利,廉士重名,贤士尚志,圣人贵精。(《庄子·刻意》)

【译文】

一般的人注重财利,廉洁之士看重名节,贤能之士崇尚志向,圣明之人宝贵精神。

功成者隳[1],名成者亏。(《庄子·山木》)

【注释】

[1] 隳(huī):古通“惰”,懒惰,怠慢。

【译文】

功业成就的人容易怠惰,名誉成就的人容易亏损。

君子之交淡若水,小人之交甘[1]若醴[2];君子淡以亲,小人甘以绝[3]。彼无故以合者,则无故以离。(《庄子·山木》)

【注释】

[1] 甘:美味。

[2] 醴(lǐ):甜酒。

[3] 绝:断,这里有脆弱、容易断绝的意思。

【译文】

君子之间的交往淡泊如水,小人之间的交往甘若甜酒;君子之交淡泊而亲切,小人之交甘甜却脆弱。所以凡是不正常聚合的,也会因不正常而离散。

能尊生者,虽富贵不以养伤身,虽贫贱不以利累形[1]。(《庄子·让王》)

【注释】

[1] 累:拖累,使受害。形:身体与性命。

【译文】

能够尊重生命的人,即使富贵也不因为享受而损害健康,即使贫贱也不因为利益而危害性命。

养志者忘形,养形者忘利,致道者忘心。(《庄子·让王》)

【译文】

养育意志的人忘记形体,养育形体的人忘记利禄,专注于修道的人忘记心机。

好面誉人者,亦好背而毁之。(《庄子·盗跖》)

【译文】

喜好当面阿谀人的,也喜好背后毁谤人。

《诗》以道志,《书》以道事,《礼》以道行,《乐》以道和,《易》以道阴阳,《春秋》以道名分。(《庄子·天下》)

【译文】

《诗》用来表达情感志向,《书》用来记叙国家政事,《礼》用来表述行为规范,《乐》用来传递音律和谐，《易》用来叙述阴阳变化，《春秋》用来评定名分尊卑。

辩者之徒，饰人之心，易人之意，能胜人之口，不能服人之心，辩者之囿[1]。（《庄子·天下》）

【注释】

[1] 囿（yòu）：局限，被限制。

【译文】

巧辩的人，蒙蔽人心，改变人意，能够胜人的口舌，却不能服人的心，这是辩者的局限。

以仁为恩，以义为理，以礼为行，以乐为和，薰然[1]慈仁，谓之君子。（《庄子·天下》）

【注释】

[1] 薰（xūn）然：温和貌。

【译文】

以仁来布施恩泽，以义来裁决是非，以礼来规范行为，以音乐来调和性情，温和仁慈，堪称君子。

坚则毁矣，锐则挫矣。常宽容于物，不削于人，可谓至极。（《庄子·天下》）

【译文】

太坚硬易遭毁损，太锐利易受挫折。能宽容于物，不苛求于人，可算是进入最高精神境界了。

三、《墨子》名言

《墨子》是墨子的弟子及后学记录、整理、编纂而成的记载墨子言行、阐述墨子思想和墨家认识论的著作。墨子（约前468—前376）：名翟（dí），鲁国人。墨家学派的创始人，战国时期著名的思想家、教育家。

甘井近[1]竭，招木近伐，灵龟近灼，神蛇近暴[2]。（《墨子·亲士》）

【注释】

[1] 近：接近。

[2] 暴（pù）：曝晒。

【译文】

甘甜的水井最先被汲干，高大的树木最先被砍伐，灵异的龟最先被烧灼，神异的蛇最先被晒干。

源浊者流不清，行不信者名必耗。（《墨子·修身》）

【译文】

源头混浊,水流就不清;行不守信,声名就必败。

善无主于心者不留,行莫辨于身者不立。(《墨子·修身》)

【译文】

善良不是出自内心便不能保留,行为不能自我辨别就不能树立。

君子之道也,贫则见廉,富则见义,生则见爱[1],死则见哀,四行者不可虚假,反[2]之身也。(《墨子·修身》)

【注释】

[1] 见爱:受到恩惠。

[2] 反:通“返”,返回,回归,出自。

【译文】

君子处世的原则:贫穷时坚守廉洁,富足时显现恩义,让生者受到恩惠,对死者表示哀怜。这四种品行不可虚假,而是自身所具备的。

据财不能以分人者,不足与友;守道不笃,遍物不博,辨是非不察者,不足与游。(《墨子·修身》)

【译文】

拥有财富而不肯与人分享的,不能与他为友。操守不坚定、阅历不广博、是非不分的,不能和他交游。

志不疆[1]者智不达,言不信者行不果。(《墨子·修身》)

【注释】

[1] 疆(qiáng):古同“彊(强)”,强大,坚强。

【译文】

意志不坚强,智慧就不会有高境界;说话不诚信,做事就不会有好结果。

染于苍则苍,染于黄则黄。所入者变,其色亦变。五入必,而已则为五色矣。故染不可不慎也!(《墨子·所染》)

【译文】

丝用青染料染就会变青,用黄染料染就会变黄。投入的染料变了,丝的颜色也跟着变。五种染料都用上,就能染出五种颜色来。因此结交人与浸染一样不可不谨慎啊!

爱人利人者,天必福之;恶人贼人者,天必祸之。(《墨子·法仪》)

【译文】

爱护人帮助人的人,上天必定赐福给他;憎恨人残害人的人,上天必定降祸给他。

君子不镜于水而镜于人。镜于水,见面之容;镜于人,则知吉与凶[1]。(《墨子·非攻》)

【注释】

[1] 吉与凶：指未来运气的好坏。

【译文】

君子不用水作镜子而用人作镜子。用水作镜子，只能照见面容；用人作镜子，则知道对错成败。

民有三患：饥者不得食，寒者不得衣，劳者不得息。（《墨子·非乐》）

【译文】

百姓有三大担忧：饥饿时得不到食物，寒冷时得不到衣穿，劳累时得不到休息。

善为政者，远者近之，而旧者新之。（《墨子·耕柱》）

【译文】

善于施政的人，对待疏远的人要亲近，对待故旧要如同新交一样不倦怠。

言足以举行者，常之；不足以举行者，勿常。不足以举行而常之，是荡[1]口也。（《墨子·耕柱》）

【注释】

[1] 荡：放纵，放荡。

【译文】

言论足以做到的，就不妨常说；做不到的，就不必多说。要是做不到却常常去说，那就是饶舌说废话了。

四、《荀子》名言

学不可以已。（《荀子·劝学》）

【译文】

学习不可以停止。

青，取之于蓝，而青于蓝；冰，水为之，而寒于水。（《荀子·劝学》）

【译文】

青色染料，是从蓝草提取的，却比蓝草更青；冰，是由水凝结的，却比水更冷。

木受绳则直，金就砺则利，君子博学而日参省乎己，则知明而行无过矣。（《荀子·劝学》）

【译文】

木头经受墨绳打线加工后就会直，金属经过磨石磨砺就会锋利，君子有渊博的学问又能每天检查自己，就会增长智慧，使行动没有过错了。

不登高山,不知天之高也;不临深溪,不知地之厚也。(《荀子·劝学》)

【译文】

不登上高高的山顶,就不知道天空的高远;不靠近深深的溪谷,就不知道大地的厚重。

蓬生麻中,不扶自直;白纱入缁[1],不练[2]自黑。(《荀子·劝学》)

【注释】

[1] 缁(zī):黑色。

[2] 练:染。

【译文】

蓬草生在麻田中,不扶持也长得直;把白纱放入缁染料里,不染也会变黑。

君子居必择乡,游必就士,所以防邪辟而近中正也。(《荀子·劝学》)

【译文】

君子居住要选择好的环境,交友要选择有道德的人,才能够防微杜渐保其中庸正直。

物类之起,必有所始。荣辱之来,必象[1]其德。(《荀子·劝学》)

【注释】

[1] 象:通“像”,类似,好像,相似。

【译文】

事物的发展,必有它的起因。荣辱的遭遇,必关乎人的德行。

肉腐出虫,鱼枯出蠹[1]。怠慢忘身,祸灾乃作。(《荀子·劝学》)

【注释】

[1] 蠹(dù):蛀虫。

【译文】

肉腐烂就会生蛆,鱼干枯就会长虫。懈怠散漫忘乎所以,就会招来灾祸。

质的张而弓矢至焉,林木茂而斧斤至焉,树成荫而众鸟息焉,醯[1]酸而蜹聚焉。故言有召祸也,行有招辱也,君子慎其所立乎!(《荀子·劝学》)

【注释】

[1] 醯(xī):用于保存蔬菜、水果、鱼蛋、牡蛎的净醋或加香料的醋。

【译文】

箭靶树起来,弓箭就会去射;林木茂盛了,斧头就去砍伐;树林成荫了,鸟雀就会栖居;醯汁变酸了,蜹虫就会聚集。所以,言语可能招来祸患,行为可能招来羞辱,君子立身之道,选择定要慎重。

积土成山,风雨兴焉;积水成渊,蛟龙生焉;积善成德,而神明自得,圣心备焉。(《荀子·劝学》)

【译文】

积土成为高山，能使风雨形成；积水成为深渊，能使蛟龙生长；积累善行成为美德，就能增长聪明才智，具备圣人的心志。

不积跬步[1]，无以至千里；不积小流，无以成江海。(《荀子·劝学》)

【注释】

[1] 跬(kuǐ)步：半步，跨一脚，指极近的距离。

【译文】

不积累一步半步，就不能达到千里之远；不积聚小水细流，就没法汇成江河大海。

锲而舍之，朽木不折；锲而不舍，金石可镂。(《荀子·劝学》)

【译文】

雕刻东西，半途放下，即便是朽木也不会被刻断；雕刻东西，一刻不停地刻下去，就是金石也能够把它刻透。

蚓无爪牙之利，筋骨之强，上食埃土，下饮黄泉，用心一也。蟹六跪而二螯，非蛇鳝之穴无可寄托者，用心躁也。(《荀子·劝学》)

【译文】

蚯蚓没有锐利的爪子、牙齿和强健的筋骨，却能向上吃到泥土，向下喝到泉水，这是由于它用心专一啊。螃蟹有六条腿、两个蟹钳(qián)，但是如果没有蛇、鳝的洞穴它就无处存身，这是因为它用心浮躁啊。

无冥冥[1]之志者，无昭昭[2]之明；无惛惛[3]之事者，无赫赫之功。(《荀子·劝学》)

【注释】

[1] 冥冥：高远，深远。

[2] 昭昭：明亮，光明。

[3] 惛(mèn)惛之事：默默无闻的工作。惛，通“闷”。

【译文】

没有精诚高远的志向，就不会有洞察前路的聪明；没有默默无闻的工作，就不会有显赫卓著的功勋。

君子之学也，入乎耳，着乎心，布乎四体，形乎动静。端而言，蝡[1]而动，一可以为法则。(《荀子·劝学》)

【注释】

[1] 蝡(rú)：同“蠕”，虫类爬行的样子，微动貌。

【译文】

君子学习，是听在耳里，记在心里，表现在举止和仪容上。一举一动，哪怕是极细微的言行，都可以垂范于人。

一进一退,一左一右,六骥不致。(《荀子·修身》)

【译文】

忽进忽退,忽左忽右,即使有六匹良马拉车也到不了目的地。

道虽近,不行不至;事虽小,不为不成。其为人也多暇日者,其出人不远矣。(《荀子·修身》)

【译文】

道路虽近,不走不可能到达;事情虽小,不做不可能成功。那些闲暇太多的人,他的成就是不会超出常人多远的。

良农不为水旱不耕,良贾不为折阅不市,士君子不为贫穷怠乎道。(《荀子·修身》)

【译文】

好的农夫不因为水旱天灾不耕田种地,好的商人不因为蚀本损利不做生意,士人君子不因为贫困而懈怠对正道的追求。

以治气养生,则身后彭祖[1];以修身自强,则名配尧、禹。(《荀子·修身》)

【注释】

[1] 彭祖:古代传说中寿命最长的人。

【译文】

用调理气血来保养身心,寿命就赶得上彭祖;用修养身心来追求自强,声名就可与尧、禹比肩。

非我而当者,吾师也;是我而当者,吾友也;谄谀[1]我者,吾贼也。(《荀子·修身》)

【注释】

[1] 谄谀(chǎn yú):谄媚阿谀。

【译文】

对我批评得正确的人,是我的老师;对我肯定得适当的人,是我的朋友;对我谄媚阿谀的人,是我的敌人。

自知者不怨人,知命者不怨天;怨人者穷,怨天者无志。(《荀子·荣辱》)

【译文】

有自知之明的人不会埋怨别人,知道命运的人不会埋怨天;埋怨人的人处境穷窘,埋怨天的人没有志气。

与人善言,暖于布帛;伤人以言,深于矛戟。(《荀子·荣辱》)

【译文】

用美善的语言赞许人,比布帛更温暖;用恶毒的语言伤害人,比矛戟更厉害。

君子宽而不僈[1],廉而不刿[2],辩而不争,察而不激,寡[3]立而不胜,坚强而不暴,柔

从而不流，恭敬谨慎而容。夫是之谓至文。《诗》曰："温温恭人，惟德之基。"[4]此之谓矣。（《荀子·不苟》）

【注释】

[1] 僈(màn)：通"慢"，怠慢，轻视。

[2] 刿(guì)：刺伤。

[3] 寡立：卓尔不群的意思。寡，独特，出众。

[4] 引诗见《诗经·大雅·抑》。

【译文】

君子宽宏大量，但不懈怠马虎；方正守节，但不尖刻伤人；能言善辩，但不去争吵；洞察一切，但不过于激切；卓尔不群，但不盛气凌人；坚定刚强，但不粗鲁凶暴；宽柔和顺，但不随波逐流；恭敬谨慎，但待人宽容。这可以称为最文雅最合乎礼义的了。《诗》云："温柔谦恭的人们，是以道德为根本。"说的就是这种人啊。

君子疑则不言，未问则不言，道远日益矣。（《荀子·大略》）

【译文】

君子不对人讲连自己都有疑惑的道理，不谈论还没有向人请教明白的问题。道路虽然长远，知识却会一天天增长。

多知而无亲，博学而无方，好多而无定者，君子不与。（《荀子·大略》）

【译文】

知识多而不知择善而从，广博涉猎而没有明确方向，趣味广泛而没有专长，这些都是君子所不取的。

岁不寒，无以知松柏；事不难，无以知君子。（《荀子·大略》）

【译文】

没有严寒的季节，就不知道松柏的坚强；不遇艰难的事情，就不知君子的高尚。

芷兰生于深林，非以无人而不芳。君子之学，非为通也，为穷而不困，忧而意不衰也，知祸福终始而心不惑也。（《荀子·宥坐》）

【译文】

芷兰生长在深林，不因为没人欣赏就不美丽芳香。君子坚持学习，不是为了通达做官，而是为了即使处于困窘的境遇，精神也不为之所困；即使处于忧患，意志也不衰减！知道祸福规律而心境明亮。

天不为人之恶寒也辍[1]冬，地不为人之恶辽远而辍广，君子不为小人之匈匈也辍行。（《荀子·天论》）

【注释】

[1] 辍(chuò)：中途停止，废止。

【译文】

天不因为人们厌恶寒冷就取消冬季,地不因为人们厌恶辽远就缩小面积,君子不因为小人的吵嚷喧嚣而改变自己的善行和主张。

君子道其常,小人道其怪。(《荀子·天论》)

【译文】

君子遵循正常途径,小人总走歪门邪道。

大巧在所不为,大智在所不虑。(《荀子·天论》)

【译文】

大巧妙在于懂得不该做什么,大智慧在于懂得不该想什么。

赠人以言,重于金石珠玉;劝人以言,美于黼黻文章[1]。(《荀子·非相》)

【注释】

[1] 黼黻(fǔ fú)文章:华丽的文章。黼黻,白与黑谓之黼,黑与青谓之黻。

【译文】

赠送人用有教益的话,比金石珠玉更宝贵;规劝人用有教益的话,比华丽的文章更美好。

君子之于言也,志好[1]之,行安之,乐言之。(《荀子·非相》)

【注释】

[1] 好:心之所向,喜爱。

【译文】

君子对自己的言论,志趣上喜爱它,行动上信守它,嘴上乐于谈论它。

君子不诱于誉,不恐于诽。(《荀子·非十二子》)

【译文】

君子不被声誉所引诱,也不因诽谤而畏惧。

君子耻不修,不耻见污;耻不信,不耻不见信;耻不能,不耻不见用。(《荀子·非十二子》)

【译文】

君子以学习修养不够为羞耻,不以被诬蔑而羞耻;以不诚实为羞耻,不以不被信任为羞耻;以没有才能为羞耻,不以不被重用为羞耻。

高上尊贵,不以骄人;聪明圣知[1],不以穷人;齐给速通[2],不争先人;刚毅勇敢,不以伤人。(《荀子·非十二子》)

【注释】

[1] 知(zhì):智。

[2] 齐：敏捷。给(jǐ)：供给。速：疾也。通：达也。

【译文】

不要因权高位尊而骄视别人；不要因聪明智慧而刁难别人；不要因才思敏捷而争先逞能；不要因刚毅勇敢而伤害别人。

有社稷[1]者而不能爱民，不能利民，而求民之亲爱己，不可得也。民不亲不爱，而求其为己用，为己死，不可得也。(《荀子·君道》)

【注释】

[1] 社稷(shè jì)：土神和谷神，古时君主都祭祀社稷，后来就用社稷代表国家。

【译文】

掌握了国家政权的人如果不能爱护人民，不能使人民得利，而想求人民亲近热爱自己，是不可能得到的。人民不亲近、不热爱，要想求得人民为自己所用，为自己牺牲，是不可能得到的。

五、《管子》名言

仓廪[1]实则知礼节，衣食足则知荣辱。(《管子·牧民》)

【注释】

[1] 仓廪(lǐn)：储藏米谷之所。

【译文】

粮仓充实，人们才知晓礼貌礼节；衣食丰足，人们才懂得荣誉耻辱。

不为不可成，不求不可得，不处不可久，不行不可复。(《管子·牧民》)

【译文】

不强做办不到的事情，不追求得不到的东西，不处于不可久的地位，不推行不可重复的政策。

天道之极，远者自亲；人事之起，近亲造怨。(《管子·形势》)

【译文】

按天道办事，疏远的人也会亲近；按人情办事，亲近的人也会怨恨。

毋与不可，毋强不能，毋告不知。(《管子·形势》)

【译文】

不要和不情愿的人结交，不要强迫人做不能做的事，不要向人讲听不懂的道理。

曙戒勿怠，后稚[1]逢殃。朝忘其事，夕失其功。(《管子·形势》)

【注释】

[1] 后：迟也。稚(zhì)：晚也。

【译文】

天亮就警诫自己，不要因落后而遭殃。早晨忘了该做之事，晚上就会一无所获。

一年之计，莫如树谷；十年之计，莫如树木；终生之计，莫如树人。(《管子·权修》)

【译文】

作一年的打算，莫如种植五谷；作十年的打算，莫如种植树木；作终生的打算，莫如培养人才。

事者生于虑，成于务，失于傲[1]。(《管子·乘马》)

【注释】

[1] 傲：傲慢而怠惰。

【译文】

事业产生于周密谋划，成功于专心努力，失败于傲慢怠惰。

民不足，令乃辱；民苦殃，令不行。(《管子·枢言》)

【译文】

人民衣食不足，政令就必受侮辱；人民劳苦遭殃，政令就不能执行。

国侈则用费，用费则民贫，民贫则奸智生，奸智生则邪巧作。故奸邪之所生，生于匮不足；匮不足之所生，生于侈。(《管子·八观》)

【译文】

国家奢侈，费用就多；费用多，老百姓就穷；老百姓穷了，就要做坏事。所以坏事的根源在于财用不足，财用不足由于奢侈。

壮者无怠，老者无偷，顺天之道，必以善终者也。(《管子·中匡》)

【译文】

壮年不懈怠，老年不苟安，顺应自然之道，一定可以善终。

无翼而飞者，声也；无根而固者，情也；无立[1]而贵者，生[2]也。(《管子·戒》)

【注释】

[1] 立：树立，建立，建树。

[2] 生：通“性”。

【译文】

没有翅膀而能飞的，是名声；没有长根而牢固的，是感情；没有建树而尊贵的，是心性。

多言而不当，不如其寡也；博学而不自反，必有邪。(《管子·戒》)

【译文】

多言而不得当，还不如少言；博学而不能自我反省，势必滋生邪念。

强不能遍立，智不能尽谋。(《管子·心术上》)

【译文】

能力再强，不可能把所有事情都做好；智力再高，不可能把一切都谋划周到。

恶[1]不失其理，欲不过其情，故曰君子。(《管子·心术上》)

【注释】

[1] 恶(wù)：讨厌，憎恶。

【译文】

对憎恶的不丧失理智，对喜好的有所节制，这才叫君子。

形不正者，德不来；中不精者，心不治。(《管子·心术下》)

【译文】

外表不端正，是因为美德没有养成；内心不虚静，是因为嗜欲没有节制。

善气迎人，亲如弟兄；恶气迎人，害于戈兵。(《管子·心术下》)

【译文】

以善良品性面对人，会像弟兄般亲近；以恶劣品性面对人，会像刀兵一样相互危害。

日极则仄[1]，月满则亏。极之徙[2]仄，满之徙亏，巨之徙灭。(《管子·白心》)

【注释】

[1] 仄(zè)：侧倾。

[2] 徙(xǐ)：迁移，走向。

【译文】

太阳升到最高点就会偏斜，月亮到了最圆时就会亏缺。最高的要走向偏斜，最圆的要走向亏缺，最大的要走向灭亡。

有私视也，故有不见也；有私听也，故有不闻也；有私虑也，故有不知也。(《管子·任法》)

【译文】

带着私心看事物，所以有看不到的东西；带着私心听话语，所以有听不到的东西；带着私心想问题，所以有想不到的地方。

中无惑意，外无邪灾。(《管子·内业》)

【译文】

内心没有迷惑，邪恶灾祸就不会来临。

天主正，地主平，人主安静。(《管子·内业》)

【译文】

天以公正为根本，地以平和为根本，人以安静为根本。

忧则失纪,怒则失端。(《管子·内业》)

【译文】

忧愁就失去条理,恼怒就失去头绪。

誉不虚出,而患不独生;福不择家,祸不索人。(《管子·禁藏》)

【译文】

荣誉不凭空出现,忧患不无故发生;幸福不挑选人家,灾祸不自动找人。

夫物有多寡,而情不能等;事有成败,而意不能同;行有进退,而力不能两也。故立身于中,养有节。(《管子·禁藏》)

【译文】

物资有多有少,而人的欲望不会相等;事情有成有败,而人的意愿不会相同;行动有进有退,而人的精力不能两分。所以为人立身要适中,生活享受要有节制。

目贵明,耳贵聪,心贵智。以天下之目视则无不见也,以天下之耳听则无不闻也,以天下之心虑则无不知也。(《管子·九守》)

【译文】

眼睛要看得清楚,耳朵要听得明白,心胸要敞亮理智。用天下人的眼睛来看,没有看不到的东西;用天下人的耳朵来听,没有听不到的声音;用天下人的心来思考,没有理解不了的问题。

志毋虚邪,行必正直。(《管子·弟子职》)

【译文】

心志不可虚伪奸邪,品行必须正派直率。

六、《慎子》《列子》等名言

治国无其法则乱,守法而不变则衰。(《慎子·逸文》[1])

【注释】

[1]《慎子》:是战国时期以赵国学者慎到为首的一个学派的著作。

【译文】

治理国家没有法律就会混乱,死守成法而不知应时变革就会衰落。

言美则响美,言恶则响恶;身长则影长,身短则影短。名也者,响也;行也者,影也。(《列子·说符》[1])

【注释】

[1]《列子》:是战国时期郑国圃田(今河南郑州)人列御寇的著作。

【译文】

言辞美好,回声就美好;言辞秽恶,回声就秽恶。身体修长,影子就修长;身体短小,影子就短小。人的名声，就是自己言辞的回声；人的行为，就是自己身体的影子。

凡重外者拙内。(《列子·黄帝》)

【译文】

看重身外物的人，内心会笨拙。

为善与众行之，为巧与众能之，此善之善者、巧之巧者也。(《尹文子·大道》[1])

【注释】

[1]《尹文子》：是战国时期齐国人尹文留下的一部著作。

【译文】

自己行善也让众人跟着行善，自己精巧也让众人做到精巧，这才是善中最善、巧中最巧的人。

昔齐桓好衣紫，阖[1]境不鬻[2]异采；楚庄爱细腰，一国皆有饥色。上之所以率下，乃治乱之所由也。(《尹文子·大道》)

【注释】

[1] 阖(hé)：全，总。

[2] 鬻(yù)：卖。

【译文】

从前齐桓公喜欢穿紫色的衣服，结果齐国境内就没有卖其他颜色的绸布。楚庄王喜欢细腰的人，结果楚国境内的人就都面带饥色。处在上位的人提倡什么来做群下的表率，是国家或治或乱的根本原因。

法者所以爱民也，礼者所以便事也。(《商君书·更法》[1])

【注释】

[1]《商君书》：也称《商子》，战国时商鞅及其后学的著作汇编。

【译文】

法度是用来爱护人民的，礼制是用来治理国家的。

苟可以强国，不法其故；苟可以利民，不循其礼。(《商君书·更法》)

【译文】

只要有助于国家强盛，不必拘泥于原有的法规；只要有利于人民福祉，不必因循旧有的礼制。

夫爱人者不阿，憎人者不害，爱恶各以其正，治之至也。(《商君书·慎法》)

【译文】

对喜爱的人不徇私，对憎恶的人不伤害，无论喜爱憎恶都能正确对待，就是治理的最高境界了。

七、《晏子春秋》名言

《晏子春秋》是记载中国春秋时期齐国丞相晏婴言行活动的一部书,成书于战国时期,由史料和民间传说汇编而成。书中记载了晏婴劝告君主勤政、不要贪图享乐、任用贤能、虚心纳谏,以及爱护百姓的事例。

晏子(约前578—前500):即晏婴,字仲,谥平,多称平仲、晏子。齐国莱地夷维(今山东莱州)人,春秋后期重要的政治家、思想家、外交家,曾任齐灵公、庄公和景公三朝国相,以有政治远见和外交才能、作风朴素闻名诸侯。

冠足以修敬,不务其饰;衣足以掩形,不务其美。(《晏子春秋·内篇谏下第二》)

【译文】

帽子能端正仪表就行,不必追求矫饰;衣服能遮掩身体就好,不要追求虚美。

寸之管无当[1],天下不能足之以粟。(《晏子春秋·内篇谏下第二》)

【注释】

[1] 无当(wú dàng):指物体无底部。

【译文】

一寸大的竹管没有底部,用尽天下的粟米也不能填满它。

进不失廉,退不失行。(《晏子春秋·内篇问上第三》)

【译文】

进身不失廉洁,隐退不失品行。

言无阴阳,行无内外。(《晏子春秋·内篇问上第三》)

【译文】

说话不阳奉阴违,行为不表里不一。

毋卜其居,而卜其邻舍。(《晏子春秋·内篇杂下第六》)

【译文】

不要只选择好房屋,而更要选择好邻居。

圣人千虑,必有一失;愚人千虑,必有一得。(《晏子春秋·内篇杂下第六》)

【译文】

聪明的人对问题深思熟虑,也难免出差错;愚钝的人肯动脑筋,总会有可取之处。

君子独立不惭于影，独寝不愧于魂。（《晏子春秋·外篇第八》）

【译文】

君子独自站立不会为自己的影子惭愧，独自睡觉不会为自己的灵魂惭愧。

君子过人以为友，不及人以为师。（《晏子春秋·外篇第八》）

【译文】

君子超过别人就把对方当朋友，赶不上别人就把对方当老师。

八、《韩非子》名言

《韩非子》是中国先秦时期法家代表人物韩非的论著，内容汲取先秦诸子多派的观点，充满批判精神。

能去私曲就公法者，民安而国治。（《韩非子·有度》）

【译文】

能够去除私心杂念实行公正法度，百姓就可以安定，国家就可以太平。

法败则国乱，民怨则国危。（《韩非子·难一》）

【译文】

法规败坏，国家就混乱；民怨积多，国家就危险。

右手画圆，左手画方，不能两成。（《韩非子·功名》）

【译文】

右手画圆，左手画方，不能同时做到两个都画得好。

尔以玉为宝，我以不受子[1]玉为宝。（《韩非子·喻老》）

【注释】

[1] 子：中国古代对男子的通称。

【译文】

你把这块玉看作宝，我却把不接受你用来贿赂我的玉看作宝。

目失镜则无以正须眉，身失道德则无以知迷惑。（《韩非子·观行》）

【译文】

眼睛不看镜子就无法端正面容，做人丧失道德就无法脱离迷惑。

不知而言，不智；知而不言，不忠。（《韩非子·初见秦》）

【译文】

不知道而发表意见是不聪明,明明知道而不发表意见是不忠厚。

坚中[1]则足以为表,廉处则可以大任;少欲则能临其众,多[2]信则能亲邻国。(《韩非子·十过》)

【注释】

[1] 中:内心。

[2] 多:重,与“轻”相对。

【译文】

心志坚定才能为人表率,处事廉洁才能担当大任;克制私欲才能率领大众,注重信用才能亲睦邻国。

天下之难事必作于易,天下之大事必作于细。(《韩非子·喻老》)

【译文】

天下的难事必定从容易处做起,天下的大事必定从细小处开始。

九、《吕氏春秋》名言

《吕氏春秋》是战国末年(公元前239年前后)秦国丞相吕不韦组织属下门客们集体编撰的一部古代百科全书类传世巨著。全书分八览、六论、十二纪,共二十六卷,二十多万言。

天生人而使有贪有欲。欲有情,情有节。圣人修节以止欲,故不过行其情也。(《吕氏春秋·情欲》)

【译文】

人天生就有贪心有欲望。欲望产生感情,感情要有节度。圣明的人注意节度以克制欲望,所以不会放纵自己的感情。

义之大者,莫大于利人,利人莫大于教。(《吕氏春秋·尊师》)

【译文】

最大的道义,莫过于对人有益;最大的有益,莫过于让人受教育。

达师之教也,使弟子安焉、乐焉、休焉、游焉、肃焉、严焉。此六者得于学,则邪辟之道塞矣,理义之术胜矣。(《吕氏春秋·诬徒》)

【译文】

高明的老师执教,能够使学生安心、快乐、悠闲、从容、恭敬、严肃。这六方面都体现在教学过程中,邪辟之路就被堵死了,正义之道就畅通了。

物固莫不有长，莫不有短。人亦然。故善学者，假人之长以补其短。故假人者遂有天下。（《吕氏春秋·用众》）

【译文】

事物本来无不有长处，无不有短处。人也是一样。所以，善于学习的人能够吸取别人的长处来弥补自己的短处。因此，善于吸取众人长处的人便能拥有天下。

天不再与，时不久留，能不两工，事在当之。（《吕氏春秋·首时》）

【译文】

上天不给两次机会，时机不会长久停留，人不能同时做好两件事，办事成功的关键是正当其时。

类同相召，气同相合，声比则应。（《吕氏春秋·召类》）

【译文】

物类相同的就相互招引，气味相投的就互相迎合，声音相同的就互相应和。

夫得言不可以不察。数传而白为黑，黑为白。（《吕氏春秋·察传》）

【译文】

听到传言不可以不审察。多次传递后，白的就可能成了黑的，黑的就可能成了白的了。

贤者善人以人，中人以事，不肖[1]者以财。（《吕氏春秋·赞能》）

【注释】

[1] 不肖（xiào）：品行不好，没有出息。

【译文】

贤明之士同人亲善是根据人的德行，一般的人同人亲善是根据人的办事能力，品行不好的人同人亲善是根据人的财富。

十、《淮南子》名言

土处下，不在高，故安而不危。水下流，不争先，故疾而不迟。（《淮南子·原道训》）

【译文】

土处下位，又不与谁争高，所以能够平安而不危险。水往下流，又不与谁争先，所以流速快而不迟滞。

善游者溺，善骑者堕。各以其所好，反自为祸。是故好事者未尝不中，争利者未尝不穷也。（《淮南子·原道训》）

【译文】

善于游泳的往往被淹死，擅长骑马的常常会跌死。各自显示特长，反而因之罹祸。所以好事的人没有不被中伤的,争利的人没有不陷于穷窘的。

乞火不若取燧[1],寄汲不若凿井。(《淮南子·览冥训》)

【注释】

[1] 燧(suì):古代取火器。

【译文】

向别人乞求火种,不如自己去取火。靠别人给水喝,不如自己去凿井。

不观大义[1]者,不知生之不足贪也;不闻大言[2]者,不知天下之不足利也。(《淮南子·精神训》)

【注释】

[1] 大义:代表正义的道理。

[2] 大言:蕴含大理的言论。

【译文】

不明白大义的人,不知道人生不必贪财;未听到大言的人,不知道天下有比利益更值得追求的东西。

有大略者,不可责以捷巧[1];有小智者,不可任以大功。(《淮南子·主术训》)

【注释】

[1] 捷巧:敏捷巧妙。

【译文】

长于谋划大事的人,不应要求他做精细巧妙之事;只有小聪明的人,不可委任他重大的职责。

道者,物之所导也;德者,性之所挟也;仁者,积恩之见证也;义者,比于人心而合于众适者也。(《淮南子·缪称训》)

【译文】

道是万物的先导,德是对人性的扶助,仁是积累恩惠的表现,义是统合人心、合乎大众的意愿。

欲知天道察其数,欲知地道物其树,欲知人道从其欲。(《淮南子·缪称训》)

【译文】

要知晓天体的规律,就考察其运行的轨迹;要知晓土地的好坏,就考察其树木的生长;要知晓人事的成败,就考察其对欲望的追求。

人多欲亏义,多忧害智,多惧害勇。(《淮南子·缪称训》)

【译文】

人贪欲多就会亏负道义,忧虑多就会妨害理智,恐惧多就会损害勇气。

无勇者，非先慑也，难至而失其守也。贪婪者，非先欲也，见利而忘其害也。（《淮南子·缪称训》）

【译文】

无勇的人，不是天生害怕，而是遇到祸难就丢失了操守。贪婪的人，不是天生嗜欲，而是见利忘义不顾其后果。

得十利剑，不若得欧冶之巧；得百走马[1]，不若得伯乐之数。（《淮南子·齐俗训》）

【注释】

[1] 走马：善跑的马。

【译文】

获得十把利剑，不如求得欧冶子铸剑的技巧；得到一百匹好马，不如得到伯乐相马的经验。

水激则波兴，气乱则智昏。（《淮南子·齐俗训》）

【译文】

水面激荡，波涛就会兴起；精气混乱，神智就会昏聩。

日月欲明，浮云盖之；河水欲清，沙石涉之；人性欲平，嗜欲害之。惟至人能遗物而反己。（《淮南子·齐俗训》）

【译文】

日月本应是发光的，浮云却把它遮盖了；河水本应是清澈的，沙石却使它污浊了；人性本应是平和的，嗜欲却把它扰乱了。只有道德修养最高的人才能够抛弃外物而回归本性。

入其国者从其俗，入其家者避其讳。（《淮南子·齐俗训》）

【译文】

进入一个国就要顺从这个国的风俗，进入一个家就要回避这个家的忌讳。

治国有常，而利民为本；政教有经[1]，而令行为上。苟利于民，不必法古；苟周于事，不必循旧。（《淮南子·氾论训》）

【注释】

[1] 政教：指刑赏与教化。经：常道，指常行的义理、准则、法制。

【译文】

治国有一定的规则，而以有利于人民为根本；政教有不易的法度，以切实可行为最好。只要有利于人民，就不一定效法古制；只要符合事理，就不必遵循旧章。

欲致鱼者先通水，欲致鸟者先树木。水积而鱼聚，木茂而鸟集。（《淮南子·说山训》）

【译文】

想要鱼游来，须先沟通水路；想让鸟栖息，得先种好树木。水积丰沛了鱼儿就会来会合，树木茂盛了鸟儿就会来聚集。

止言以言,止事以事,譬犹扬堁[1]而弭尘,抱薪而救火。(《淮南子·说山训》)

【注释】

[1] 堁(kè):尘埃,尘土扬起。

【译文】

用流言来制止流言,用事端来制止事端,就像扬起尘土来消除灰尘,抱着薪柴去救火。

弓先调而后求劲,马先驯而后求良,人先信而后求能。(《淮南子·说林训》)

【译文】

弓要先经过调试才能求得强劲,马要先经过训练才能挑出良骥,人要先考察信义才能获至贤能。

仁者不以欲伤生,知[1]者不以利害义。(《淮南子·人间训》)

【注释】

[1] 知:智。

【译文】

有仁德的人不因(一时的)欲望而伤害生命,有理智的人不因(眼前的)利益而损害道义。

天下有三危:少德而多宠,一危也;才下而位高,二危也;身无大功而受厚禄,三危也。(《淮南子·人间训》)

【译文】

天下有三种危险:缺少德性却备受尊宠,这是第一种危险;才能低下却身居高位,这是第二种危险;没有大功却俸禄丰厚,这是第三种危险。

事者难成而易败也,名者难立而易废也。千里之堤,以蝼蚁之穴漏;百寻[1]之屋,以突隙之烟焚。尧戒曰:“战战慄慄[2],日胜一日。”(《淮南子·人间训》)

【注释】

[1] 寻:中国古代的一种长度单位,八尺为寻。

[2] 慄:同“栗”。

【译文】

事业难以成功而容易失败,名誉难于树立而容易损坏。千里长堤,常常因蝼蚁的洞穴而崩溃;百寻高楼,常因烟囱漏缝窜出火苗而焚毁。所以尧告诫说:“要战战栗栗,日益谨慎。”

树黍者不获稷[1],树怨者无报德。(《淮南子·人间训》)

【注释】

[1] 黍(shǔ):粮食作物,去皮后叫黄米。稷(jì):粮食作物,谷子。一说高粱。

【译文】

种黍子的不会收获稷子,种怨恨的不会收获恩德。

第十章　汉代以来历代先贤名言

一、汉代经典名言

正其行而不苟于世。(汉・陆贾《新语・辩惑》[1])

【注释】

[1] 陆贾(约前240—前170)：楚国人。汉初政论家。早年随刘邦平定天下，有"辩士"之称，曾任太中大夫。有著作《新语》传世。

【译文】

端正自己的行为，不苟且处世，同流合污。

与人以实，虽疏必密；与人以虚，虽戚[1]必疏。(汉・韩婴《韩诗外传》[2])

【注释】

[1] 戚：亲近，亲密。

[2] 韩婴：生卒年不详，在公元前二世纪左右。西汉前期儒家学者、经学家，西汉今文《诗》学中"韩诗学"之开创者。

【译文】

真心诚意对待人，即使疏远的也会变亲密；虚情假意对待人，即使亲密的也会变疏远。

不为穷变节[1]，不为贱易志。(汉・桓宽《盐铁论・地广》[2])

【注释】

[1] 穷：穷困，穷苦，处境恶劣。

[2] 桓宽：生卒年不详，字次公，汉汝南郡(今河南上蔡西南)人。宣帝时举为郎，后官至庐江太守丞。著有《盐铁论》六十篇。《盐铁论》是根据昭帝始元六年(前81)召开的盐铁会议的文件写成的政论性散文集。

【译文】

不因处境穷困而丧失节操，不因地位低贱而改变志向。

君子得时[1]如水，小人得时如火。(汉・刘向《说苑・谈丛》[2])

【注释】

[1] 时：时势。

[2] 刘向(约前77—前6)：原名更生，字子政，沛县(今属江苏)人。西汉经学家、目录学家、文学家。

【译文】

君子得势的时候平淡如水,小人得势的时候骄纵如火。

政有三而已,一曰因民,二曰择人,三曰从时。(汉·刘向《说苑·尊贤》)

【译文】

为政之道只有三条原则:一是依顺人民的意愿;二是选用优秀的人才;三是适应时势的变化。

非义之事不计于心,非理之利不入于家。言行若一,情貌相副。(汉·刘向《列女传·刘田稷母》)

【译文】

心中不考虑不正当的事情,家里不接收不正当利益。说的和做的一致,内心和外表一致。

人之性也善恶混,修其善则为善人,修其恶则为恶人。(汉·扬雄《法言·修身》[1])

【注释】

[1] 扬雄(前 53—18):字子云,西汉蜀郡成都(今四川成都)人。西汉学者、辞赋家、语言学家。有《扬侍郎集》传世。

【译文】

人的秉性中蕴含着善和恶,注重善的修养就成为善良的人,注重恶的修养就成为邪恶的人。

可则因[1],否[2]则革。(汉·扬雄《法言》)

【注释】

[1] 可:合时宜。因:因袭,继承。

[2] 否:不适宜。

【译文】

对于过去的东西,合宜于现实的就继承,不适宜的就变革。

发乎情,止乎礼义。(汉·佚名《毛诗序》)

【译文】

欲念产生于性情,妄动停止于礼义。

事莫明于有效,论莫定于有证。(汉·王充《论衡》[1])

【注释】

[1] 王充(27—约 97):字仲任,会稽上虞(今属浙江)人,汉代道家思想的重要传承和发展者。《论衡》是其一部影响巨大的无神论著作。

【译文】

对一件事情的最好证明是有成效,对一个理论的最好评定是有根据。

知屋漏者在宇[1]下，知政失者在草野[2]。（汉·王充《论衡》）

【注释】

[1] 宇：屋檐。

[2] 草野：乡间，喻底层民众。

【译文】

房子漏不漏雨，住在屋檐下的人很明白；政策对不对头，处于底层的民众最清楚。

为善者天报之以福，为恶者天与之以殃。（汉·司马迁《史记·乐书》）

【译文】

行善的人，上天用福气来回报他；作恶的人，上天用灾祸来报应他。

奉公如法，则上下平，上下平则国强。（汉·司马迁《史记·廉颇蔺相如列传》）

【译文】

奉行公事，遵守法规，就能使全国上下安定，全国上下安定了就会使国家变得强盛。

千人之诺诺，不如一士之谔谔[1]。（汉·司马迁《史记·商君列传》）

【注释】

[1] 谔谔(è)：直言争辩的样子。

【译文】

一千个唯唯诺诺的人，不如一个敢讲真话的人宝贵。

恃[1]德者昌，恃力者亡。（汉·司马迁《史记·商君列传》）

【注释】

[1] 恃(shì)：依赖，依靠。

【译文】

依赖德行服人的昌盛，仗势暴力服人的灭亡。

良药苦口利于病，忠言逆耳利于行。（汉·司马迁《史记·留侯世家》）

【译文】

对症的药物虽然味带苦涩，却有利于疾病的治疗；忠实的言论往往话不中听，却有利于行动的正确。

公道立，奸邪塞，私权废。（汉·班固《汉书·萧望之传》[1]）

【注释】

[1] 班固(32—92)：字孟坚，扶风安陵(今陕西咸阳)人。东汉史学家。奉诏历时20余年，基本修成《汉书》。因受窦宪政争牵连死于狱中。

【译文】

公平正义得到确立，奸佞邪恶就可堵塞，擅权徇私就可废弃了。

二、三国两晋南北朝时期经典名言

夫君子之行[1],静以修身,俭以养德[2]。非淡泊无以明志,非宁静无以致远[3]。夫学须静也,才须学也。非学无以广才,非志无以成学。淫慢则不能励精,险躁则不能治性[4]。年与时驰,意与日去[5],遂成枯落,多不接世[6],悲守穷庐,将复何及[7]!(三国·诸葛亮《诫子书》[8])

【注释】

[1] 夫(fú):段首或句首发语词,引出下文的议论,无实在的意义。君子:男子汉,读书人,品格高尚的人。行:指行为、操守。

[2] 养德:培养品德。

[3] 淡泊:内心恬淡,不贪名利。明志:表明崇高志向。宁静:安静,聚精会神。致远:实现远大目标。

[4] 淫慢:放纵懒散。励精:振奋精神。险躁:轻率浮躁。治性:陶冶性情。治,同"冶"。

[5] 与:跟随。驰:流逝。去:消磨。

[6] 遂:于是,就。枯落:枯败零落。多不接世:无所作为。

[7] 穷庐:破房子。将复何及:又怎么来得及。

[8] 诸葛亮(181—234):字孔明,号卧龙,琅琊阳都(今山东临沂)人,三国时期蜀汉丞相。政治家、军事家、散文家、书法家。在世时被封为武乡侯,死后追谥忠武侯,东晋政权追封他为武兴王。《诫子书》是诸葛亮晚年写给他八岁的儿子诸葛瞻的一封家书。

【译文】

君子的行为操守,靠宁静来修身,靠节俭来养德。不淡泊名利就不能确立崇高志向,不宁静专注就不能做到高瞻远瞩。学习必须心静志诚,才能必须依靠学习。不学习就无法增长才能,没有志向就不能学有所成。放纵懒散就无法振奋精神,轻率浮躁就不能陶冶性情。年华随着时光流逝,意志随着岁月消损,最终枯败零落,无所作为,只能悲哀地坐守穷困的居舍,那时再怎么悔恨就来不及了啊!

鞠躬尽瘁,死而后已。(三国·诸葛亮《后出师表》)

【译文】

恭敬谨慎地竭尽全力做事,到死为止。

天称其高者,以无不覆[1];地称其广者,以无不载;日月称其明者,以无不照;江海称其大者,以无不容。(三国·曹植《求通亲表》[2])

【注释】

[1] 无不覆:无所不覆盖。

[2] 曹植(192—232):曹操之子,曹丕之弟。诗人、文学家。

【译文】

天之所以被称为高，是因为它无所不覆盖；地之所以被称为广，是因为它无所不承载；太阳月亮之所以被称为明，是因为它们无处不照耀；江河海洋之所以被称为大，是因为它们无所不容纳。

贫贱之交不可忘，糟糠之妻不下堂。（南北朝·范晔《后汉书·宋弘传》）

【译文】

贫困低贱时的朋友不可忘记，共患难过的妻子不可离弃。

操千曲而后晓声，观千剑而后识器。（南北朝·刘勰《文心雕龙·知音》[1]）

【注释】

[1] 刘勰（约465—520）：南朝梁代人，祖籍山东莒县，文学理论家，有专著《文心雕龙》传世。

【译文】

练习过一千支乐曲之后才能够理解音乐，观察过一千柄刀剑之后才知道如何识别剑器。

谚曰：积财千万，不如薄伎[1]在身。伎之易习而可贵者，无过读书也。（南北朝·颜之推《颜氏家训·勉学篇》[2]）

【注释】

[1] 薄：与“厚”相对，引申为下、轻、少。这里指小。伎：同“技”，指技能。

[2] 颜之推（529—595）：琅琊临沂（今山东临沂）人，北齐文学家。所著《颜氏家训》是一部系统完整的家庭教育专著。

【译文】

谚语说：积累无数财产，不如有一点小技能。学起来容易而又值得珍贵的技能，没有能比得上读书的了。

与善人居，如入芝兰之室，久而自芳也；与恶人居，如入鲍鱼之肆[1]，久而自臭也。（南北朝·颜之推《颜氏家训·慕贤篇》）

【注释】

[1] 鲍鱼之肆：卖盐渍鱼的商店。鲍鱼，盐腌的鱼。

【译文】

与善良的人在一起，好像进入摆满芝兰的屋子，日久天长，自己也变香了。与邪恶的人在一起，好像进入存放烂鱼的店铺，日久天长，自己也变臭了。

三、隋唐时期经典名言

通其变，天下无弊法；执其方[1]，天下无善教。（隋·王通《中说·周公》[2]）

【注释】

[1] 方:指陈规旧法。

[2] 王通(584—617):字仲淹,隋河东郡龙门县人。民间教育家,唐初名臣房玄龄、杜如晦、魏徵、李靖、薛收等皆从其受业。著有《中说》等。

【译文】

知道因势变通,天下就不会有弊陋的法规;墨守陈规旧法,天下就不会有良好的教化。

廉者常乐无求,贪者常忧不足。(隋·王通《中说·王道》)

【译文】

居官清廉的人常感快乐是因为不谋私利,做官贪婪的人常感忧虑是欲壑难填。

痛莫大于不闻过,辱莫大于不知耻[1]。(隋·王通《中说·关朗》)

【注释】

[1] 莫大于:没有比这更大。不闻过:指听不进别人对自己所犯错误的批评。

【译文】

可悲的事没有比听不进批评更糟,羞辱的事没有比恬不知耻更大。

见利争让[1],闻义争为,有不善[2]争改。(隋·王通《中说·魏相》)

【注释】

[1] 让:辞让。

[2] 不善:指缺点错误。

【译文】

见到有利益的事争着辞让,听到符合正义的事争着去做,发现缺点错误就争着改正。

闻谤而怒者,谗之囮[1]也;见誉而喜者,佞[2]之媒也。(隋·王通《中说·魏相》)

【注释】

[1] 囮(é):鸟媒,捕鸟时用来引诱同类的鸟。

[2] 佞(nìng):用花言巧语谄媚人。

【译文】

听到指责就发怒的人,这是给善于进谗言、陷害人的人提供媒介;见到赞美便沾沾自喜的人,这是给善于阿谀奉承、献媚取宠的人创造条件。

老当益壮,宁[1]移白首之心;穷且益坚,不坠青云之志。(唐·王勃《滕王阁序》[2])

【注释】

[1] 宁:岂能。

[2] 王勃(约650—676):字子安,绛州龙门(今山西万荣)人,王通之孙。初唐诗人,与杨炯、卢照邻、骆宾王齐名,齐称"初唐四杰"。

【译文】

年老者,理当增强信心,岂能改变暮年的人生追求;穷困者,更要坚定意志,不能动摇远大志向。

源洁则流清,行端则影直。(唐·王勃《上刘右相书》)

【译文】

水源洁净河流就清澈,行为正当影子就端直。

不曲道以媚时,不诡行以儌[1]名。(唐·魏徵《群书治要·政论》)

【注释】

[1] 儌(jiāo):窃取。

【译文】

不做苟且的事情来讨好世俗,不以欺骗的手段来窃取名誉。

处屯[1]而必行其道,居陋[2]而不改其度。(唐·张九龄《宋使君写真图赞序》[3])

【注释】

[1] 屯(zhūn):艰难。

[2] 陋:狭窄,简陋。

[3] 张九龄(678—740):韶州曲江(今广东韶关)人,诗人。神功元年进士,唐玄宗开元时历官中书侍郎、同中书门下平章事、中书令。

【译文】

处境艰难而恪守正道,居室简陋而气度依然。

克俭节用,实弘道之源;崇侈恣情,乃败德之本。(唐·吴兢《贞观政要·规谏太子》[1])

【注释】

[1] 吴兢(670—749):汴(biàn)州浚(jùn)仪(今河南开封)人。唐代史学家,武周时修国史。直言敢谏,政治上颇有献替。

【译文】

保持简朴,节省用度,是弘扬道义的源泉;追求奢侈,放纵欲望,是败坏品德的根本。

忠厚积,则致太平;浅薄积,则致危亡。(唐·吴兢《贞观政要·公平》)

【译文】

忠实厚道的人积聚多了,就使得天下太平;肤浅鄙陋的人积聚多了,就导致国家危亡。

汝若全德[1],必忠必直。汝若全行,必方必正。终身如此,可谓君子。(唐·元结《自箴》[2])

【注释】

[1] 汝(rǔ):你。全:完善。

[2] 元结(719—772):河南鲁山人,天宝进士。唐代文学家。曾招募义兵,抗击史思

明叛军,保全十五城。官至容州都督充本管经略守捉使。

【译文】

你如果要完善道德,一定要忠诚耿直;你如果要完美品行,一定要端方公正。一辈子都能这样,才能称为君子。

以不息为体,以日新为道。(唐·刘禹锡《问大钧赋》)

【译文】

把自强不息作为最重要的事体,把每天更新作为努力的方向。

古之君子,其责己也重以周,其待人也轻以约。重以周,故不怠;轻以约,故人乐为善。(唐·韩愈《原毁》[1])

【注释】

[1] 韩愈(768—824):字退之,唐河内河阳(今河南孟州)人。唐代"古文运动"的倡导者,著有《韩昌黎集》《外集》《师说》等。

【译文】

古代的君子,要求自己时严厉而全面,对待别人时宽容而简约。对己严格而全面,所以不敢懈怠懒惰;对人宽容而简约,所以人们乐于帮助他。

师者,所以传道授业解惑也。(唐·韩愈《师说》)

【译文】

老师,正是来传授真理、讲习学业、解释疑惑的。

无贵无贱无长无少,道之所存,师之所存也。(唐·韩愈《师说》)

【译文】

无论地位贵贱,不管年纪大小,真理和知识所在处,老师也就在那里。

圣人[1]无常师。孔子师郯子、苌弘、师襄、老聃[2]。郯子之徒,其贤不及孔子。孔子曰:"三人行,必有我师。"是故弟子不必不如师,师不必贤于弟子。闻道有先后,术业有专攻,如是而已。(唐·韩愈《师说》)

【注释】

[1] 圣人:有大智慧的人。

[2] 郯(tán)子:当时郯国的国君,孔子曾向他请教官职名称。苌(cháng)弘:东周的大夫,孔子曾向他请教古乐。师襄:鲁国的乐官,名襄,孔子曾向他学习弹琴。老聃(dān):即老子,楚国人,思想家,道家学派创始人。孔子曾向他请教礼仪。

【译文】

圣人没有固定的老师,孔子就曾以郯子、苌弘、师襄、老聃为师,郯子这些人,他们的贤能都比不上孔子。孔子说:"三人同行,其中必有我的老师。"因此学生不一定不如老师,老师不一定样样都比学生好,老师和学生的区别只是懂得道理有先有后,学术技能各有专长罢了。

业精于勤，荒于嬉；行成于思，毁于随。（唐·韩愈《进学解》）

【译文】

学业的精进来自勤奋努力，学业的荒废是因为耽于嬉娱；行动的成功来自深思熟虑，行动的失败是因为任性随意。

灭六国者，六国也，非秦也；族[1]秦者，秦也，非天下也！嗟夫！使六国各爱其人，则足以拒秦；秦复爱六国之人，则递三世可至万世而为君；谁得而族灭也？秦人不暇自哀，而后人哀之；后人哀之而不鉴之，亦使后人而复哀后人也！（唐·杜牧《阿房宫赋》）

【注释】

[1] 族(zú)：灭族，是古代一种把“罪犯”家族成员全部处死、诛灭的刑罚。这里指秦亡国后皇室遭到灭族惨祸一事。

【译文】

灭六国的，是六国自己，而不是秦国；诛灭秦王族的，是秦王自己，而不是天下人。可叹啊！假使当时六国能够各自爱惜自己的人民，就足以抵抗秦国的进犯了；假使秦王朝在胜利之后能够汲取六国败亡的教训，再爱惜六国的人民，就可以传递三代乃至万代为君王了；还有谁能够灭族呢？是秦人来不及哀叹自己，才给后人留下了哀叹；后人如果只为前朝哀叹而不重视教训的借鉴，重蹈覆辙，也会让自己的后人照样哀叹自己啊！

历览前贤国与家，成由勤俭败由奢。（唐·李商隐《咏史》）

【译文】

纵览前贤历史，无论是邦国还是家族，其成功都源自勤俭，其衰败都源于奢靡。

欺人是祸，饶人是福。（唐·吕岩《劝世》[1]）

【注释】

[1] 吕岩：生卒年不详，一名岩客，字洞宾，河中永乐人。唐末、五代时道士。

【译文】

欺侮别人会带来灾祸，宽恕别人会带来福气。

士之致远，先器识而后文艺[1]。（后晋·刘昫等《旧唐书·裴行俭传》[2]）

【注释】

[1] 器识：器量与见识。文艺：文艺才华，代指专门本领。

[2] 刘昫(887—946)：涿州归义(今河北雄县)人，五代史学家、政治家。后晋时，受命负责编纂《唐书》。宋代欧阳修、宋祁等编写的《新唐书》问世后，其书改称《旧唐书》。

【译文】

读书人要想担当重任，首先要有器量与见识，而后才谈得上所谓的文艺才能。

四、宋元时期经典名言

致天下之治者在人才,成天下之才者在教化[1],教化之所本者在学校。(宋·胡瑗《松滋县学记》[2])

【注释】

[1] 教化:实行教育使之改变,转化。

[2] 胡瑗(993—1059):字翼之,北宋教育家。著有《周易口义》《洪范口义》等。

【译文】

使天下得到治理的关键在于用好人才,成就天下人才的关键在于教化成功,施行教化的根本保证在于办好学校。

古之立大事者,不惟有超世之才,亦必有坚韧不拔之志。(宋·苏轼《晁错论》)

【译文】

历史上成就大事业的人,不仅有超越世人的才华,一定还有坚忍不拔的意志。

治身莫先于孝,治国莫先于公。(宋·苏轼《司马温公行状》)

【译文】

修身的先务莫过于尽孝,治国的先务莫过于奉公。

君子之修身也,内正其心,外正其容。(宋·欧阳修《左氏辨》)

【译文】

君子修身,内要修养品德,外要端正仪容。

以铜为鉴,可正衣冠;以古为鉴,可知兴替;以人为鉴,可明得失。(宋·欧阳修、宋祁《新唐书·魏徵传》)

【译文】

用铜作为镜子,可以端正衣帽的穿戴;用历史作为镜子,可以知晓国家的兴亡;用人作为镜子,可以明白行为的得失。

夫因循苟且,逸豫而无为,可以侥幸一时,而不可以旷日持久。(宋·王安石《上时政疏》)

【译文】

因循守旧,苟且度日,闲适娱乐,碌碌无为,可以侥幸得一时之安,但不能维持长久。

教人治己,皆宜以正直为先。(宋·王安石《洪范传》)

【译文】

教育他人,管理自己,都应当把正直放在第一位。

不以物喜，不以己悲。（宋·范仲淹《岳阳楼记》）

【译文】

不因外物的好坏和自己的得失而欢喜、悲戚。

先天下之忧而忧，后天下之乐而乐。（宋·范仲淹《岳阳楼记》）

【译文】

忧愁在天下人之前，享乐在天下人之后。

夫善国者，莫先育才；育才之方，莫先劝学。（宋·范仲淹《上时相议制举书》）

【译文】

善于治理国家的人，都是首先抓人才培养；培育人才的方法，都是首先劝人们学习。

与邪佞[1]人交，如雪入墨池，虽融为水，其色[2]愈污；与端方人处，如炭入薰炉，虽化为灰，其香不灭。（宋·许棐《樵谈》[3]）

【注释】

[1] 邪佞（xié nìng）：不正当，不正派，巧言谄媚的人。

[2] 色：成色，品质。

[3] 许棐（fěi）：字忱夫，号梅屋。海盐人（今属浙江）。生卒年均不详，宋理宗宝庆初前后在世。

【译文】

和邪佞的人交往，像雪进了墨池一样，即使化成水，其成色也污秽了；和品行端方的人相处，像炭进了薰炉一样，即使化成了灰，其香味也不灭。

吴王好剑客[1]，百姓多创瘢；楚王好细腰[2]，宫中多饿死。（宋·司马光《资治通鉴》[3]）

【注释】

[1] 吴王：指战国时期的吴王阖闾（hé lǘ）。好剑客：喜爱精于剑术的侠客。

[2] 楚王：指战国时期的楚灵王。好细腰：喜爱腰身纤细。

[3] 司马光（1019—1086）：字君实，陕州夏县（今山西运城）人，世称“涑（sù）水先生”。北宋政治家、文学家、史学家。有史学名著《资治通鉴》存世。

【译文】

吴王喜欢精于剑术的侠客，百姓身上因此多有疮痕；楚王喜欢腰身纤细，宫中因此有很多饿死的人。

不思，故有惑；不求，故无得；不问，故无知。（宋·晁说之《晁氏客语》[1]）

【注释】

[1] 晁说之（1059—1129）：字以道，一字伯之，济州巨野（今山东巨野）人。元丰进士，靖康之变时为中书舍人。高宗南渡后，召为侍读，提举杭州洞霄宫。有《嵩山文集》存世。

【译文】

不思考，所以有疑惑；不探求，所以无收获；不好问，所以会愚昧。

当官之法，惟有三事：曰清、曰慎、曰勤[1]。知此三者，可以保禄位，可以远耻辱，可以得上之知，可以得下之援。(宋・吕本中《官箴》[2])

【注释】

[1] 清：清廉，公正廉洁，两袖清风。慎：慎重，周密考虑，谨言慎行。勤：勤勉，勤奋好学，刻苦上进。

[2] 吕本中(1084—1145)：字居仁，开封(今属河南)人。徽宗时为大名府帅司偎官、枢密院编修官。曾著《官箴》三十三条。

【译文】

当官的法则，只有三条，即清廉、谨慎、勤勉。遵守这三条法则，就可以保住职位，可以远离耻辱，可以得到上司的赏识，可以得到下属的拥戴。

君子言忧不言乐，然而乐在其中也；小人知乐不知忧，故忧常及之。(宋・叶适《习学记言・序目》[1])

【注释】

[1] 叶适(1150—1223)：字正则，温州永嘉县人。南宋思想家、文学家、政论家。他所代表的"永嘉事功学派"对后世影响深远。

【译文】

君子常讲忧虑而不讲逸乐，其实乐在其中；小人只知逸乐而不知忧虑，所以忧愁的事常找上他。

书不记，熟读可记；义不精，细思可精。唯有志不立，直是无着力处。(宋・朱熹《理性精义》)

【译文】

书上的东西记不住，多读就可以记住；书中的意义不理解，细细思考就可以精通。唯有志向不立的人，才是有力气也无处使。

为学须觉今是而昨非，日改月化，便是长进。(宋・朱熹《朱子语类》)

【译文】

做学问须常常觉悟到今天的比昨天的要好，每天有所改观，每月有所变化，这样才说得上有长进。

读书有三到，谓心到、眼到、口到。心不在此，则眼不看仔细，心眼既不专一，却只漫浪诵读，决不能记，记不能久也。三到之中，心到最急。心既到矣，眼口岂不到乎？(宋・朱熹《训学斋规・读书写文字》)

【译文】

读书的方法有"三到"：心要悟到，眼要看到，口要读到。心不在书，眼就看不仔细；心眼都没有在书上，却徒然漫不经心地诵念，决不能记住什么，即使记住了也管不久。这"三到"之中，心到最重要。心都到了，眼和口怎么会不到呢？

力学勿忘家世俭，堆金能使子孙愚。（宋·刘克庄《贫居自警》[1]）

【注释】

[1] 刘克庄（1187—1269）：字潜夫，号后村，福建莆田人。官至工部尚书。南宋词人、诗论家。

【译文】

努力学习，莫忘节俭的家世传统；财产多了，会使子孙堕入愚蠢的泥淖（nào）。

绳锯木断，水滴石穿。（宋·罗大经《鹤林玉露》[1]）

【注释】

[1] 罗大经（约1196—1252）：字景纶，号鹤林，江西吉水人。南宋进士，历任容州法曹、辰州判官、抚州推官。遭弹劾罢官后，闭门读书，著《鹤林玉露》。

【译文】

麻绳坚持不懈可以锯断木头，水滴坚持不懈可以洞穿石头。

但行好事，莫问前程。与人方便，自己方便。（宋·佚名《名贤集》[1]）

【注释】

[1]《名贤集》：南宋以来流行民间的通俗读物和蒙学教材。所收集的格言、诗句、谚语和历代名人贤士的名言善行，讲述了为人处世的基本道理。作者不详。

【译文】

但凡做有益于人的事情，就不要考虑对自己的益处。关爱帮助别人，也就是在关爱自己。

积善之家，必有余庆[1]。积恶之家，必有余殃。（宋·佚名《名贤集》）

【注释】

[1] 积善：长期做好事，积德。余庆：祖先留下的福泽，即因前辈的善行而使子孙受益得福。

【译文】

长期坚持做好事行善积德的家庭，子孙必然收获福泽。长期做坏事损人积恶的家庭，后代也会遭受恶报。

人无远虑，必有近忧。（宋·佚名《名贤集》）

【译文】

人没有长远的考虑，必然会出现眼前的忧患。

量[1]小非君子，无度[2]不丈夫。（宋·佚名《名贤集》）

【注释】

[1] 量：能容纳、禁受的限度。这里特指待人接物的“器量”“度量”。

[2] 度：胸襟，器度。

【译文】
小肚鸡肠不是君子,心胸狭窄不算丈夫。

将相本无种,男儿当自强。(宋·佚名《名贤集》)
【译文】
将军宰相并非生而注定,有志男儿应当奋发图强。

国正天心顺[1],官清民自安。(宋·佚名《名贤集》)
【注释】
[1] 国正:国家政治清明。正,使正,端正。天心顺:天遂人意,国运昌盛。
【译文】
国家政治清明,天意就顺遂人意;官吏操守清廉,百姓就自在安定。

妻贤夫祸少,子孝父心宽。(宋·佚名《名贤集》)
【译文】
妻子贤惠,丈夫的灾祸就会少;儿女孝顺,父母的心情就宽慰。

良言一句三冬暖,恶语伤人六月寒。(宋·佚名《名贤集》)
【译文】
美好的言语能让三冬也充满温暖,恶毒的中伤会使六月也充斥酷寒。

宁公而贫,不私而富;宁让而损己,不竞而损人。(元·张养浩《牧民忠告》)
【译文】
宁可因奉公而贫穷,不可因偏私而富裕;宁可因谦让而亏损自己,不可为竞争而亏损他人。

真情常在,虚脾终败。(元·张养浩《述怀》)
【译文】
为人真诚,总能得到信任;为人虚伪,终究招致失败。

花有重开日,人无再少年。(元·关汉卿《窦娥冤·楔子》[1])
【注释】
[1] 关汉卿(约1220—1300):解州(今山西运城)人,金末元初杂剧作家。与马致远、郑光祖、白朴并称为“元曲四大家”。
【译文】
鲜花凋谢了,来年还有重展风采的日子;人的青春荒废了,却再也不能重返少年时代。

一事精,百事精[1];一无成,百无成。(元·王实甫《西厢记》[2])

【注释】

[1] 精：精通，精熟。

[2] 王实甫(1260—1336)：名德信，大都(今北京)人。元代杂剧作家。杂剧《西厢记》作者。

【译文】

能把一件事做得精通，其他的事也能精通；一件事都做不成功，其他的事也无法成功。

人能克己身无患，事不欺心睡自安。(元·马致远《岳阳楼·第二折》)

【译文】

做人能克制私欲就没有烦恼，做事不违背良心就睡得安稳。

文臣不爱钱，武臣不惜死，天下太平矣。(元·脱脱《宋史·岳飞传》[1])

【注释】

[1] 脱脱(1314—1355)：字大用，亦作托克托，亦作脱脱帖木儿，蔑里乞氏，哈萨克蔑儿乞部人。元朝末期政治家、军事家。

【译文】

文臣理政不贪钱财，武臣守土不怕牺牲，国家就能太平了。

五、明清时期经典名言

德不广不能使人来，量不宏不能使人安。(明·刘基《郁离子·德量》[1])

【注释】

[1] 刘基(1311—1375)：字伯温，处州青田(今属浙江)人。明朝开国功臣，政治家、军事家、文学家。

【译文】

恩德不广大，就不能聚集人才；气量不宽宏，就不能安定人才。

夫英雄者，胸怀大志，腹有良谋，有包藏宇宙之机，吞吐天地之志也。(明·罗贯中《三国演义》[1])

【注释】

[1] 罗贯中(约1330—1400)：名本，字贯中，山西并州太原人，号湖海散人。元末明初小说家、戏曲家。《三国演义》作者。

【译文】

真正的英雄，胸怀远大志向，腹有良策妙略，能蓄含宇宙的奥妙，能领悟天地的意愿。

法制无常，近民为要；古今异势，变俗为宜。(明·张居正《辛未会试程策》[1])

【注释】

[1] 张居正(1525—1582)：字叔大，号太岳，江陵(今属湖北荆州)人。明朝后期政

治家。

【译文】

法规制度没有永远不变的，以接近民情为最重要；古代与现在的局势差异很大，法规制度要以顺应时俗的变化为宜。

天下之事，因循[1]则无一事可为；奋然为之，亦未必难。（明·归有光《奉熊分司水利集并论今年水灾事宜书》[2]）

【注释】

[1] 因循：沿袭，按老办法做事。

[2] 归有光(1506—1571)：字熙甫，号项脊生，人称“震川先生”，江苏昆山人。官至南京太平寺丞。明代散文家。

【译文】

面对天下难事，一味沿袭老办法就不可能有任何作为；努力去办，有所创新，也未必就很难。

种树者必培其根，种德者必养其心。（明·王守仁《传习录》）

【译文】

种树的人，必须培养好树根；培德的人，必定涵养好心性。

无善无恶心之体[1]，有善有恶意[2]之动，知善知恶是良知[3]，为善去恶是格物[4]。（明·王守仁《传习录》）

【注释】

[1] 体：本体，天性。

[2] 意：意念，私欲。

[3] 良知：天赋的道德观念。

[4] 格物：穷究事物的道理。

【译文】

无善无恶是心的本体，人的天性；有善有恶是意念的萌动，私欲的遮蔽；知善知恶是天赋的道德，良知的回归；为善去恶是我们获取知识、探究事理的境界追求。

知是行的主意，行是知的工夫；知是行之始，行是知之成。（明·王守仁《传习录》）

【译文】

良知是行为的指导思想，行为是达到良知的工夫。良知是行为的开始，行为是良知的完成。

惜衣有衣，惜食有食。（明·冯梦龙《警世通言》[1]）

【注释】

[1] 冯梦龙(1574—1646)：字犹龙，号龙子犹，长洲县(今江苏苏州)人，明代文学家、戏曲家。其作品《喻世明言》(旧题《古今小说》)《警世通言》《醒世恒言》是中国白话短篇小

说的经典。

【译文】

爱惜衣服，就常有衣穿；爱惜粮食，就常有饭吃。

刻薄不赚钱，忠厚不折本。（明·冯梦龙《醒世恒言》）

【译文】

刻薄待人，自己赚不到便宜；忠厚做人，终归不会吃亏。

由俭入奢易，由奢入俭难。（明·周怡《谕儿辈》[1]）

【注释】

[1] 周怡(1505—1569)：字顺之，号讷溪，明代仙源(今属山东济宁)人。官至太常少卿。周怡为官廉洁，一身正气。著有《讷溪文集》。

【译文】

由俭朴变奢侈很容易，由奢侈变俭朴很困难。

常将有日思无日，莫待无时思有时。（明·周怡《谕儿辈》）

【译文】

有吃有穿的时候要常想没吃没穿的时候，不要等到贫穷了才后悔富有时的浪费。

士人有百折不回之真心，才有万变不穷之妙用。（明·洪应明《菜根谭》[1]）

【注释】

[1] 洪应明：字自诚，号还初道人，明代思想家、学者，籍贯生卒不详。万历三十年(1602)前后曾居住在南京秦淮河一带，潜心著述。《菜根谭》是其收集编著的一部谈论修身养性、为人处世的语录集。

【译文】

读书人确立了百折不回的真诚心志，才能发挥学识万变不穷的奇妙作用。

勿以己长而形人之短，勿因己拙而忌人之能。（明·洪应明《菜根谭》）

【译文】

不要用自己的长处与别人的短处相比较，也不要因为自己的弱点而妒忌别人的优势。

路径窄处，留一步与人行；滋味浓时，减三分让人食。（明·洪应明《菜根谭》）

【译文】

在路径狭窄的地方，留一点空间让他人行走；在美食丰盛的时候，拿出一定数量让他人分享。

处世让一步为高，退步即进步的张本[1]；待人宽一分是福，利人实利己的根基。（明·洪应明《菜根谭》）

【注释】

[1] 张本：起点，缘由，依据。

【译文】

处世以多点退让为高明，退步也就是进步的起因；待人以多点宽容为福气，利人其实也就是利己的根基。

天下兴亡，匹夫有责。(清・顾炎武《日知录》)

【译文】

国家的兴盛、衰亡，每个人都有责任。

盖[1]天下之治乱，不在一姓之兴亡，而在万民之忧乐。(清・黄宗羲《明夷待访录》[2])

【注释】

[1] 盖：发语词。

[2] 黄宗羲(1610—1695)：字太冲，浙江绍兴府余姚县人。明末清初经学家、史学家、思想家、教育家。著有《明夷待访录》《明儒学案》等。

【译文】

国家的治乱成败，不是看君主一家的兴衰存亡，而是看广大百姓的福祸忧乐。

疑乃觉悟之机，小疑则小悟，大疑则大悟，不疑则不悟。(清・黄宗羲《明儒学案》)

【译文】

疑问是觉悟的契机。有小的疑问就会有小的觉悟，有大的疑问就会有大的觉悟，没有疑问就不会有觉悟。

损人即自损也，爱人即自爱也。(清・黄宗羲《宋元学案》)

【译文】

损害别人就是损害自己，爱护别人就是爱护自己。

事固有因时因地而各宜，不能守一说以为独得者。(清・王夫之《读通鉴论》[1])

【注释】

[1] 王夫之(1619—1692)：字而农，号姜斋，衡州府城南(今湖南衡阳)人。明末清初思想家、哲学家。晚年居南岳衡山下的石船山，著书立说，世称“船山先生”。有《船山全书》传世。

【译文】

事情本来就有因时因地制宜的要求，不能固守一种见解，以为这是唯一正确的。

生以载义[1]，生可贵；义以立生，生可舍。(清・王夫之《尚书引义・卷五》)

【注释】

[1] 义：道义，即道德和正义。

【译文】

使生命成为道义的载体，实现生命与道义的统一，这样的生才是可贵的；以道义来安身立命，如果生与义不可得兼，宁可舍生而取义。

一指之穴，能涸[1]千里之河；一脔[2]之味，能败十世之德。（清·唐甄《潜书》[3]）

【注释】

[1] 涸（hé）：失去水而干枯。

[2] 脔（luán）：一小块肉。

[3] 唐甄（1630—1704）：字铸万，四川达州人。曾作过知县，后改途经商。明末清初的思想家和政论家。著有《潜书》。

【译文】

出了个指头大的漏洞，能干枯千里长的江河；贪了一小块肉的味道，能败坏多年积成的道德。

一丝一粒，我之名节；一厘一毫，民之脂膏。宽一分，民受赐不止一分；取一文，我为人不值一文。谁云交际之常，廉耻实伤；倘非不义之财，此物何来？（清·张伯行《禁止馈送檄》[1]）

【注释】

[1] 张伯行（1651—1725）：字孝先，河南仪封（今河南兰考）人。康熙二十四年进士，累官至礼部尚书。清廉刚直，从不收受礼物，极力反对以馈赠之名，行贿赂之实，被康熙誉为“天下第一清官”。

【译文】

“一丝一粒”虽小，却牵涉我的名节；“一厘一毫”虽微，却都是民脂民膏。对百姓宽待一分，那么百姓所得就不止一分；向百姓多索取一文，那么我的为人便一文不值。谁说这是交往常情，实则伤害廉耻；若说并非不义之财，送人的东西从何而来？

假作真时真亦假，无为有处有还无。（清·曹雪芹《红楼梦·第一回》[1]）

【注释】

[1] 曹雪芹（约 1715—1763）：名沾，字梦阮、芹圃，号雪芹、芹溪居士，汉军正白旗人，清代文学家。能诗善画，有广泛的文学艺术知识和深厚的修养。他创作的《红楼梦》对后世的文艺创作与研究产生了深远的影响。

【译文】

把假的当作真的，真的也就成了假的；把没有的当作有的，有的也就成了没有的。

不学古人，法无一可；竟[1]似古人，何处著[2]我？（清·袁枚《续诗品》[3]）

【注释】

[1] 竟：全部，完全，整个。

[2] 著：书写，显现，显扬。

[3] 袁枚（1716—1797）：字子才，钱塘（今浙江杭州）人。历任溧水、江宁知县，四十

岁即告归讲学。清代诗人、散文家。著有《随园诗话》等。

【译文】

不学习古人的东西,好像没有什么可依照的;如果完全像古人一样,又哪里去找我自己的东西呢?

履不必同,期于适足;治不必同,期于利民。(清·魏源《默觚·治篇》[1])

【注释】

[1] 魏源(1794—1857):原名远达,字默深,湖南邵阳人,清代军事思想家和战略家。道光进士,官至知州。著有《书古微》《诗古微》和《海国图志》等。

【译文】

鞋子样式不需要与别人相同,只要适合自己的脚就行;治国策略不需要与别人相同,只要有利于人民就好。

实者,不说大话,不好虚名,不行架空之事,不谈过高之理,如此可以少正天下浮伪之习。(清·曾国藩《曾国藩全集·日记一》)

【译文】

务实,就是不说夸大的话,不好空虚的名,不做没根底的事,不谈脱离实际的理,这样才有助于纠正天下轻浮虚伪的风习。

盖士人[1]读书,第一要有志,第二要有识,第三要有恒。有志则不甘为下流;有识则知学问无尽,不敢以一得自足,如河伯之观海[2],如井蛙之窥天[3],皆无识者也;有恒则断无不成之事。此三者缺一不可。(清·曾国藩《曾国藩家书》)

【注释】

[1] 士人:求学者。

[2] 河伯之观海:典出《庄子·秋水》。意如成语“河伯观海”“望洋兴叹”,比喻缺乏见识,盲目自大。

[3] 井蛙之窥天:比喻眼界狭窄,所见有限。

【译文】

求学的人读书,第一要有志向,第二要有见识,第三要有恒心。有志向则自己不甘心为下流。有见识则知道学无止境,不敢稍有心得就自满自足。像河伯观海之前的骄傲,像井蛙看天时的妄断,都是没有见识闹的笑话啊!有恒心毅力就没有不成功的事情。这三个要领,缺哪一个都不行。

且苟能发奋自立,则无塾[1]可读书,即旷野之地、热闹之场亦可读书;负薪牧豕[2],皆可读书。苟不能发奋自立,则家塾不宜读书,即清净之乡、神仙之地皆不能读书。何必择地?何必择时?但问立志之真不真耳[3]!(清·曾国藩《曾国藩家书》)

【注释】

[1] 家塾:家族或家庭办的私塾。塾,亦称“私塾”,是当时私人设立的学校。

[2] 负薪:背柴。相传汉代名士朱买臣背着柴草时还刻苦读书。牧豕:放猪。相传

汉代名士函宫曾经一边放猪,一边还在听讲解经书。

[3] 这段话出自曾国藩于清道光二十二年(1842)十月二十六日的家书。是他对其四弟以“家塾离家太近,容易耽搁,不如出外较净耳”为由,“必欲找馆出外”的回答。

【译文】

况且真要发奋自立,那么即使没有学校可以读书,就是旷野地方、热闹场所,也可以读书;背柴放牧,都可以读书。如果不能发奋自立,那么家塾不宜读书,就是清净的地方、神仙的环境,都不能读书。何必要选择地方?何必要选择时间?只要问问自己:所立的志向是不是真的啊!

路遥知马力,事久[1]见人心。(清·《增广贤文》[2])

【注释】

[1] 事久:亦作“日久”。

[2]《增广贤文》:是一部古训集、民间谚语集。大约成书于明朝万历年间,作者不详。后经明、清两代儒生重订,属民间智慧的结晶。

【译文】

要行走远路,才知道马力的优劣;要相处长久,才知道人心的好坏。

以责人之心责己,以恕己之心恕人。(清·《增广贤文》)

【译文】

以责备别人的心理责备自己,以宽恕自己的心理宽恕别人。

娶妻娶德不娶色,交友交心不交财[1]。(清·《增广贤文》)

【注释】

[1] 交心:把心里话无保留地说出来,指开诚相见。

【译文】

娶妻子,娶的是美德不是姿色;交朋友,交的是真心不是钱财。

处难处之事愈宜宽,处难处之人愈宜厚,处至急之事愈宜缓,处至大之事愈宜平,处疑难之际愈宜无意。(清·金缨《格言联璧》[1])

【注释】

[1] 金缨:清代学者,浙江山阴人,生平不详。编著有《格言联璧》一书。

【译文】

处理为难的事情,越应宽容;对待难相处的人,越应厚道;办理紧急的事,越应从容不迫;处理重大的事,越应耐心平和;受到质疑责难的时候,越应冷静坦然。

护体面,不如重廉耻。求医药,不如养性情。立党羽,不如昭信义。作威福,不如笃至诚。多方说,不如慎隐微。博声名,不如正心术。恣豪华,不如乐名教[1]。广田宅,不如教义方。(清·金缨《格言联璧》)

【注释】

[1] 乐名教：乐于彰显美德和教化后人的事业。名教，名声和教化。

【译文】

与其维护体面，不如注重廉耻。与其求医问药，不如调养性情。与其结交党羽，不如彰显信义。与其作威作福，不如厚道诚实。与其多方辩解，不如谨小慎微。与其博取名声，不如端正心思。与其纵情奢华，不如重德育人。与其积聚田宅，不如教子有方。

取日新以图自强，去因循以厉[1]天下。(清·康有为《殿试策》)

【注释】

[1] 厉：通“励”，鼓励，振奋。

【译文】

采用日益革新的政策以图谋国家财力的强盛，去除因循保守的风习以鼓励天下才俊的支持。

非通变不足以宜民[1]，非更新不足以救国。(清·康有为《清断发易服改元析》)

【注释】

[1] 宜民：使民众安定。

【译文】

不彻底变法就不足以使民众安定，不除旧布新就不足以拯救国家。

人人相亲，人人平等，天下为公，是谓大同。(清·康有为《大同书》)

【译文】

人人相互亲爱，人人平等相处，天下为天下人所共有，就是“大同”了。

变者，天下之公理也。(清·梁启超《变法通议》)

【译文】

变化，是世间万物遵循的基本规律。

物竞天择，优胜劣汰，苟不自新，何以获存？(清·梁启超《近代文明初祖培根笛卡儿之学说》)

【译文】

万物竞争经受自然选择，优者胜出，劣者淘汰，若不能自我革新，怎能维系生存？

苟有新民，何患无新制度，无新政府，无新国家。(清·梁启超《新民说》)

【译文】

如果有了具备新思想的新国民，就不必担忧没有新的制度、新的政府、新的国家。

少年强，则国强；少年弱，则国弱；少年胜于欧洲，则国胜于欧洲；少年雄于地球，则国

雄于地球。（清·梁启超《政论集·忘耻》）

【译文】

少年强盛，国家才会强盛；少年衰弱，国家就会衰弱；少年胜过欧洲了，国家才可能胜过欧洲；少年在世界称雄了，国家才可能在世界称雄。

昨日之新，至今日而已旧；今日之新，至明日又已旧。（清·谭嗣同《湘报后叙上》）

【译文】

昨天的新事物，到今天已经成为旧的了；今天的新事物，到明天又成为旧的了。

宁正直而败，毋诡诈而胜。（蔡元培《运动会的需要》[1]）

【注释】

[1] 蔡元培（1868—1940）：字鹤卿，号孑民，浙江绍兴府山阴县人。中国近代民主革命家、教育家、科学家。

【译文】

宁愿因为公正坦直而失败，也不因为诡谲欺诈而取胜。

世界潮流，浩浩荡荡；顺之者昌，逆之者亡。（孙中山《孙中山选集》[1]）

【注释】

[1] 孙中山（1866—1925）：名文，号逸仙，广东香山（今广东中山）人。中国近代民主主义革命先行者、中华民国和中国国民党创始人、“三民主义”的倡导者。

【译文】

世界发展的规律，如潮流般浩荡奔涌，顺应这个规律办事，就能够成功；违背这个规律办事，就终将败亡。

附　　录

成语典故撷珍

成语典故索引

1. 夸父逐日	2. 女娲补天	3. 精卫填海	4. 塞翁失马
5. 刻舟求剑	6. 守株待兔	7. 郑人买履	8. 拔苗助长
9. 东施效颦	10. 自相矛盾	11. 未雨绸缪	12. 骄兵必败
13. 韦编三绝	14. 管鲍之交	15. 三顾茅庐	16. 程门立雪
17. 断齑画粥	18. 画荻学书	19. 映月读书	20. 朝过夕改
21. 闻过则喜	22. 闻鸡起舞	23. 攻苦食淡	24. 铁杵磨针
25. 枕戈待旦	26. 推燥居湿	27. 推梨让枣	28. 投瓜报玉
29. 尾生之信	30. 一诺千金	31. 防微杜渐	32. 穷当益坚
33. 藏器待时	34. 卑以自牧	35. 玉汝于成	36. 举一反三
37. 方兴未艾	38. 日升月恒	39. 居安思危	40. 孺子可教
41. 知人不易	42. 被褐怀玉	43. 不为已甚	44. 卧薪尝胆
45. 励精图治	46. 克己奉公	47. 为善最乐	48. 两袖清风
49. 慎终追远	50. 功不唐捐	51. 功成弗居	52. 三不朽
53. 从善如流，从恶如崩		54. 精诚所至，金石为开	
55. 高山仰止，景行行止		56. 桃李不言，下自成蹊	

1. 夸父逐日

神话故事。传说夸父因拼命追赶太阳而渴死。后来用以比喻征服自然的宏伟抱负和坚强意志。

出自《山海经・海外北经》："夸父与日逐走，入日。渴，欲得饮，饮于河、渭；河、渭不足，北饮大泽。未至，道[1]渴而死。弃其杖，化为邓林[2]。"

【注释】

[1] 道：名词作状语，在途中。

[2] 邓林：地名，一说即“桃林”。

2. 女娲补天

神话故事。传说伏羲的妹妹女娲炼五色石补天，抵御了灾难，拯救了人类。后来用以形容改造天地的雄伟气魄和大无畏的斗争精神。

出自《淮南子・览冥训》：“往古之时，四极废，九州裂，天不兼覆[1]，地不周载，火爁炎[2]而不灭，水浩洋而不息，猛兽食颛民[3]，鸷鸟攫[4]老弱，于是女娲炼五色石以补苍天，断鳌[5]足以立四极[6]。杀黑龙以济冀州，积芦灰以止淫[7]水。苍天补，四极正，淫水涸，冀州平，狡虫死，颛民生。”

【注释】

[1] 覆：遮盖，蒙。

[2] 爁(làn)炎：火势蔓延。

[3] 颛(zhuān)民：善良的百姓。

[4] 攫(jué)：抓取。

[5] 鳌(áo)：传说中海里的大龟或大鳖。

[6] 四极：四方极远之地。

[7] 淫：过多，过甚。

3. 精卫填海

神话故事。传说炎帝小女儿女娃到东海游泳，溺水而死，其死后变为精卫鸟，常衔西山之木石来填塞东海。旧时比喻仇恨极深，立志报复。后比喻意志坚决，不畏艰难。

出自《山海经・北山经》：“有鸟焉，其状如乌，文首、白喙(huì)、赤足，名曰精卫，其鸣自詨[1]。是炎帝少女[2]，名曰女娃，女娃游于东海，溺而不返，故为精卫。常衔西山之木石，以堙[3]于东海。漳(zhāng)水出焉，东流注于河。”

【注释】

[1] 詨(xiào)：通“叫”，呼唤，大叫，象声词。

[2] 少女：小女儿。

[3] 堙(yīn)：堵塞。

4. 塞翁失马

寓言。通过塞翁失马的故事，说明因果转换、祸福相依的道理。现比喻暂时受损却可能因此受益，坏事在一定条件下可以变为好事。

出自《淮南子・人间训》：“夫祸福之转而相生，其变难见也。近塞上[1]之人有善术者，马无故亡[2]而入胡，人皆吊[3]之。其父曰：‘此何遽[4]不为福乎？’居数月，其马将[5]胡骏马而归。人皆贺之。其父曰：‘此何遽不能为祸乎？’家富良马，其子好骑，堕而折其髀[6]。人皆吊之。其父曰：‘此何遽不为福乎？’居一年，胡人大入塞，丁壮者引弦而战，近塞之人，死者十九[7]，此独以跛之故，父子相保。故福之为祸，祸之为福，化不可极，深不可测也。”

【注释】

[1] 塞上：边境地区，亦泛指北方长城内外。

[2] 亡：逃跑。
[3] 吊：慰问遭遇不幸的人。
[4] 遽(jù)：遂，就。
[5] 将：带领，扶助。
[6] 髀(bì)：大腿，亦指大腿骨。
[7] 十九：十分之九，谓绝大多数。

5. 刻舟求剑

寓言。比喻思想僵化，不懂得根据实际的变化来处理事情，或者在事物已发展变化时仍静止地看问题。

出自《吕氏春秋·察今》："楚人有涉江者，其剑自舟中坠于水，遽契[1]其舟曰：'是吾剑之所从坠。'舟止，从其所契者入水求之。舟已行矣，而剑不行，求剑若此，不亦惑乎？"

【注释】

[1] 契(qiè)：古同"锲"，用刀子刻。

6. 守株待兔

寓言。比喻指望不经过努力而得到成功的侥幸心理，或死守狭隘经验，不知变通。

出自《韩非子·五蠹》："宋人有耕田者，田中有株[1]，兔走[2]，触柱折颈而死，因释其耒[3]而守株，冀[4]复得兔，兔不可复得，而身为宋国笑。今欲以先王之政，治当世之民，皆守株之类也。"

【注释】

[1] 株：露出地面的树根。
[2] 走：跑。
[3] 耒(lěi)：古代指耕地用的农具。
[4] 冀：希望。

7. 郑人买履

寓言。用以讽刺只信教条、不顾实际的人。

出自《韩非子·外储说左上》："郑人有欲买履者，先自度[1]其足而置之其坐，至之市而忘操之。已得履，乃曰：'吾忘持度。'反归取之。及反，市罢，遂不得履。人曰：'何不试之以足？'曰：'宁信度，无自信也。'"

【注释】

[1] 度：计算长短的器具或单位。

8. 拔苗助长

寓言。比喻急于求成，违反规律，反而把事情弄坏。

出自《孟子·公孙丑上》："宋人有闵[1]其苗之不长而揠[2]之者，芒芒[3]然归，谓其人曰：'今日病矣。予助苗长矣。'其子趋而往视之，苗则槁[4]矣。"

【注释】

[1] 闵(mǐn)：古同“悯”，忧虑。

[2] 揠(yà)：拔。

[3] 芒芒：同“茫茫”，迷茫，模糊不清。

[4] 槁(gǎo)：枯干。

9. 东施效颦

寓言。比喻生硬模仿，效果适得其反。

出自《庄子·天运》：“故西施病心而矉[1]其里，其里之丑人见而美之，归亦捧心而矉其里。其里之富人见之，紧闭门而不出；贫人见之，携妻子[2]而去走。”

【注释】

[1] 矉(pín)：古同“颦”，皱眉头。

[2] 携(xié)妻子：拉着妻儿。

10. 自相矛盾

寓言。比喻自己的言行前后相互抵触。

出自《韩非子·难一》：“楚人有鬻楯与矛者[1]，誉之曰：‘吾楯之坚，莫能陷也。’又誉其矛曰：‘吾矛之利，于物无不陷也。’或曰：‘以子之矛陷子之楯何如?’其人弗能应也。夫不可陷之楯与无不陷之矛，不可同世而立。”

【注释】

[1] 鬻(yù)：卖。楯(dùn)：同“盾”，保护自己的盾牌。矛：进攻敌人的刺击武器。

11. 未雨绸缪

指趁着天还没有下雨，先把门窗绑牢。比喻事先做好防备。

典出《诗经·豳(bīn)风·鸱鸮》：“迨[1]天之未阴雨，彻彼桑土[2]，绸缪牖户[3]。”

【注释】

[1] 迨：及。

[2] 彻：剥。桑土：桑根。

[3] 绸缪：紧密缠缚。牖(yǒu)户：门窗。

12. 骄兵必败

指恃强轻敌的军队必遭失败。

典出《汉书·魏相传》：“相上书谏曰：臣闻之，救乱诛暴，谓之义兵，兵义者王。敌加于己，不得已而起者，谓之应兵，兵应者胜。争恨小故，不忍愤怒者，谓之忿兵，兵忿者败。利人土地货宝者，谓之贪兵，兵贪者破。恃[1]国家之大，矜[2]人民之众，欲见威于敌者，谓之骄兵，兵骄者灭。此五者，非但[3]人事，乃天道也。”

【注释】

[1] 恃(shì)：依赖，仗着。

[2] 矜：自夸，自尊，自大。

[3] 非但：不仅，不但，不只是。

13. 韦编三绝

指孔子反复研究《易经》，把该书编连竹简的皮绳都磨断了三次的故事。用以比喻读书勤奋用功。

典出《史记·孔子世家》："孔子晚而喜《易》，序彖、系、象、说卦、文言。读《易》，韦编三绝[1]。曰：'假我数年，若是，我于《易》则彬彬矣。'"

【注释】

[1] 韦编：用熟牛皮绳把竹简编联起来。三：概数，表示多次。绝：断。

14. 管鲍之交

春秋时，齐人管仲和鲍叔牙相知最深。后常比喻交情深厚的朋友。

典出《史记·管晏列传》："(管仲)少时常与鲍叔牙游，鲍叔知其贤。管仲贫困，常欺鲍叔，鲍叔终善遇之，不以为言。已而鲍叔事齐公子小白，管仲事公子纠。及小白立为桓公，公子纠死，管仲囚焉。鲍叔遂进管仲。管仲既用，任政于齐，齐桓公以霸，九合诸侯，一匡天下，管仲之谋也。管仲曰：'吾始困时，尝与鲍叔贾，分财利多自与，鲍叔不以我为贪，知我贫也。吾尝为鲍叔谋事而更穷困，鲍叔不以我为愚，知时有利不利也。吾尝三仕三见逐于君，鲍叔不以我为不肖，知我不遭时也。吾尝三战三走，鲍叔不以我为怯，知我有老母也。公子纠败，召忽死之，吾幽囚受辱，鲍叔不以我为无耻，知我不羞小节而耻功名不显于天下也。生我者父母，知我者鲍子也。'"

15. 三顾茅庐

原为汉末刘备三次登门访求诸葛亮的故事。比喻真心诚意，一再邀请。

典出三国诸葛亮的《出师表》："先帝不以臣卑鄙[1]，猥[2]自枉屈，三顾臣于草庐之中。"

【注释】

[1] 卑鄙：低微鄙陋。

[2] 猥：谦辞，犹言辱。

16. 程门立雪

指学生恭敬受教于师长。比喻求学心切和对有学问的长者的尊敬。

典出《宋史·道学传二·杨时》："(时)一日见颐，颐偶瞑[1]坐，时与游酢(zuò)侍立不去。颐既觉[2]，则门外雪深一尺矣。"

【注释】

[1] 颐(yí)：程颐，北宋理学家、教育家。瞑(míng)：闭眼。

[2] 觉(jiào)：睡眠(从睡着到睡醒)。

17. 断齑画粥

指食物粗简微薄，读书人的生活极端贫困。形容贫苦力学。

典出《宋朝事实类苑・九・名臣事迹・范文正》引《湘山野录》载："范（仲淹）与丁（李郎中）同年进士也。因（道）旧日某修学时，最为贫窭[1]，与刘某同上长白山僧舍，惟煮粟米二合作粥一器，经宿遂凝，以刀为四块，早晚取二块，断齑[2]十数茎，酢汁半盂[3]，入少盐，暖而啗[4]之。如此者三年。"

【注释】

［1］贫窭（jù）：贫穷，贫寒。

［2］断：切断。齑（jī）：酱菜或腌菜之类。

［3］酢（zuò）：酸性调味品，也作"醋"。盂：一种盛液体的器皿。

［4］啗（dàn）：同"啖"。

18. 画荻学书

指贤母训子勤苦攻读，教诲有方。

典出《宋史・三一九・欧阳修传》："（修）四岁而孤，母郑，守节自誓，亲诲之学，家贫，至以荻[1]画地学书。"

【注释】

［1］画荻（dí）：用荻秆在地上练习写字。荻，多年生草本植物，秆细而尖，生长在水边。

19. 映月读书

利用月光来照明读书。形容家境清贫，勤学苦读。

典出《南史・江泌传》："泌少贫，昼日斫屧[1]为业，夜读书随月光，光斜则握卷升屋[2]，睡极堕地则更登[3]。"

【注释】

［1］斫屧（zhuó xiè）：制造木屐。

［2］升屋：爬上屋顶。

［3］更登：再爬上去。

20. 朝过夕改

早晨闻过，晚上即改正。形容改正错误之迅速。

典出《汉书・翟方进传》："传不云乎，朝过夕改，君子与之，君何疑焉？"

21. 闻过则喜

听到别人批评自己的缺点或错误，表示欢迎和高兴。指虚心接受意见。

典出《孟子・公孙丑上》："子路，人告之以有过则喜。"

22. 闻鸡起舞

听到鸡叫就起来舞剑。后比喻有志报国的人及时奋起。

典出《晋书・祖逖传》："（祖逖）与司空刘琨俱为司州主簿，情好绸缪，共被同寝。中夜闻荒鸡鸣，蹴[1]琨觉[2]曰：'此非恶声也。'因起舞。"

【注释】

[1] 蹴(cù):踢。

[2] 觉:醒。

23. 攻苦食淡

致力于劳苦的事情,吃一些没有滋味的食物。形容生活艰苦,辛勤自励。也指刻苦攻读。

典出《史记·刘敬叔孙通列传》:"(叔孙通谏上曰)吕后与陛下攻苦食啖[1],其可背哉!"

【注释】

[1] 啖:《汉书》颜师古注:"啖当作淡。淡谓无味之食也。"

24. 铁杵磨针

比喻只要有决心,肯下工夫,多么难的事情也能做成功。

典出《方舆胜览》:"磨针溪,在眉州象耳山下。世传李太白读书山中,未成,弃去。过小溪,逢老媪[1],方[2]磨铁杵,问之,曰:'欲作针。'太白感其意,还卒业[3]。媪自言姓武。今溪旁有武氏岩。"

【注释】

[1] 逢:遇见。媪(ǎo):上年纪的妇女。

[2] 方:正在。

[3] 卒业:完成学业。

25. 枕戈待旦

立志杀敌,枕着武器睡觉等天亮。形容时刻警惕敌人,准备投入战斗。

典出《旧唐书·郑畋传》:"畋谬领藩垣[1],荣兼将相,每枕戈而待旦[2],常泣血而忘餐,誓与义士忠臣,共翦[3]狐鸣狗盗。"

【注释】

[1] 藩垣(yuán):比喻卫国的重臣。

[2] 戈:古代的一种兵器。旦:早晨。

[3] 翦(jiǎn):同"剪",除掉。

26. 推燥居湿

母亲把干褥子让给幼儿,自己睡在幼儿尿湿了的褥子上。极言母亲抚育幼儿的慈爱和辛劳。

典出《孝经·援神契》:"母之于子也,鞠养[1]殷勤,推燥居湿,绝少分甘。"

【注释】

[1] 鞠养:抚养,养育。

27. 推梨让枣

表示兄弟友爱,相亲互让。

“推梨”典出《后汉书·孔融传》：“兄弟七人，融第六，幼有自然之性。年四岁时，每与诸兄共食梨，融辄引小者。大人问其故，答曰：‘我小儿，法当取小者。’由是宗族奇之。”

“让枣”典出《梁书·王泰传》：“泰幼敏悟，年数岁时，祖母集诸孙侄，散枣栗于床上，群儿皆竞之，泰独不取。问其故，对曰：‘不取，自当得赐。’由是中表[1]异之。”

【注释】

[1] 中表：指与祖父、父亲的姐妹的子女的亲戚关系，或与祖母、母亲的兄弟姐妹的子女的亲戚关系。

28. 投瓜报玉

比喻受人微薄之物而以极厚重的礼物答谢。

典出《诗经·卫风·木瓜》：“投我以木瓜，报之以琼瑶[1]。匪[2]报也，永以为好也。”

【注释】

[1] 琼瑶：美玉。

[2] 匪：不，不是。

29. 尾生之信

尾生为守约而甘心淹死。指人坚守信约、忠诚不渝。

典出《庄子·盗跖》：“尾生与女子期于梁下，女子不来，水至不去，抱梁[1]柱而死。”

【注释】

[1] 梁：指桥梁。

30. 一诺千金

许下的一个诺言有千金的价值。比喻说话算数，极有信用。

典出《史记·季布栾布列传》：“楚人谚曰：‘得黄金百，不如得季布一诺。’”

31. 防微杜渐

比喻在坏事情坏思想萌芽的时候就加以制止，不让它发展。

典出《宋书·吴喜传》：“且欲防微杜渐[1]，忧在未萌[2]。”

【注释】

[1] 微：微小。杜：堵住。渐：指事物的开端。

[2] 萌：发芽，开始发生。

32. 穷当益坚

处境越穷困，意志应当越坚定。

典出《后汉书·马援传》：“丈夫为志，穷当益坚，老当益壮。”

33. 藏器待时

比喻学好本领，等待施展的机会。

典出《周易·系辞下》：“君子藏器[1]于身，待时而动，何不利之有。”

【注释】

[1] 器:用具,引申为才能。

34. 卑以自牧

指以谦卑自守。

典出《易·谦》:"谦谦君子,卑以自牧也。"

35. 玉汝于成

爱你如玉,像打磨璞玉一样磨炼你,帮助你,使你成功。多用于艰难困苦条件下。

《诗经·大雅·民劳》:"王欲玉女[1],是用大谏。"

【注释】

[1] 女:同"汝",你。

36. 举一反三

列举出一件事情,进而以此类推知道其他许多事情。形容善于推论,能触类旁通;善于学习,能够由此知彼。

典出《论语·述而篇》:"子曰:'不愤[1]不启,不悱[2]不发。举一隅[3]不以三隅反[4],则不复也。'"

【注释】

[1] 愤:苦思冥想而仍然领会不了的样子。

[2] 悱:想说又不能明确说出来的样子。

[3] 隅:角落。

[4] 反:类推,推及,推论。

37. 方兴未艾

事物正在发展,尚未达到止境。

宋·陆佃《陶山集·太学案问》:"大学之道,方兴未艾[1]也;士之来学者;盖已千数。"

【注释】

[1] 方:正在。兴:兴起。艾:停止。

38. 日升月恒

如同太阳刚刚升起、月亮初上弦一般。比喻事物正当兴旺的时候。常用作祝颂语。

典出《诗经·小雅·天保》:"如月之恒[1],如日之升。"

【注释】

[1] 恒:音"更",月上弦。

39. 居安思危

虽然处在平安的环境里,也想到有出现危险的可能。指随时有应付意外事件的思想准备。

典出左丘明《左传·襄公十一年》:“《书》曰:‘居安思危’,思则有备,有备无患。”

40. 孺子可教

意指有敬老尊师态度的年轻人,可以造就成才。

典出《史记·留侯世家》:留侯张良者,其先韩人也。良尝从容步游于下邳圯上,有一老父,衣褐,至良所,直堕其履圯[1]下,顾谓良曰:“孺子,下取履!”良愕然,欲欧[2]之,为其老,强忍,下取履。父曰:“履我!”良业为取履,因长跪履之。父以足受,笑而去。良殊大惊,随目之。父去里所,复还,曰:“孺子[3]可教矣。”

【注释】

[1] 圯(yí):桥。

[2] 欧:通“殴”。

[3] 孺子:小子,年轻人。

41. 知人不易

要深入了解一个人并不容易,只凭表面现象判断他人优劣往往会出差错。即便贤如孔子,也会对自己得意的弟子产生误解。

典出《吕氏春秋》:孔子穷乎陈蔡之间[1],藜羹不斟[2],七日不尝粒。昼寝[3],颜回索米[4],得而爨之[5],几熟[6]。孔子望见颜回攫其甑中而食之[7]。少顷,食熟,谒孔子而进食,孔子佯为不见之[8]。孔子起曰:“今者梦见先君,食洁而后馈[9]。”颜回对曰:“不可,向者煤炱入甑中[10],弃食不祥,回攫而饭之。”孔子叹曰:“所信者目也,而目犹不可信;所恃者心也[11],而心犹不足恃。弟子记之,知人固不易也。”故知非难也,孔子之所以知人难也。

【注释】

[1] 陈蔡:春秋时陈国和蔡国。

[2] 藜:野草。羹:汤。

[3] 寝:躺在床上。

[4] 索:找。

[5] 爨(cuàn):烧火做饭。

[6] 几:差不多。

[7] 攫(jué):抓取。甑(zèng):古代器具,似今日之蒸笼。

[8] 佯:假装。

[9] 今者梦见先君,食洁而后馈:刚才梦见先哲告诉我,食物要先献给尊长才能进食,岂可自己先吃呢?

[10] 向:刚才。炱(tái):煤灰。

[11] 心:此指脑子。

42. 被褐怀玉

身穿粗布衣服而怀抱美玉。比喻虽是贫寒出身,但有真才实学。

典出《道德经》:“知我者希,则我者贵,是以圣人被褐(hè)怀玉。”

43. 不为已甚

不做得太过分。多指对人的责备或处罚适可而止。

典出《孟子·离娄下》:“仲尼不为已甚[1]者。”

【注释】

[1] 已甚:过分。

44. 卧薪尝胆

睡在柴草上,吃饭前舔尝苦胆。形容奋发图强,不忘雪耻。现指刻苦自励,奋发图强。

典出汉·司马迁《史记·越王勾践世家》:“勾践[1]返国,乃苦身焦思[2],置胆于坐[3],坐卧即仰胆,饮食亦尝胆也。”

【注释】

[1] 勾践:春秋末期越国君王。

[2] 苦身焦思:孤身一人,苦苦思索。

[3] 置胆于坐:把苦胆放置在座位前。

45. 励精图治

振奋精神,设法把国家治理好。

东汉·班固《汉书·魏相传》:“宣帝[1]始亲万机[2],励精为治[3]。”

【注释】

[1] 宣帝:即汉宣帝刘询。他在位期间,政治清明,社会和谐,经济繁荣,国力增强,史称“孝宣之治”。

[2] 始亲万机:开始亲自处理国家事务。

[3] 励:奋勉。治:治理。

46. 克己奉公

严格约束自己,一心为公。

典出《后汉书·祭遵传》:“遵[1]为人廉约小心,克己奉公。赏赐辄尽与士卒,家无私财。”

【注释】

[1] 遵:祭遵,东汉名臣。出身豪门,生活俭朴。随东汉开国皇帝光武帝刘秀转战各地,负责军队法纪。他执法严明,不谋私利,得到赏赐就散尽给士卒,为大众所称道。

47. 为善最乐

做善事是最快乐的事。常用于劝人行善积德。

典出《后汉书·东平宪王苍传》:“日者问东平王,处家何等最乐?王言为善最乐。”

48. 两袖清风

衣袖里除清风之外,别无所有。比喻为官清廉。

明·于谦[1]《入京诗》:“清风两袖朝天去[2],免得闾阎[3]话短长。”

【注释】

[1] 于谦：明朝名臣,为官清廉,刚正不阿。明朝中期,贪污贿赂成风,一些官员入京时会在衣袖里装上珠宝银票讨好权贵和宦官,于谦的同僚劝他也去送礼,而于谦却不愿同流合污。

[2] 朝天去：进京面见天子。

[3] 闾阎(yán)：弄堂,胡同,引申为百姓。

49. 慎终追远

原指慎重地办理父母丧事,虔诚地祭祀远代祖先。后指谨慎从事,追念先贤。

《论语·学而》:“曾子曰:‘慎终追远[1],民德归厚矣。’”

【注释】

[1] 终：人死。远：指祖先。

50. 功不唐捐

佛家语,功夫不会白白地抛弃。

典出《法华经·观世音菩萨普门品》:“若有众生恭敬礼拜观世音菩萨,福不唐捐[1],是故众生皆应受持观世音菩萨名号。”

【注释】

[1] 经文里的“福不唐捐”,后人逐渐演化为“功不唐捐”,原比较单纯地指代佛教功德的“福”,也扩展成可指代一切努力的“功”。功：功夫。唐：徒然,空。捐：舍弃。

51. 功成弗居

形容立了功而不把功劳归于自己。

典出《道德经》第二章:“生而不有,为而不恃,功成而弗居;夫唯弗居,是以不去。”

52. 三不朽

指立德、立功、立言。三者经久不废,故曰不朽。

典出《左传·襄公二十四年》:“大上[1]有立德,其次有立功,其次有立言,虽久不废,此之谓不朽。”

【注释】

[1] 大上：最上,最高。

53. 从善如登,从恶如崩

向好发展就像登山一样艰难,向坏发展就像山崩一样迅速。比喻学好很难,学坏极易。

典出《国语·周语下》:“从善如登,从恶如崩。”

54. 精诚所至,金石为开

意指诚心所到,能感动天地,使坚硬的金石也为之开裂。

典出东汉·王充《论衡·感虚篇》:“精诚所至,金石为开。”

55. 高山仰止,景行行止

比喻对高尚的品德的仰慕。

典出《诗经·小雅·车辖》:“高山[1]仰止[2],景行[3]行止。”

【注释】

[1] 高山:比喻高尚的品德。

[2] 仰止:仰慕,向往。止,语气助词,无实意。

[3] 景行:大路,比喻行为光明正大。景,大也。

56. 桃李不言,下自成蹊

原意是桃树和李树不招引人,但因它有花和果实,人们在它下面也走成了一条小路。比喻为人真挚、忠诚,自然会有感召力。也比喻实至而名归。

典出《史记·李将军列传》:“谚曰:‘桃李不言,下自成蹊。’此言虽小,可以谕大也。”

中国历史朝代简表

朝代(国号)			起讫年代	第一代帝王姓名	帝号或庙号	国都所在地	名号或年号	干支	备注
夏			约前2070—前1600	禹		帝丘、安邑(今山西夏县西北)等地	王公名号		
商			前1600—前1046	汤		亳(今河南商丘北)、殷(今河南安阳)等地	王公名号		①
周	西周		前1046—前771	姬发	(武王)	镐京(今西安西南)	王公名号		②
	东周		前770—前256	姬宜臼	(平王)	洛邑(今洛阳)	王公名号	辛未	
	(春秋)		前770—前476				王公名号		③
	(战国)		前475—前221				王公名号		④
秦			前221—前206	嬴政	(始皇)	咸阳(今陕西咸阳东北)	王公名号	庚辰	⑤
汉	西汉		前206—25	刘邦	太祖	长安(今西安)	年号纪年	乙未	⑥
	东汉		25—220	刘秀	光武	洛阳	建武	乙酉	⑦
三国	魏		220—265	曹丕	文帝	洛阳	黄初	庚子	
	蜀		221—263	刘备	昭烈帝	成都	章武	辛丑	
	吴		222—280	孙权	大帝	建业(今南京)	黄武	壬寅	
西晋			265—317	司马炎	武帝	洛阳	泰始	乙酉	
东晋十六国	东晋		317—420	司马睿	元帝	建康(今南京)	建武	丁丑	
	十六国		304—439 汉(前赵)、成(成汉)、前凉、后赵、前燕、前秦、后燕、后秦、西秦、后凉、南凉、北凉、南燕、西凉、北燕、夏						⑧
南北朝	南朝	宋	420—479	刘裕	武帝	建康(今南京)	永初	庚申	⑨
		齐	479—502	萧道成	高帝	建康(今南京)	建元	己未	
		梁	502—557	萧衍	武帝	建康(今南京)	天监	壬午	
		陈	557—589	陈霸先	武帝	建康(今南京)	永定	丁丑	
	北朝	北魏	386—534	拓跋珪	道武帝	平城(今大同),493年迁都洛阳	登国	丙戌	
		东魏	534—550	元善见	孝静帝	邺(今河北临漳县南近漳河)	天平	甲寅	
		北齐	550—577	高洋	文宣帝	邺(今河北临漳县南近漳河)	天保	庚午	
		西魏	535—556	元宝炬	文帝	长安(今西安)	大统	乙卯	
		北周	557—581	宇文觉	孝闵帝	长安(今西安)	/	丁丑	

续 表

朝代(国号)		起讫年代	第一代帝王姓名	帝号或庙号	国都所在地	名号或年号	干支	备注
隋		581—618	杨坚	文帝	大兴(今西安)	开皇	辛丑	⑩
唐		618—907	李渊	高祖	长安(今西安)	武德	戊寅	
五代十国	后梁	907—923	朱温	太祖	汴(今开封)	开平	丁卯	⑪
	后唐	923—936	李存勖	庄宗	洛阳	同光	癸未	
	后晋	936—947	石敬瑭	高祖	汴(今开封)	天福	丙申	
	后汉	947—950	刘知远	高祖	汴(今开封)	天福	丁未	
	后周	951—960	郭威	太祖	汴(今开封)	广顺	辛亥	
	十国	902—979	吴、南唐、吴越、楚、闽、南汉、前蜀、后蜀、荆南(南平)、北汉					⑫
宋	北宋	960—1127	赵匡胤	太祖	开封	建隆	庚申	⑬
	南宋	1127—1279	赵构	高宗	临安(今杭州)	建炎	丁未	
辽		907—1125	耶律阿保机	太祖	上京(今内蒙巴林左旗附近)	/	丁卯	
西夏		1038—1227	李元昊	景宗	兴庆府(今银川)	天授礼法	戊寅	
金		1115—1234	完颜阿骨打	太祖	会宁府(今哈尔滨阿城区南),后迁中都(今北京)	收国	乙未	
元		1271—1368	忽必烈	世祖	大都(今北京)	至元	辛未	
明		1368—1644	朱元璋	太祖	应天(今南京),1421 年迁北京	洪武	戊申	⑭
清		1644—1911	爱新觉罗·福临	世祖	北京	顺治	甲申	
中华民国		1912—1949	1912 年孙中山当选为临时大总统,定都南京;袁世凯上台,移都北京;1927 年蒋介石上台,以南京为首都,全面抗战时迁都重庆,称陪都,全面抗战胜利迁回南京。					

① 自汤十四代孙盘庚迁都到殷,商朝也称殷朝。

② 其中共和元年,约当公元前 841 年庚申,中国历史开始有确切的纪年。

③ 从周平王元年(前 770)辛未,至周敬王四十四年(前 476)乙丑,为春秋时期。

④ 从周元王元年(前 475)丙寅至秦灭齐统一全国(前 221)庚辰,为战国时期。

⑤ 秦子婴元年(前 207)甲午。

⑥ 西汉武帝刘彻开始年号纪年“建元”元年(前 140)辛丑。西汉纪年包括王莽建立的新朝(9—23)和更始帝时期(23—25)。

⑦ 东汉章帝刘炟元和二年(85)始用干支纪年乙酉;一说新朝王莽首先采用。

⑧ (成)李雄建兴元年
(汉)刘渊元熙元年(304)甲子至北凉永和七年(439)己卯。

⑨ 建都南京的六朝,除孙吴和东晋以外,还有宋、齐、梁、陈,为时均很短暂。

⑩ 杨坚原为北周之随国公,废周帝建“随(隨)”,忌讳“走之”,改为“隋”。

⑪ 朱温 907 年在开封称帝建国,909 年迁都洛阳。

⑫ 前蜀王建天复七年、吴杨渥天祐四年、吴越钱镠天佑四年都是后梁开平元年(907)至南平高保融显德七年(960)。

⑬ 赵匡胤在后周时封归德军节度使,其治所在宋州(今商丘),所以定国号为"宋"。

⑭ 朱元璋原为农民起义领袖小明王(韩山童之子韩林儿)部下,封吴国公,明教有明王出世的传说,所以称明朝。

中国传统节日简介

1. 春节(含除夕)

除夕指大年三十,即每年农历正月初一的前一个夜晚。“除”是“去”和“易”,“夕”是“日暮”和“夜晚”。“除夕”即辞旧迎新,是一元复始、万象更新的节日。习俗各地有所不同,一般有包饺子、包粽子、蒸馍、做年糕、吃年夜饭、发压岁钱、张贴春联和门神、守岁等。

春节即农历(夏历)新年,狭义指农历正月初一,广义指农历正月初一至正月十五,又叫阴历年,俗称“过年”。这是我国民间最隆重、最热闹的一个传统节日。它起源于殷商时期年头岁尾的祭神祭祖活动。民国时期,改用公历,公历的一月一日称为“元旦”,把农历的一月一日叫“春节”。到中华人民共和国成立前夕,1949 年 9 月 27 日,中国人民政治协商会议上才正式把农历(夏历)新年定为“春节”,因而至今仍有许多人把过春节叫“过年”。

满、蒙古、瑶、壮、白、高山、赫哲、哈尼、达斡尔、侗、黎等少数民族也有过春节的习俗,形式各具特色,富有民族韵味。

2. 元宵节

元宵节,又称“上元节”,即农历正月十五日。在古书中,这一天称为“上元”,其夜称“元夜”“元夕”或“元宵”。而“元宵”这一名称一直沿用至今。民间又称为“灯节”。有吃元宵、踩高跷、猜灯谜、舞龙、赏花灯、舞狮子等风俗。

3. 清明节

清明节是中国最重要的祭祀节日,是最适合祭祖和扫墓的日子,在公历(阳历)四月五日前后。汉族和一些少数民族大多是在清明节扫墓。寒食与清明合二为一,寒食既成为清明的别称,也变成清明时节的一个习俗,清明之日不动烟火,只吃凉的食品。按照习俗,扫墓时,人们要携带酒食果品、纸钱等物品到墓地,将食物供祭在亲人墓前,再将纸钱焚化,为坟墓培上新土,折几枝嫩绿的新枝插在坟上,然后叩头行礼祭拜,最后吃掉酒食回家。

清明节,又叫“踏青节”,是人们春游的好时候,所以有清明踏青,并开展一系列体育活动的习俗。

4. 端午节

农历五月初五为“端午节”。“端午”本名“端五”,“端”是初的意思。因为人们认为五月是恶月,初五是恶日,因而避讳“五”,改为“端午”。端午节早在西周初期即有记载,后来加入了纪念爱国诗人屈原的内容,习俗有悬钟馗像、挂艾叶菖蒲和榕枝、赛龙舟、吃粽子、饮雄黄酒、游百病、佩香囊等。

5. 七夕节

农历七月初七的晚上称“七夕”。“七夕节”又被称为“乞巧节”或“女儿节”。传说牛郎织女此夜在天河鹊桥相会。有妇女于七夕夜向织女星穿针乞巧等风俗。所谓乞巧，即在月光下对着织女星用彩线穿针，如能穿过七枚大小不同的针眼，就算很“巧”了。农谚上说:“七月初七晴皎皎，磨镰割好稻。”这又是磨镰刀准备收割早稻的时候。七夕节现被视为中国的情人节。

6. 中秋节

农历八月十五日，这一天正当仲秋之中，故称“中秋节”。始于唐初。中秋节以月之圆兆人之团圆，自古就有赏月吃瓜果、月饼，寄托思亲之情，祈盼平安幸福的习俗。

7. 重阳节

农历九月九日。因为《易经》中把六定为阴数，把九定为阳数，九月九日，日月并阳，两九相重，故而叫“重阳”，也叫“重九”。因重阳节有踏秋的习俗，又被叫作“踏秋”。这天所有亲人都要一起登高“避灾”，插茱萸、赏菊花。1989 年，我国把每年农历的九月九日定为“老人节”，重阳节也就成了尊老、爱老、助老的节日。

8. 社日节

土地很早就是中国人的祭祀对象，称作“社”；而重点祭祀的那个日子，就是“社日”。社日分为春社和秋社，春社按立春后第五个戊日推算，一般在二月初二前后；秋社按立秋后第五个戊日推算，约在新谷登场的八月。春、秋二社祀神的功能有所分别，即所谓“春祈秋报”。春社主要是祈求土地神保佑农业丰收，秋社则以收获报答感谢神明。北方有引龙、除虫、理发剃头和忌动针线、忌洗衣、忌磨面等习俗，南方有祭祀土地和聚社会饮，敬神娱乐等习俗。

9. 腊八节

又称“腊八”，农历十二月(腊月)八日。原意是祭祀祖先和神灵，祈求丰收、吉祥和避邪。习俗有祭祀、煮腊八粥、腌腊八蒜、吃冰、晒制腊八豆腐、做腊八面和麦仁饭等。相传这一天是释迦牟尼在菩提下成道并创立佛教的日子，也称“法宝节”，为佛教徒盛大节日之一。

10. 祭灶节

祭灶节在农历十二月二十三日，是春节的序曲，纪念人类从茹毛饮血到发明火食这一重大的文明飞跃。晚上家家户户均举行“祭灶神”、送灶王升天的仪式。有吃饺子、灶糖、火烧和唱歌谣、贴春联、祭灶、扫尘、剪窗花、洗浴等习俗。

中国文化景观简介

1. 都江堰—青城山

位于四川成都平原西部的都江堰水利工程，兴建于公元前 3 世纪，是全世界至今为止，年代最久、唯一留存、以无坝引水为特征的宏大水利工程。2 200 多年来一直发挥巨大效益。其后侧的青城山风景幽静，是道教的发源地之一，有许多古代的重要庙观。

2. 皖南古村落(西递、宏村)

安徽黟县的西递和宏村这两个古村落是世界上第一次以村落民居列入世界遗产名录的地区。它奇迹般地保留了中国传统农村聚居全貌。西递和宏村的街道结构、建筑和装饰、房屋布局，以及人工水系都完好地保存着原始状态，集中体现了工艺精湛的徽派民居特色。

3. 秦始皇陵及兵马俑坑

秦始皇陵位于陕西西安临潼区城东，是中国历史上第一个规模庞大、设计完善的帝王陵寝。结构复杂的秦始皇陵是仿照其生前的都城(咸阳)的格局而设计建造的。其周围环绕的兵马俑坑所留下的形态各异的陶俑，连同他们的战马、战车和武器，成为现实主义的雕塑杰作。

4. 泰山

泰山位于山东泰安，是世界自然与文化遗产。山上的人文景观与自然景观完美和谐地融合在一起。泰山一直是帝王朝拜的对象，是中国艺术家和学者的精神源泉，是古代中国文明和信仰的象征。

5. 北京故宫

旧称“紫禁城”，是中国明清两代的皇家宫殿。它以园林景观和陈列着精美家具与工艺品的 9 000 余个房间的庞大建筑群，成为明清时代中国文明状况的历史见证。整个建筑金碧辉煌、庄严绚丽，被誉为世界五大宫(北京故宫、法国凡尔赛宫、英国白金汉宫、美国白宫、俄罗斯克里姆林宫)之一。

6. 丽江古城

云南丽江古城，将各民族的特色与崎岖的地势巧妙地融合在一起，作为经济和战略重地，完美地保存了古朴的风貌。它是中国历史文化名城中唯一没有城墙的古城。历经无数朝代更迭的洗礼，饱经沧桑，它因融汇了各个民族的文化特色而声名远扬。丽江还拥有古老的供水系统，纵横交错、精巧独特，至今仍在有效地发挥着作用。

7. 周口店北京猿人遗址

科学家已经在此发现了中国猿人属北京人的遗迹，他们大约生活在中更新世时代，同时发现的还有各种各样的生活物品，以及可以追溯到公元前18 000年到公元前11 000年的新人类的遗迹。周口店遗址是有关远古时期亚洲大陆人类进化的一个罕见的历史证据。

8. 明清皇家陵寝

明清皇家陵寝是明、清两朝皇室依照风水理论，精心选址，将数量众多的文物巧妙地安置于地下的建筑物。明清皇家陵寝分布于北京、河北、安徽、江苏、湖北、辽宁等地，体现了传统的建筑和装饰思想，以及明清两代封建帝王的权力观。

9. 长城

长城位于中国北方地区。其修筑历史可上溯到西周时期，是世界上修建时间最长、工程量最大的一项古代军事防御工程。现存的遗迹主要为14世纪的明长城。西起甘肃嘉峪关，东至辽宁虎山，跨越15个省市自治区，绵延上万华里，因此又称“万里长城”。

10. 云冈石窟

山西大同云冈石窟代表了中国5世纪到6世纪高超的佛教艺术成就。其中的昙曜五窟，布局设计严谨统一，是中国佛教艺术第一个巅峰时期的雕塑杰作。窟中的菩萨、力士、飞天等形象生动活泼，塔柱上的雕刻精致细腻，上承秦汉现实主义艺术之精华，下开隋唐浪漫主义色彩之先河，与甘肃敦煌莫高窟、河南龙门石窟并称“中国三大石窟群”，也是世界闻名的石雕艺术宝库之一。

11. 高句丽王城、王陵及贵族墓葬

位于吉林集安。作为历史早期建造的都城和墓葬，它反映了汉民族对其他民族文化的影响，以及风格独特的壁画艺术；也体现了已经消失的高句丽文明。其中的王城、王陵和贵族墓弥足珍贵。地方文化底蕴与周边特别是中国中原文化因素的有机交融在这里得到了充分的展现，其独特魅力闻名于世，是高句丽文化昭示后人的经典之作。

12. 澳门历史城区

澳门历史城区保存了澳门四百多年中西文化交流的历史遗迹。它是中国境内现存年代最远、规模最大、保存最完整和最集中，以西式建筑为主、中西式建筑互相辉映的历史城区，是西方宗教文化在中国和远东地区传播历史的重要见证，是四百多年来中西文化交流互补、多元共存的结晶。

13. 龙门石窟

河南洛阳龙门石窟是最具创造力的石雕艺术在北魏末期到唐朝(493—907)时期最大

最具影响力的群体展现。龙门石窟的石雕主题绝大多数以佛教故事为主,是中国石雕艺术发展的一座高峰。

14. 黄山

位于安徽黄山,以"中国第一奇山"而闻名。今天,黄山以其壮丽的景色——生长在花岗岩石上的奇松和浮现在云海中的怪石——而著称。对于从四面八方来到这个风景胜地的游客、诗人、画家和摄影家而言,黄山具有永恒的魅力。

15. 敦煌莫高窟

敦煌莫高窟是甘肃敦煌境内的莫高窟、西千佛洞的总称。地处丝绸之路的战略要点。是东西方贸易的中转站,也是宗教、文化和知识的交汇处。莫高窟的 492 个小石窟和洞穴庙宇,以其雕像和壁画闻名于世,展示了延续千年的佛教艺术。

16. 峨眉山和乐山大佛

峨眉山为中国佛教名山。公元 1 世纪,在其景色秀丽的山巅上,就落成了中国第一座佛教寺院。

乐山大佛地处四川乐山,岷江、青衣江和大渡河三江汇流处。它是唐代依凌云山临江峭壁凿造的一尊佛像。佛像身高 71 米,堪称世界之最。

17. 庐山

江西庐山,是中华文明的发祥地之一。这里的佛教和道教庙观,代表理学观念的白鹿洞书院,以其独特的方式融汇在自然美之中,形成了具有极高美学价值的与中华民族精神和农耕文明紧密联系的人文景观。

18. 布达拉宫(大昭寺、罗布林卡)

西藏拉萨的布达拉宫是集行政、宗教、政治功能于一体的综合性建筑。它由白宫和红宫及其附属建筑组成,优美而又独具匠心的建筑、精巧绚丽的装饰,以及与自然环境的和谐融洽,使布达拉宫在历史和宗教特色之外平添丰采。加之它们在历史和宗教上的重要性,使之成为融入了装饰艺术之美的绝世胜景。

19. 武当山古建筑群

位于湖北丹江口市境内的武当山古建筑群集中体现了中国元、明、清三代世俗和宗教建筑的建筑学和艺术成就。它坐落在沟壑纵横、风景如画的湖北省武当山麓,在明代期间逐渐形成规模。这些建筑代表了近千年来中国艺术和建筑的最高水平。

20. 曲阜孔府、孔庙、孔林

孔府为历代孔子嫡裔衍圣公的官署和私邸,旧称"衍圣公府",位于山东曲阜市内孔庙东侧。孔庙是公元前 478 年为纪念孔子而兴建的,到今天已经发展成超过 100 座殿堂的建筑群。孔林里不仅容纳了孔子的坟墓,还安葬了超过 10 万人的孔氏后裔。当初小小的孔宅也扩建成了庞大显赫的府邸。曲阜孔庙等古建筑群所具有的文化魅力是 2 000 多年来中国民众和历代帝王对孔子学说和儒家思想的大力推崇的历史见证。

21. 承德避暑山庄及周围寺庙

河北承德避暑山庄，是清王朝的夏季行宫。它是由众多的宫殿及其他处理政务、举行仪式的建筑构成的一个庞大的建筑群。建筑风格各异的庙宇和皇家园林同周围的湖泊、牧场和森林巧妙地融为一体。避暑山庄不仅具有极高的美学研究价值，而且还保留着中国封建社会发展末期的罕见的历史遗迹。

22. 武夷山

福建南平的武夷山拥有一系列优秀的考古遗址和遗迹，包括建于公元前 1 世纪的汉城遗址、大量的寺庙和与公元 11 世纪产生的与朱子理学相关的书院遗址。这里也是中国古代朱子理学的摇篮。作为一种学说，“朱子理学”曾在东亚和东南亚国家中占据统治地位长达多个世纪，并在哲学和政治方面影响了世界很大一部分地区。

23. 大足石刻

重庆市大足地区的险峻山崖上保存着绝无仅有的系列石刻，时间跨度从 9 世纪到 13 世纪。这些石刻以其艺术品质极高、题材丰富多变而闻名遐迩，生动地描绘了这一时期民间宗教活动与日常生活的状况，以及当时所形成的佛教、道教与儒家思想和谐相处的局面。

24. 平遥古城

山西平遥镇是现今保存最为完好的典型汉族传统城镇，建于 14 世纪。城镇布局集中反映了 5 个多世纪以来，封建中国在城市规划和建筑风格方面的变迁。特别值得一提的是这里的建筑同银行业关系密切，是平遥作为 19 世纪至 20 世纪中国银行业最发达的城市之一的重要见证。

25. 苏州古典园林

没有比历史名城苏州的古典园林更能体现出中国古典园林设计的理想品质的了。“咫尺之内再造乾坤”，苏州园林被公认是实现这一设计思想的典范。这些建造于 16—18 世纪的园林，以其精雕细琢的设计，折射出中国文化中取法自然而又超越自然的深邃意境。

26. 颐和园

北京颐和园，始建于 1750 年，1860 年在战火中严重损毁，1886 年在原址重新修缮。其亭台、长廊、殿堂、庙宇和小桥等人工景观与自然山峦和开阔的湖面相和谐，艺术地融为一体，堪称中国风景园林设计中的杰作。

27. 天坛

北京天坛，建于 15 世纪上半叶，坐落在皇家园林当中，是保存完好的坛庙建筑群，无论在整体布局还是单一建筑上，都反映出天地之间的关系，而这一关系在中国古代宇宙观中占据着核心位置。同时，这些建筑还体现出帝王将相在这一关系中所起的独特作用。

28. 福建土楼

福建土楼是世界上独一无二的、神话般的山区大型夯土民居建筑，创造性的生土建筑艺术杰作。它是在特定的自然地理环境下和重大社会变迁与动乱中，植根于东方血缘伦理关系和聚族而居的民族传统基础之上的建筑艺术成就和历史见证。福建土楼遵循了“天人合一”的东方哲学理念和“风水”建筑规划学说，青山、绿水、田园风光相得益彰，互相可持续依存，组成了适宜的人居环境，以及人与自然和谐统一的景观。

29. 安阳殷墟

河南安阳的殷墟是中国历史上第一个有文献可考，并为甲骨文和考古发掘所证实的古代都城遗址，被称为“中国考古学摇篮”。以其对甲骨文、青铜文化、玉器、古文历法、丧葬制度及相关理念习俗、王陵、城址、早期建筑等的考古研究价值而闻名于世。

30. 开平碉楼与古村落

广东开平的碉楼是在村落中修建的一种具有防卫功能的多层塔楼式建筑。这些碉楼与周围的乡村景观和谐共存，体现了中西建筑结构和装饰形式复杂而绚丽的融合。

31. 登封“天地之中”历史建筑群

河南省的登封“天地之中”历史建筑群由少林寺常住院、塔林和初祖庵等著名古建筑组成，集中体现了中国古代的宇宙观，将中国传统天文概念与至高无上的皇权相结合的思想，对中国古代建筑、艺术、宗教和科学领域产生了巨大影响。其所在的嵩山地区不仅是中国早期王朝的建都之地，而且在相当长的历史发展进程中，一直处于全国政治、经济和文化的中心区域，在中华文明的形成过程中起着主导作用。

32. 杭州西湖文化遗产

杭州西湖文化遗产是目前我国列入《世界遗产名录》的世界遗产中唯一的湖泊类文化遗产。十个多世纪以来，它是中国传统文化精英的精神家园，是中国各阶层人们世代向往的人间天堂，是中国历史最久、影响最大的文化名湖，曾对 9 至 18 世纪东亚地区的文化产生广泛影响。在景观营造的文化传统中，西湖是对“天人合一”生态理念的最佳阐释。

33. 五台山

五台山位于山西忻州。与浙江普陀山、安徽九华山、四川峨眉山共称“中国佛教四大名山”，素有“金五台、银峨眉、铜普陀、铁九华”之说；同时五台山与尼泊尔蓝毗尼花园、印度鹿野苑、菩提伽耶、拘尸那迦并称为“世界五大佛教圣地”。五台山包括从公元 4 世纪到 19 世纪的佛教建筑及独特的圣山景观，反映了各个时期建筑艺术和技术的杰出成就和特点，体现了悠久的佛教文化传统，以及人与自然的和谐统一。

34. 元上都遗址

位于内蒙古自治区锡林郭勒盟境内的元上都遗址是13—14世纪亚洲北方游牧与农耕两大文明在百年碰撞与融合中形成的具有文化融合典范价值的草原都城遗址，是中国元代都城系列中创建最早、历史最久、格局最独特、保存最完好的遗址。

35. 红河哈尼梯田

云南省红河哈尼梯田文化景观所体现的森林、水系、梯田和村寨“四素同构”系统，是极为精密复杂的农业、林业和水分配系统。它不断通过长期以来形成的独特社会经济宗教体系得以加强，彰显了人与环境互动的一种重要模式。

36. 丝绸之路起始地段：长安—天山走廊的路网

丝绸之路分为陆上丝绸之路和海上丝绸之路。长安——天山走廊的路网，占地五千公里，起于汉唐古都长安、洛阳，止于中亚七河地区。这条丝绸之路于公元前2世纪至公元1世纪间形成，直到16世纪仍在使用。它是一条东方与西方之间进行经济、政治、文化交流的主要道路。

37. 大运河

中国大运河是中国东部平原上的伟大工程，是中国古代汉族劳动人民创造的一项伟大的水利建筑，为世界上最长的运河 ，也是世界上开凿最早、规模最大的运河，包括隋唐大运河、京杭大运河和浙东大运河三部分，纵贯在中国富饶的华北大平原上，是中国古代南北交通的大动脉，至今大运河历史延续已2 500余年。

后　记

本书主编李海涛，1948 年生，四川三台人，中国语言文学教授。1967 年从教，教过小学、中学、中师、高师，做过教育教学管理干部。2009 年从绵阳师院退休后相继在四川外国语大学成都学院、四川大学锦城学院工作至今。有专著《教师语言行为研究》《教师口才基础》等。《中华传统文化经典选读(第二版)》和《应用口才十二讲》是其新近主编的大学教材。

本书 2015 年版是四川大学锦城学院通识教育主干课程建设的成果。参加编撰的同仁有李海涛、高路、肖捷飞、王培、向利、郭娜、张皓、阚明娜、袁泉、黄长恩、范婷、白虎。

参加本书此次修订的有以下大学的同仁(同校排名以参与章节为序)。四川大学锦城学院：李海涛、孙晔、魏长青、郭恒、毛欣然、高路、朱丽晓。绵阳师范学院：朱昌林、张杨、胡筠、卿小平、何忠盛、姜葵、沈曙东、赵策、旷天全。西南科技大学城市学院：王雪凝、张春、左晓丽。四川文化艺术学院：陈嫒莉、郑小琼、钟凤。西南财经大学天府学院：徐哲。

我们知道，参与本书的编写和课程教学，把优良的传统、永恒的价值、正义的道路告诉学生，既是为师之道、应尽之责，也是系统学习中华优秀传统文化经典，加固为人师表根基的好机会、好途径。

对于学生而言，教育是遗忘了学校所学的一切之后仍能留存的东西。这些东西，主要是价值观念、行为方式、文化素养和创新能力。在这个科学技术高度发达的互联网时代，生产劳动日益轻松，物质生活日益丰足，精神生活却因歧路多多而焦躁迷乱，因此，价值观念尤为重要。

重温经典，我们深切地感受到，在中华优秀传统文化中，最可宝贵的莫过于“人”的教育理念。诸如“明德修身”“齐家报国”的追求，“爱众亲仁”“和而不同”的品格，“孝悌忠信”“礼义廉耻”的基座，“自强不息”“厚德载物”的精神，等等。于是，找回失落已久的价值，采集温暖心灵的阳光，体现“读传统文化经典，做新型中国公民”的教育意义，就成了大家的努力方向。

现今，确保课程教学质量的经验已经成熟，我们乐意与使用本书的兄弟院校的同仁分享课程资料和教学课件。联系电话：18011471998。QQ：748869331。

本书的修订，得到了四川大学锦城学院邹广严校长的悉心指导，得到了绵阳师范学院王海滨书记、西南科技大学城市学院李江主任、四川大学锦城学院通识教育学院向晓华院长等的热情支持，得到了四川新视觉教育图书有限公司敖波先生的大力资助，同时，引用了许多文献资料和学术成果，在此一并表示感谢。

限于水平，本书难免有失当之处，真诚地希望读者朋友、专家学者和老师同学批评指正，以便我们及时修订完善。

编　者

2019 年 11 月

郑重声明

高等教育出版社依法对本书享有专有出版权。任何未经许可的复制、销售行为均违反《中华人民共和国著作权法》，其行为人将承担相应的民事责任和行政责任；构成犯罪的，将被依法追究刑事责任。为了维护市场秩序，保护读者的合法权益，避免读者误用盗版书造成不良后果，我社将配合行政执法部门和司法机关对违法犯罪的单位和个人进行严厉打击。社会各界人士如发现上述侵权行为，希望及时举报，本社将奖励举报有功人员。

反盗版举报电话 （010）58581999　58582371　58582488

反盗版举报传真 （010）82086060

反盗版举报邮箱 dd@hep.com.cn

通信地址 北京市西城区德外大街4号　高等教育出版社法律事务与版权管理部

邮政编码 100120

高等教育出版社

教学资源索取单

尊敬的老师：

您好！

感谢您使用**李海涛**主编的**《中华传统文化经典选读（第二版）》**。为便于教学，本书另配有课程相关的教学资源，如贵校已选用了本书，您只要添加QQ服务号800078148，或者把下表中的相关信息以电子邮件或邮寄方式发至我社即可免费获得。

我们的联系方式：

联系电话：(021)56718921/56718739　　　电子邮箱：800078148@b.qq.com

高教社大学语文写作教师交流群（QQ）：279433803

高教社通识教育教师交流群（QQ）：278499548

地址：上海市虹口区宝山路848号　　　邮编：200081

姓　名		性别		出生年月		专　业	
学　校				学院、系		教研室	
学校地址						邮　编	
职　务				职　称		办公电话	
E-mail						手　机	
通信地址						邮　编	
本书使用情况	用于________学时教学，每学年使用________册。						

您对本书有什么意见和建议？

您还希望从我社获得哪些服务？

☐ 教师培训　　　☐ 教学研讨活动

☐ 寄送样书　　　☐ 相关图书出版信息

☐ 其他____